QUANGUO ZHONGXIAOXUE
RENSHI ZHIDU GAIGE
GONGZUO ZHIDAO

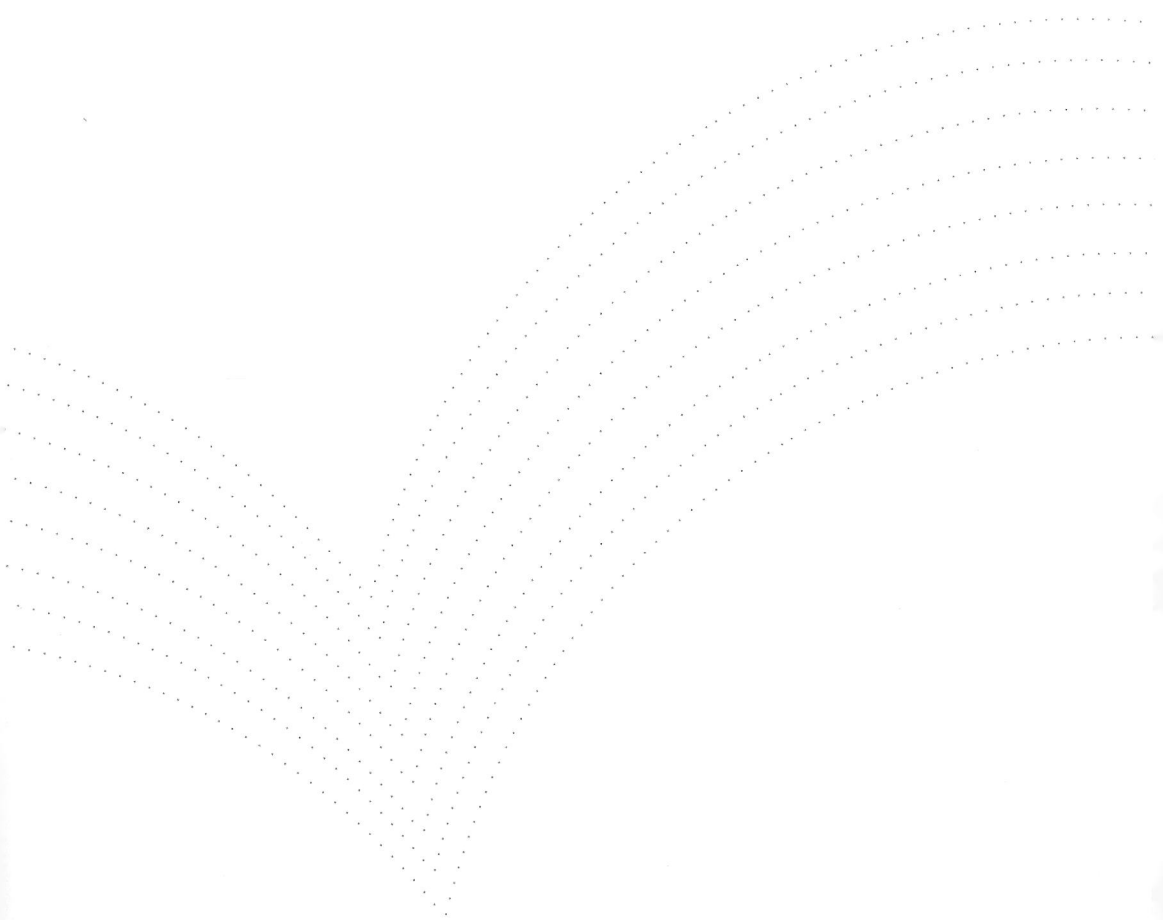

全国中小学人事制度改革
工作指导

● 中华人民共和国教育部人事司／编

教育科学出版社
·北京·

目　录

领 导 讲 话

经 验 交 流

地方有关文件

有关文件

国务院关于基础教育改革与发展的决定

（国发〔2001〕21号）

各省、自治区、直辖市人民政府，国务院各部委、各直属机构：

改革开放以来，我国基础教育取得了辉煌成就。基本普及九年义务教育和基本扫除青壮年文盲（简称"两基"）的目标初步实现，素质教育全面推进。但我国基础教育总体水平还不高，发展不平衡，一些地方对基础教育重视不够。进入新世纪，基础教育面临着新的挑战，改革与发展的任务仍十分艰巨。

为了切实贯彻《中华人民共和国教育法》、《中华人民共和国义务教育法》、《中华人民共和国教师法》、《中华人民共和国未成年人保护法》等有关法律，实施《中华人民共和国国民经济和社会发展第十个五年计划纲要》，全面贯彻党的教育方针，大力推进基础教育的改革和健康发展，特作如下决定。

一、确立基础教育在社会主义现代化建设中的战略地位，坚持基础教育优先发展

1. 高举邓小平理论伟大旗帜，以邓小平同志"教育要面向现代化，面向世界，面向未来"和江泽民同志"三个代表"的重要思想为指导，坚持教育必须为社会主义现代化建设服务，为人民服务，必须与生产劳动和社会实践相结合，培养德智体美等全面发展的社会主义事业建设者和接班人。

基础教育是科教兴国的奠基工程，对提高中华民族素质、培养各级各类人才，促进社会主义现代化建设具有全局性、基础性和先导性作用。保持教育适度超前发展，必须把基础教育摆在优先地位并作为基础设施建设和教育事业发展的重点领域，切实予以保障。

2. "十五"期间，地方各级人民政府要坚持将普及九年义务教育和扫除青壮年文盲作为教育工作的"重中之重"，进一步扩大九年义务教育人口覆盖范围，初中阶段入学率达到90%以上，青壮年非文盲率保持在95%以上；高中阶段入学率达到60%左右，学前教育进一步发展。

按照"积极进取、实事求是、分区规划、分类指导"的原则，不同地区基础教育事业发展的基本任务是：

（1）占全国人口15％左右、未实现"两基"的贫困地区要打好"两基"攻坚战，普及初等义务教育，积极推进九年义务教育和扫除青壮年文盲，适度发展高中阶段教育，积极发展学前一年教育。

（2）占全国人口50％左右、已实现"两基"的农村地区，重点抓好"两基"巩固提高工作，义务教育学校办学条件明显改善，教育质量和办学效益进一步提高，高中阶段教育有较大发展，积极发展学前三年教育。

（3）占全国人口35％左右的大中城市和经济发达地区，高水平、高质量普及九年义务教育，基本满足社会对高中阶段教育和学前三年教育的需求，重视发展儿童早期教育。到2010年，基础教育总体水平接近或达到世界中等发达国家水平。

3. "十五"期间，基础教育改革进一步深化，素质教育取得明显成效。德育工作的针对性、实效性和主动性进一步增强，青少年学生健康成长的社会环境进一步优化。形成适应时代发展要求的新的基础教育课程体系及国家基本要求指导下的教材多样化格局，建立并进一步完善适应素质教育要求的考试评价制度和招生选拔制度，有条件的地方要取得新的突破。全国乡（镇）以上有条件的中小学基本普及信息技术教育。初步形成适应基础教育改革和发展的教师教育体系，中小学人事制度改革取得显著进展，教室队伍的职业道德和业务水平明显提高。农村教育管理体制进一步完善，基础教育尤其是农村义务教育投入和按时足额发放中小学教师工资的保障机制进一步落实，社会力量办学进一步发展和规范。

4. 大力发展高中阶段教育，促进高中阶段教育协调发展。有步骤地在大中城市和经济发达地区普及高中阶段教育。挖掘现有学校潜力并鼓励有条件的地区实行完全中学的高、初中分离，扩大高中规模。鼓励社会力量采取多种形式发展高中阶段教育。保持普通高中与中等职业学校的合理比例，促进协调发展。鼓励发展普通教育与职业教育沟通的高级中学。支持已经普及九年义务教育的中西部农村地区发展高中阶段教育。

5. 重视和发展学前教育。大力发展以社区为依托，公办与民办相结合的多种形式的学前教育和儿童早期教育服务。加强乡（镇）中心幼儿园建设并发挥其对村办幼儿园（班）的指导作用。

二、完善管理体制，保障经费投入，推进农村义务教育持续健康发展

6. 加强农村义务教育是涉及农村经济社会发展全局的一项战略任务。农村义务教育量大面广，基础薄弱、任务重、难度大，是实施义务教育的重点和难点。各级人民政府要牢固树立实施科教兴国战略必须首先落实到义务教育上来的思想；牢固树立解决好我国农业、农村和农民问题，要依靠大力发展农村教育，提高劳动者整体素质的思想，切实重视和加强农村义务教育。

7. 进一步完善农村义务教育管理体制。实行在国务院领导下，由地方政府负责、分级管理、以县为主的体制。国家确定义务教育的教学制度、课程设置、课程标准，审定教科书。中央和省级人民政府要通过转移支付，加大对贫困地区和少数民族地区义务教育的扶持力度。省级和地（市）级人民政府要加强教育统筹规划，搞好组织协调，在安排对下级转移支付资金时要保证农村义务教育发展的需要。县级人民政府对本地农村义务教育负有重要责任，要抓好中小学的规划、布局调整、建设和管理，统一发放教职工工资，负责中小学校长、教室的管理，指导学校教育教学工作。乡（镇）人民政府要承担相应的农村义务教育的办学责任，根据国家规定筹措教育经费，改善办学条件，提高教师待遇。继续发挥村民自治组织在实施义务教育中的作用。乡（镇）、村都有维护学校的治安和安全、动员适龄儿童入学等责任。

8. 确保农村中小学教师工资发放是地方各级人民政府的责任。省级人民政府要统筹制定农村义务教育发展和中小学布局调整的规划，严格实行教师资格制度，逐县核定教师编制和工资总额，对财力不足、发放教师工资确有困难的县，要通过调整财政体制和增加转移支付的办法解决农村中小学教师工资发放问题。县级人民政府要强化对教师工资的管理，从2001年起，将农村中小学教师工资的管理上收到县，为此，原乡（镇）财政收入中用于农村中小学教职工工资发放的部分要相应划拨上交到县级财政，并按规定设立"工资资金专户"。财政安排的教师工资性支出，由财政部门根据核定的编制和中央统一规定的工资项目及标准，通过银行直接拨入教师在银行开设的个人账户中。在此基础上，为支持国家扶贫开发工作重点县等中西部困难地区建立农村中小学教师工资保障机制，中央财政将给予适当补助。

各级人民政府要进一步加强对教师工资经费的监管，实行举报制度，对于不能保证教师工资发放，挪用挤占教师工资资金的地方，一经查实，要停止中央财政的转移支付，扣回转移支付资金，并追究主要领导人的责任。

9. 各地要依据《中华人民共和国教育法》、《中华人民共和国义务教育法》规定，继续做好农村教育费附加征收和管理工作。农村中小学危房改造的教育集资，必须严格按照有关规定执行。提倡农民通过义务劳动支持农村中小学危房改造。

实行农村税费改革试点的地区，要把农村税费改革与促进农村义务教育健康发展结合起来，对因税费改革而减少的教育经费，有关地方人民政府应在改革后的财政预算和上级转移支付资金中优先安排，确保当地农村义务教育投入不低于农村税费改革前的水平。

10. 地方各级人民政府要把农村学校建设列入基础设施建设的统一规划，高度重视农村中小学危房的改造，统筹安排相应的校舍建设资金。乡（镇）、村对新建、扩建校舍所必需的土地，应按有关规定进行划拨。

合理安排农村中小学正常运转所需经费。由省级人民政府根据当地农村中小学实际公用经费支出情况，核定本地区该项经费的标准和定额。除从学校按规定收取的杂费中开支外，其余不足部分由县、乡两级人民政府予以安排。

11. 采取有力措施，坚决刹住一些地方和学校的乱收费，控制学校收费标准，切实减轻学生家长特别是农村学生家长负担。在国家扶贫开发工作重点县等农村贫困地区义务教育阶段，实行由中央有关部门规定杂费、书本费标准的"一费制"收费制度；对其他地区，由省级人民政府按照国家有关规定，结合当地实际，确定本地区杂费、书本费的标准。杂费收入应全部用于补充学校公用经费的不足，不得用于教师工资、津贴、福利、基建等开支。地方各级人民政府和任何单位不得截留、平调和挪用农村中小学收费资金；严禁借收费搞不正之风和腐败行为。

进一步加强监管和检查，完善举报制度，对违反规定乱收费和挪用挤占中小学收费资金的行为，要及时严肃查处。政府有关部门和学校要进一步加强财务管理，努力提高经费使用效益。

12. 针对薄弱环节，采取有力措施，巩固普及九年义务教育成果。地方各级人民政府要把农村初中义务教育作为普及九年义务教育巩固提高的重点，努力满足初中学龄人口高峰期的就学需求，并采取措施切实降低农村初中辍学率。将残疾少年儿童的义务教育作为普及九年义务教育巩固提高工作的重要任务。要重视解决流动人口子女接受义务教育问题，以流入地区政府管理为主，以全日制公办中小学为主，采取多种形式，依法保障流动人口子女接受义务教育的权利。继续抓好农村女童教育。

13. 因地制宜调整农村义务教育学校布局。按照小学就近入学、初中相对集中、优化教育资源配置的原则，合理规划和调整学校布局。农村小学和教学点要在方便学生就近入学的前提下造当合并，在交通不便的地区仍需保留必要的教学点，防止因布局调整造成学生辍学。学校布局调整要与危房改造、规范学制、城镇化发展、移民搬迁等统筹规划。调整后的校舍等资产要保证用于发展教育事业。在有需要又有条件的地方，可举办寄宿制学校。

14. 规范义务教育学制。"十五"期间，国家将整体设置九年义务教育课程。现实行"五三"学制的地区。2005 年基本完成向"六三"学制过渡。有条件的地方，可以实行九年一贯制。

15. 抓住西部大开发有利时机，推动贫困地区和少数民族地区义务教育发展。继续实施第二期"国家贫困地区义务教育工程"，省级人民政府也应制定相关政策，加大对贫困地区和少数民族地区义务教育的投入力度。继续实施"东部地区学校对口支援西部贫困地区学校工程"、"大中城市学校对口支援本地贫困地区学校工程"。采取切实措施，加大对少数民族地区实施义务教育的支持力度，提高适龄儿童入学率。重视加强边境地区义务教育。继续办好内地"西藏班"、"新疆班"。

各级人民政府要完善并落实中小学助学金制度。从 2001 年开始，对贫困地区家庭经济困难的中小学生进行免费提供教科书制度的试点，在农村地区推广使用经济适用型教材。采取减免杂费、书本费、寄宿费等办法减轻家庭经济困难学生的负担。

16. 巩固扩大扫除青壮年文盲成果，大力推进贫困地区、少数民族和妇女扫除青壮年文盲工作。农村学校要积极参与扫除青壮年文盲工作，扫除青壮年文盲教育要与推广实用技术相结合。完善扫除青壮年文盲奖励机制，表彰先进。

三、深化教育教学改革，扎实推进素质教育

17. 实施素质教育，必须全面贯彻党的教育方针，认真落实《中共中央国务院关于深化教育改革全面推进素质教育的决定》（中发〔1999〕9 号），端正教育思想，转变教育观念，面向全体学生，加强学生思想品德教育，重视培养学生的创新精神和实践能力，为学生全面发展和终身发展奠定基础。

实施素质教育，促进学生德智体美等全面发展，应当体现时代要求。要使学生具有爱国主义、集体主义精神，热爱社会主义，继承和发扬中华民族的优秀传统和革命传统；具有社会主义民主法制意识，遵守国家法律和社会公德；逐步形成正确的世界观、人生观和价值观；具有社会责任感，努力为人民服务；具有初步的创新精神、实践能力、科学和人文素养以及环境意识；具有适

应终身学习的基础知识、基本技能和方法；具有健壮的体魄和良好的心理素质，养成健康的审美情趣和生活方式，成为有理想、有道德、有文化、有纪律的一代新人。

18. 切实增强德育工作的针对性、实效性和主动性。加强爱国主义、集体主义和社会主义教育，加强中华民族优良传统、革命传统教育和国防教育，加强思想品质和道德教育并贯穿于教育的全过程。主动适应新形势的要求，针对不同年龄学生的特点，调整和充实德育内容，改进德育工作的方式方法。

小学从行为习惯养成入手，重点进行社会公德教育，进行爱祖国、爱人民、爱劳动、爱科学、爱社会主义教育，联系实际对学生进行热爱家乡、热爱集体以及社会、生活常识教育。初中加强国情教育、法制教育、纪律教育和品格修养。高中阶段注重进行马列主义、毛泽东思想和邓小平理论基本观点教育。对中学生进行正确的世界观、人生观、价值观教育。要对中小学生进行民族团结教育。加强中小学生的心理健康教育。

丰富多彩的教育活动和社会实践活动是中小学德育的重要载体。小学以生动活泼的课内外教育教学活动为主，中学要加强社会实践环节。中小学校要设置多种服务岗位，让更多学生得到实践锻炼的机会。要将青少年校外活动场所建设纳入社区建设规划。各地要多渠道筹集资金，建设一批青少年学生活动场所和社会实践基地。建立健全各级青少年学生校外教育联席会议或相应机构，加强对青少年学生校外教育工作的统筹和协调。大力加强校园文化建设，优化校园育人环境，使中小学成为弘扬正气，团结友爱，生动活泼，秩序井然的精神文明建设基地。

19. 加快构建符合素质教育要求的新的基础教育课程体系。适应社会发展和科技进步，根据不同年龄学生的认知规律，优化课程结构，调整课程门类，更新课程内容，引导学生积极主动学习。小学加强综合课程，初中分科课程与综合课程相结合，高中以分科课程为主。从小学起逐步按地区统一开设外语课，中小学增设信息技术教育课和综合实践活动，中学设置选修课。普通高中要设置技术类课程。中小学都要积极开展科学技术普及活动。加强劳动教育，积极组织中小学生参加力所能及的社会公益劳动，培养学生热爱劳动、热爱劳动人民的情感，掌握一定的劳动技能。

农村中学的课程设置要根据现代农业发展和农村产业结构调整的需要，深化"农科教相结合"和基础教育、职业教育、成人教育的"三教统筹"等项改革，试行"绿色证书"教育并与农业科技推广等结合。

实行国家、地方、学校三级课程管理。国家制定中小学课程发展总体规划，确定国家课程门类和课时，制定国家课程标准，宏观指导中小学课程实施。在保证实施国家课程的基础上，鼓励地方开发适应本地区的地方课程，学校可开发或选用适合本校特点的课程。探索课程持续发展的机制，组织专家、学者和经验丰富的中小学教师参与基础教育课程改革。

20. 贯彻"健康第一"的思想，切实提高学生体质和健康水平。增加体育课时并保证学生每天参加一小时体育活动。开展经常性小型多样的学生体育比赛，培养学生团队精神和顽强意志。加强传染病预防工作和学校饮食卫生管理，防止传染病流行和食物中毒事件发生。制定并实施学生体质健康标准。有条件的地区要推行"学生饮用奶计划"。

21. 中小学要按照国家规定开设艺术课程，提高艺术教育教学质量。充分挖掘社会艺术教育资源，因地制宜地开展经常性的、丰富多彩的校内外艺术活动。各级人民政府和有关部门要重视艺术教育教师队伍建设、场地建设和器材配备工作，保证学校艺术教育的必要条件。

22. 教材编写核准、教材审查实行国务院教育行政部门和省级教育行政部门两级管理，实行国家基本要求指导下的教材多样化。国务院教育行政部门负责核准国家课程的教材编写，审定国家课程的教材及跨省（自治区、直辖市）使用的地方课程的教材；省级教育行政部门负责地方课程教材编写的核准和教材的审定。经国务院教育行政部门授权，省级教育行政部门可审定部分国家课程的教材。

改革中小学教材指定出版的方式和单一渠道发行的体制，试行出版发行公开竞标的办法，做到"课前到书，人手一册"。制定中小学教材版式的国家标准，保证教材质量，降低教材成本和价格。

23. 积极开展教育教学改革和教育科学研究。继续重视基础知识、基本技能和教学并关注情感、态度的培养；充分利用各种课程资源，培养学生收集、处理和利用各种信息的能力；开展研究性学习，培养学生提出问题、研究问题、解决问题的能力；鼓励合作学习，促进学生之间相互交流、共同发展，促进师生教学相长。各地要建立教育教学改革实验区和实验学校，探索、实验并推广新课程教材和先进的教学方法。各地要建设一批实施素质教育的示范性普通高中。有条件的普通高中可与高等学校合作，探索创新人才培养的途径。

广大教师要积极参加教学实验和教育科研，教研机构要充分发挥教学研究、指导和服务等作用。高等师范院校、教育科研院所要积极参与基础教育课程教材改革和教学实验。注意借鉴国外教学改革的先进经验。奖励并推广基础教育教学改革优秀成果。

24. 继续减轻中小学生过重的课业负担，尊重学生人格，遵循学生身心发展规律，保证中小学生身心健康成长。要加强教学管理，改进教学方法，提高教学质量。要丰富学生课余生活，组织好学生课外活动。

进一步加强对滥发学生用书、学具及其他学生用品的治理。任何部门和单位不得向学校搭售或强迫学校订购教辅材料，中小学校不得组织学生统一购买各种形式的教辅材料。

25. 改革考试评价和招生选拔制度。探索科学的评价办法，发现和发展学生的潜能，帮助学生树立自信心，促进学生积极主动地发展。改革考试内容和方法，小学成绩评定应实行等级制；中学部分学科实行开卷考试，重视实验操作能力考查。学校和教师不得公布学生考试成绩和按考试结果公开排队。推动各地积极改革省级普通高中毕业会考。要按照有助于高等学校选拔人才、有助于中学实施素质教育、有助于扩大高等学校办学自主权的原则，加强对学生能力和素质的考查，改革高等学校招生考试内容，探索多次机会、双向选择、综合评价的考试、选拔方式，推进高等学校招生考试和选拔制度改革。在科学研究、发明创造及其他方面有特殊才能并取得突出成绩的学生，免试进入高等学校学习。

26. 大力普及信息技术教育，以信息化带动教育现代化。各地要科学规划，全面推进，因地制宜，注重实效，以多种方式逐步实施中小学"校校通"工程。努力为学校配备多媒体教学设备、教育软件和接收我国卫星传送的教育节目的设备。有条件地区要统筹规划，实现学校与互联网的连接，开设信息技术课程，推进信息技术在教育教学中的应用。开发、建设共享的中小学教育资源库。加强学校信息网络管理，提供文明健康、积极向上的网络环境。积极支持农村学校开展信息技术教育，国家将重点支持中西部贫困地区开展信息技术教育。支持鼓励企业和社会各界对中小学教育信息化的投入。

各级人民政府和教育行政部门要重视常规实验教学，因地制宜地加强中小学实验室、图书馆（室）及体育、艺术、劳动技术等教育设施的建设，并充分向学生开放，提高教学仪器设备、图书的使用效益。鼓励各地乡（镇）中小学建立中心实验室、图书馆等，辐射周边学校。

27. 要认真贯彻实施《中华人民共和国国家通用语言文字法》，进一步加强中小学推广普通话、用字规范化工作，推广普及国家通用语言文字，把普及普通话、用字规范化纳入教育教学要求，提高学生语言文字应用能力和规范意识。

四、完善教师教育体系，深化人事制度改革，大力加强中小学教师队伍建设

28. 建设一支高素质的教师队伍是扎实推进素质教育的关键。完善以现有

师范院校为主体、其他高等学校共同参与、培养培训相衔接的开放的教师教育体系。加强师范院校的学科建设，鼓励综合性大学和其他非师范类高等学校举办教育院系或开设获得教师资格所需课程。支持西部地区师范院校的建设。以有条件的师范大学和综合性大学为依托建设一批开放式教师教育网络学院。推进师范教育结构调整，逐步实现三级师范向二级师范的过渡。有条件的地区要培养具有专科学历的小学教师和本科学历初中教师，逐步提高高中教师的学历，扩大教育硕士的培养规模和招生范围。制订适应中小学实施素质教育需要的师资培养规格与课程计划，探索新的培养模式，加强教学实践环节，增强师范毕业生的教育教学与终身发展能力。

以转变教育观念，提高职业道德和教育教学水平为重点，紧密结合基础教育课程改革，加强中小学教师继续教育工作，健全教师培训制度，加强培训基地建设。加大信息技术、外语、艺术类和综合类课程师资的培训力度，应用优秀的教学软件，开展多媒体辅助教学。加强中青年教师的培训工作。在教师培训中，要充分利用远程教育的方式，就地就近进行，以节省开支。对贫困地区教师应实行免费培训。

29. 加强骨干教师队伍建设。实施"跨世纪园丁工程"等教师培训计划，培养一大批在教育教学工作中起骨干、示范作用的优秀教师和一批教育名师。在教育对口支援工作中，援助地区的学校要为受援地区的学校培养、培训骨干教师。

30. 加强中小学教师编制管理。中央编制部门要会同教育、财政部门制定科学合理的中小学教职工编制标准。省级人民政府要按照国家有关规定和编制标准，根据本地实际情况，制定本地区的实施办法。各地要核定中小学教职工编制，规范学校内设机构和岗位设置，加强编制管理。对违反编制规定擅自增加教职工人数的，要严肃处理。

大力推进中小学人事制度改革。全面实施教师资格制度，严把教师进口关。优先录用师范院校毕业生到义务教育学校任教。高中教师的补充，在录用师范院校毕业生任教的同时，注意吸收具有教师资格的其他高等学校毕业生。推行教师聘任制，建立"能进能出、能上能下"的教师任用新机制。根据中小学教师的职业特点，实现教师职务聘任和岗位聘任的统一。建立激励机制，健全和完善考核制度，辞退不能履行职责的教师。

调整优化教师队伍。实施教师资格准入制度，严格教师资格条件，坚决辞退不具备教师资格的人员，逐步清退代课人员，精简、压缩中小学非教学人员。政府部门和事业单位不得占用或变相占用中小学教职工编制，清理各类"在编不在岗"人员。

31. 依法完善中小学教师和校长的管理体制。落实《中华人民共和国教师法》规定的中小学教师的管理权限。县级以上教育行政部门依法履行中小学教师的资格认定、招聘录用、职务评聘、培养培训和考核等管理职能。

改革中小学校长的选拔任用和管理制度。高级中学和完全中学校长一般由县级以上教育行政部门提名、考察或参与考察，按干部管理权限任用和聘任；其他中小学校长由县级教育行政部门选拔任用并归口管理。推行中小学校长聘任制，明确校长的任职资格，逐步建立校长公开招聘、竞争上岗的机制。实行校长任期制，可以连聘连任。积极推进校长职级制。

五、推进办学体制改革，促进社会力量办学健康发展

32. 基础教育以政府办学为主，积极鼓励社会力量办学。义务教育坚持以政府办学为主，社会力量办学为补充；学前教育以政府办园为骨干，积极鼓励社会力量举办幼儿园；普通高中教育在继续发展公办学校的同时，积极鼓励社会力量办学。

对民办学校在招生、教师职务评聘、教研活动、表彰奖励等方面与公办学校一视同仁。政府要对办学成绩显著者予以表彰奖励。社会力量举办的全日制中小学办学所得合法资金，在留足学校发展资金后，可适当安排经费奖励学校举办者。各级教育行政部门要加强对民办中小学、幼儿园教育教学的指导和监督，要认真审核其办学资格和条件，规范其办学行为，保证其全面贯彻党的教育方针。

33. 积极鼓励企业、社会团体和公民个人对基础教育捐赠，捐赠者享受国家有关优惠政策。对纳税人通过非营利的社会团体和国家机关向农村义务教育的捐赠，在应纳税所得额中全额扣除，具体办法另行制定。国家和地方对捐助基础教育有突出贡献的单位和个人予以表彰。

34. 稳妥地搞好国有企业中小学分离工作。制定政策，多渠道筹措资金，落实分离中小学的办学经费，保障企业所属中小学分离工作顺利实施。企业中小学的分离应尊重企业的意愿。统筹安排好编制内具备教师资格的企业中小学教师。转由地方人民政府管理的企业中小学的校园、校舍、设施、设备等，不得挪用、侵占和截留，确保校产不流失。可通过办学体制改革的试验探索企业中小学分离形式。企业要继续办好未分离的中小学。

35. 加强对公办学校办学体制改革试验的领导和管理。公办学校办学体制改革要有利于改革薄弱学校，满足群众的教育需求，扩大优质教育资源。薄弱学校、国有企业所属中小学和政府新建的学校等，在保证国有资产不流失的前

提下，可以进行按民办学校机制运行的改革试验。地方人民政府和教育行政部门要加强领导和管理，确保义务教育的实施和办学体制改革试验工作的健康开展。

六、加强领导，动员全社会关心支持，保障基础教育改革与发展的顺利进行

36. 各级人民政府要努力实践"三个代表"重要思想和实施科教兴国战略，宁可在别的方面忍耐一点，也要保证教育尤其是基础教育优先发展。要将基础教育工作列入议事日程，及时研究新情况、新问题，制订促进基础教育发展的措施，努力增加对基础教育的投入。各级领导同志要经常深入中小学，了解情况，指导工作，帮助学校解决办学中的突出问题。要将基础教育工作的情况作为考核地方各级人民政府领导同志的重要内容。

各级人民政府及有关部门要认真履行各自的职责，切实将基础教育事业的发展纳入国民经济和社会发展计划，切实将基础教育作为基础设施建设和教育事业发展的重点领域，切实保障基础教育改革和发展的经费投入，切实保障中小学教师工资的足额按时发放，切实治理中小学乱收费，切实加强学校安全工作和周边的治安环境的治理，切实加强青少年学生活动场所建设，切实加强文化市场的管理，为基础教育事业发展和青少年学生健康成长创造良好的条件和社会环境。

37. 坚持依法治教，完善基础教育法制建设。各级人民政府及有关部门要认真贯彻执行教育的有关法律法规，提高依法治教意识，严格履行法律赋予的职责，完善行政执法监督机制，加大执法监督力度，加强学校管理，依法保障学校、教师和学生的合法权益。

将依法治教与以德治教紧密结合。各级教育行政部门和全体教育工作者，要提高以德治教的自觉性，不断加强职业道德建设，为人师表，教书育人，管理育人，服务育人，环境育人。学校教育要坚持把德育工作摆在素质教育的首要位置，以科学的理论武装人、以正确的舆论引导人、以高尚的精神塑造人、以优秀的作品鼓舞人，把学校建成社会主义精神文明建设的重要阵地。

38. 切实加强学校安全工作。各级人民政府及有关部门和学校要以对人民高度负责的态度，从维护社会稳定的大局出发，牢固树立"安全第一"的意识，建立健全确保师生安全的各项规章制度。严格学校管理，狠抓落实，采取积极的预防措施，重点防范危及师生安全的危房倒塌、食物中毒、交通、溺水等事故。要重视和加强对师生的安全教育，增强安全防范意识和自我保护能

力。尽快制定中小学生伤害事故处理的有关法规，建立健全中小学安全工作责任制和事故责任追究制，确保师生人身安全和学校教育教学活动正常进行。切实维护学校及周边治安秩序，加强群防群治，警民合作，严厉打击扰乱学校治安的违法犯罪活动。

39. 加强和完善教育督导制度。坚持督政与督学相结合，继续做好贫困地区"两基"评估验收工作，保证验收质量；对已实现"两基"的地区，建立巩固提高工作的复查和督查制度。积极开展对基础教育热点难点问题的专项督导检查。在推进实施素质教育工作中发挥教育督导工作的保障作用，建立对地区和学校实施素质教育的评价机制。"十五"期间，国家和地方对实施素质教育的先进地区、单位和个人进行表彰。

40. 重视家庭教育。通过家庭访问等多种方式与学生家长建立经常性联系，加强对家庭教育的指导，帮助家长树立正确的教育观念，为子女健康成长营造良好的家庭环境。工会、共青团、妇联等团体要开展丰富多彩的家庭教育活动。

学校要加强和社区的沟通与合作，充分利用社区资源，开展丰富多彩、文明健康的教育活动，营造有利于青少年学生健康成长的社区环境。

基础教育是全社会的共同事业。继续支持开展"希望工程"、"春蕾计划"及城镇居民对农村贫困学生进行"一帮一"等多种形式的助学活动。新闻媒体要进一步加大对实施科教兴国战略，推进基础教育改革与发展的宣传力度。国家机关、企事业单位、社会团体等要发挥各自优势，共同努力，形成全社会关心、支持基础教育的良好社会氛围。

中华人民共和国国务院
2001 年 5 月 29 日

国务院关于进一步加强
农村教育工作的决定

(国发〔2003〕19号)

各省、自治区、直辖市人民政府，国务院各部委、各直属机构：

为认真贯彻落实党的十六大精神，加快农村教育发展，深化农村教育改革，促进农村经济社会和城乡协调发展，现就进一步加强农村教育工作特作如下决定。

一、明确农村教育在全面建设小康社会中的重要地位，把农村教育作为教育工作的重中之重

1. 农村教育在全面建设小康社会中具有基础性、先导性、全局性的重要作用。发展农村教育，办好农村学校，是直接关系8亿多农民切身利益，满足广大农村人口学习需求的一件大事；是提高劳动者素质，促进传统农业向现代农业转变，从根本上解决农业、农村和农民问题的关键所在；是转移农村富余劳动力，推进工业化和城镇化，将人口压力转化为人力资源优势的重要途径；是加强农村精神文明建设，提高农民思想道德水平，促进农村经济社会协调发展的重大举措。必须从实践"三个代表"重要思想和全面建设小康社会的战略高度，优先发展农村教育。

2. 农村教育在构建具有中国特色的现代国民教育体系和建设学习型社会中具有十分重要的地位。农村教育面广量大，教育水平的高低关系到各级各类人才的培养和整个教育事业的发展，关系到全民族素质的提高。农村学校作为遍布乡村的基层公共服务机构，在培养学生的同时，还承担着面向广大农民传播先进文化和科学技术，提高农民劳动技能和创业能力的重要任务。发展农村教育，使广大农民群众及其子女享有接受良好教育的机会，是实现教育公平和体现社会公正的一个重要方面，是社会主义教育的本质要求。

3. 我国在人口众多、生产力发展水平不高的条件下，实现了基本普及九年义务教育和基本扫除青壮年文盲（以下简称"两基"）的历史性任务，农村义务教育管理体制改革取得了突破性进展，农村职业教育和成人教育得到了很大发展，为国家经济社会发展提供了大量较高素质的劳动者和丰富的人才资源。但是，我国农村教育整体薄弱的状况还没有得到根本扭转，城乡教育差距还有扩大的趋势，教育为农村经济社会发展服务的能力亟待加强。在新的形势下，要增强责任感和紧迫感，将农村教育作为教育工作的重中之重，一手抓发展，一手抓改革，促进农村各级各类教育协调发展，更好地适应全面建设小康社会的需要。

二、加快推进"两基"攻坚，巩固提高普及义务教育的成果和质量

4. 力争用五年时间完成西部地区"两基"攻坚任务。目前，西部地区仍有 372 个县没有实现"两基"目标。这些县主要分布在"老、少、边、穷"地区，"两基"攻坚任务十分艰巨。到 2007 年，西部地区普及九年义务教育（以下简称"普九"）人口覆盖率要达到 85% 以上，青壮年文盲率降到 5% 以下。完成这项任务，对于推进扶贫开发、促进民族团结、维护边疆稳定和实现国家长治久安，具有极其重要的意义。要将"两基"攻坚作为西部大开发的一项重要任务，摆在与基础设施建设和生态环境建设同等重要的位置。国务院有关部门和西部各省（自治区、直辖市）人民政府要制定工作规划，设立专项经费，精心组织实施，并每年督促检查一次，确保目标实现。要以加强中小学校舍和初中寄宿制学校建设、扩大初中学校招生规模、提高教师队伍素质、推进现代远程教育、扶助家庭经济困难学生为重点，周密部署，狠抓落实。中央继续安排专项经费实施贫困地区义务教育工程，安排中央资金对"两基"攻坚进行重点支持。中央和地方新增扶贫资金要支持贫困乡村发展教育事业。中部地区没有实现"两基"目标的县也要集中力量打好攻坚战。大力提高女童和残疾儿童少年的义务教育普及水平。

5. 已经实现"两基"目标的地区特别是中部和西部地区，要巩固成果、提高质量。各级政府要切实做好"两基"巩固提高的规划和部署。继续推进中小学布局结构调整，努力改善办学条件，重点加强农村初中和边远山区、少数民族地区寄宿制学校建设，改善学校卫生设施和学生食宿条件，提高实验仪器设备和图书的装备水平。深化教育教学改革，根据农村实际加快课程改革步伐。提高教师和校长队伍素质，全面提高学校管理水平。努力降低农村初中辍学率，提高办学水平和教育质量，形成农村义务教育持续、健康发展的机制。

经济发达的农村地区要实现高水平、高质量"普九"目标。经过不懈努力,力争 2010 年在全国实现全面普及九年义务教育和全面提高义务教育质量的目标。

6. 发展农村高中阶段教育和幼儿教育。今后五年,经济发达地区的农村要努力普及高中阶段教育,其他地区的农村要加快发展高中阶段教育。要积极开展各种形式的初中后教育。国家继续安排资金,重点支持中西部地区一批基础较好的普通高中和职业学校改善办学条件,提高教育质量,扩大优质教育资源。地方各级政府要重视并扶持农村幼儿教育的发展,充分利用农村中小学布局调整后富余的教育资源发展幼儿教育。鼓励发展民办高中阶段教育和幼儿教育。

7. 建立和完善教育对口支援制度。继续实施"东部地区学校对口支援西部贫困地区学校工程"和"大中城市学校对口支援本省(自治区、直辖市)贫困地区学校工程",建立东部地区经济比较发达的县(市、区)对口支援西部地区贫困县、大中城市对口支援本省(自治区、直辖市)贫困县的制度。进一步加大中央对民族自治地区农村教育的扶持力度,继续办好内地西藏中学(班)和新疆班。

三、坚持为"三农"服务的方向,大力发展职业教育和成人教育,深化农村教育改革

8. 农村教育教学改革的指导思想是:必须全面贯彻党的教育方针,坚持为"三农"服务的方向,增强办学的针对性和实用性,满足农民群众多样化的学习需求;必须全面推进素质教育,紧密联系农村实际,注重受教育者思想品德、实践能力和就业能力的培养;必须实行基础教育、职业教育和成人教育的"三教统筹",有效整合教育资源,充分发挥农村学校的综合功能,提高办学效益。

9. 积极推进农村中小学课程和教学改革。农村中小学教育内容的选择、教科书的编写和教学活动的开展,在实现国家规定基础教育基本要求时,要紧密联系农村实际,突出农村特色。在农村初、高中适当增加职业教育的内容,继续开展"绿色证书"教育,并积极创造条件或利用职业学校的资源,开设以实用技术为主的课程,鼓励学生在获得毕业证书的同时获得职业资格证书。

10. 以就业为导向,大力发展农村职业教育。要实行多样、灵活、开放的办学模式,把教育教学与生产实践、社会服务、技术推广结合起来,加强实践教学和就业能力的培养。在开展学历教育的同时,大力开展多种形式的职业培

训，适应农村产业结构调整，推动农村劳动力向二、三产业转移。实行灵活的教学和学籍管理制度，方便学生工学交替、半工半读、城乡分段和职前职后分段完成学业。在整合现有资源的基础上，重点建设好地（市）、县级骨干示范职业学校和培训机构。要积极鼓励社会力量和吸引外资举办职业教育，促进职业教育办学主体和投资多元化。

11. 以农民培训为重点开展农村成人教育，促进农业增效、农民增收。普遍开展农村实用技术培训，每年培训农民超过1亿人次。积极实施农村劳动力转移培训，每年培训2000万人次以上，使他们初步掌握在城镇和非农产业就业必需的技能，并获得相应的职业资格或培训证书。要坚持培训与市场挂钩，鼓励和支持"定单"培养，先培训后输出。逐步形成政府扶持、用人单位出资、培训机构减免经费、农民适当分担的投入机制。继续发挥乡镇成人文化技术学校、农业广播电视学校和各种农业技术推广、培训机构的重要作用。农村中小学可一校挂两牌，日校办夜校，积极开展农民文化技术教育和培训，成为乡村基层开展文化、科技和教育活动的重要基地。

12. 加强农村学校劳动实践场所建设。农村学校劳动实践场所是贯彻教育与生产劳动相结合，实行"农科教结合"和"三教统筹"的有效载体。地方政府要根据农村学校课程改革的需要，充分利用现有农业示范场所、科技推广基地等多种资源，鼓励有丰富实践经验的专业技术人员担任专兼职指导教师，指导和支持农村学校积极开展各种劳动实践和勤工俭学活动。政府有关部门和乡、村要根据实际情况和有关规定，提供少量土地作为学校劳动实践和勤工俭学场所，具体实施办法由教育部会同农业部、国土资源部等部门制定。

13. 高等学校、科研机构要充分发挥在推进"农科教结合"中的重要作用。通过建立定点联系县、参与组建科研生产联合体和农业产业化龙头企业、转让技术成果等方式，积极开发和推广农业实用技术和科研成果；支持乡镇企业的技术改造和产品更新换代；帮助农村职业学校和中小学培养师资。

14. 加大城市对农村教育的支持和服务，促进城市和农村教育协调发展。城市各级政府要坚持以流入地政府管理为主、以公办中小学为主，保障进城务工就业农民子女接受义务教育。城市职业学校要扩大面向农村的招生规模，到2007年争取年招生规模达到350万人。城市各类职业学校和培训机构要积极开展进城务工就业农民的职业技能培训。要积极推进城市与农村、东部与西部职业学校多种形式的合作办学，不断扩大对口招生规模。城市和东部地区要对农村家庭经济困难的学生适当减免学费并为学生就业提供帮助，促进农村新增劳动力转移。各大中城市要充分发挥教育资源的优势，加大对农村教育的帮助和服务。

四、落实农村义务教育"以县为主"管理体制的要求，加大投入，完善经费保障机制

15. 明确各级政府保障农村义务教育投入的责任。农村税费改革以后，中央加大转移支付力度，有力保障了农村义务教育管理体制的调整。当前，关键是各级政府要进一步加大投入，共同保障农村义务教育的基本需求。落实"在国务院领导下，由地方政府负责、分级管理、以县为主"（简称"以县为主"）的农村义务教育管理体制，县级政府要切实担负起对本地教育发展规划、经费安排使用、校长和教师人事等方面进行统筹管理的责任。中央、省和地（市）级政府要通过增加转移支付，增强财政困难县义务教育经费的保障能力。特别是省级政府要切实均衡本行政区域内各县财力，逐县核定并加大对财政困难县的转移支付力度；县级政府要增加对义务教育的投入，将农村义务教育经费全额纳入预算，依法向同级人民代表大会或其常委会专题报告，并接受其监督和检查。乡镇政府要积极筹措资金，改善农村中小学办学条件。

各级政府要认真落实中央关于新增教育经费主要用于农村的要求。在税费改革中，确保改革后农村义务教育的投入不低于改革前的水平并力争有所提高。在确保农村义务教育投入的同时，也要增加对职业教育、农民培训和扫盲教育的经费投入。

16. 建立和完善农村中小学教职工工资保障机制。根据农村中小学教职工编制和国家有关工资标准的规定，省级人民政府要统筹安排，确保农村中小学教职工工资按时足额发放，进一步落实省长（主席、市长）负责制。安排使用中央下达的工资性转移支付资金，省、地（市）不得留用，全部补助到县，主要补助经过努力仍有困难的县用于工资发放，在年初将资金指标下达到县。各地要抓紧清理补发历年拖欠的农村中小学教职工工资。本《决定》发布后，国务院办公厅将对发生新欠农村中小学教职工工资的情况按省（自治区、直辖市）予以通报。

17. 建立健全农村中小学校舍维护、改造和建设保障机制。要认真组织实施农村中小学危房改造工程，消除现存危房。建立完善校舍定期勘察、鉴定工作制度。地方政府要将维护、改造和建设农村中小学校舍纳入社会事业发展和基础设施建设规划，把所需经费纳入政府预算。要认真落实《国务院关于全面推进农村税费改革试点工作的意见》（国发〔2003〕12号）中关于"省级财政应根据本地实际情况，从农村税费改革专项转移支付资金中，每年安排一定资金用于学校危房改造，确保师生安全"的规定。中央继续对中西部困难

地区中小学校舍改造给予支持。农村"普九"欠债问题，要在化解乡村债务时，通盘考虑解决。债权单位和个人不得因追索债务影响学校正常教学秩序。

18. 确保农村中小学校公用经费。省级政府要本着实事求是的原则，根据本地区经济社会发展水平和维持学校正常运转的基本支出需要，年内完成农村中小学生均公用经费基本标准、杂费标准以及预算内生均公用经费拨款标准的制定和修订工作，并报财政部和教育部备案。杂费收入要全部用于学校公用经费开支。县级政府要按照省级政府制定的标准拨付公用经费，对实行"一费制"的国家扶贫开发工作重点县和财力确有困难的县，省、地（市）政府对其公用经费缺口要予以补足。公用经费基本标准要根据农村义务教育发展的需要和财政能力逐步提高。同时，要加大治理教育乱收费力度，对违反规定乱收费和挪用挤占中小学经费的行为要严肃查处。

五、建立健全资助家庭经济困难学生就学制度，保障农村适龄少年儿童接受义务教育的权利

19. 目前，我国农村家庭经济困难的适龄少年儿童接受义务教育迫切需要得到关心和资助。要在已有助学办法的基础上，建立和健全扶持农村家庭经济困难学生接受义务教育的助学制度。到 2007 年，争取全国农村义务教育阶段家庭经济困难学生都能享受到"两免一补"（免杂费、免书本费、补助寄宿生生活费），努力做到不让学生因家庭经济困难而失学。

20. 中央财政继续设立中小学助学金，重点扶持中西部农村地区家庭经济困难学生就学，逐步扩大免费发放教科书的范围。各级政府设立专项资金，逐步帮助学校免除家庭经济困难学生杂费，对家庭经济困难的寄宿学生提供必要的生活补助。

21. 要广泛动员和鼓励机关、团体、企事业单位和公民捐资助学。进一步落实对捐资助学单位和个人的税收优惠政策，对纳税人通过非营利的社会团体和国家机关向农村义务教育的捐赠，在应纳税所得额中全额扣除。充分发挥社会团体在捐资助学中的作用。鼓励"希望工程"、"春蕾计划"等继续做好资助家庭经济困难学生就学工作。中央和地方各级人民政府对捐资助学贡献突出的单位和个人，给予表彰和奖励。

六、加快推进农村中小学人事制度改革，大力提高教师队伍素质

22. 加强农村中小学编制管理。要严格执行国家颁布的中小学教职工编制

标准，抓紧落实编制核定工作。在核定编制时，应充分考虑农村中小学区域广、生源分散、教学点较多等特点，保证这些地区教学编制的基本需求。所有地区都必须坚决清理并归还被占用的教职工编制，对各类在编不在岗的人员要限期与学校脱离关系。建立年度编制报告制度和定期调整制度。有关部门要抓紧制定和实施职业学校和成人学校的教职工编制标准。

23. 依法执行教师资格制度，全面推行教师聘任制。严格掌握教师资格认定条件，严禁聘用不具备教师资格的人员担任教师。拓宽教师来源渠道，逐步提高新聘教师的学历层次。教师聘任实行按需设岗、公开招聘、平等竞争、择优聘任、科学考核、合同管理。各省（自治区、直辖市）要制定切实可行的实施办法，指导做好农村中小学教职工定岗、定员和分流工作。积极探索建立教师资格定期考核考试制度。要将师德修养和教育教学工作实绩作为选聘教师和确定教师专业技术职务的主要依据。坚持依法从严治教，加强教师队伍管理，对严重违反教师职业道德、严重失职的人员，坚决清除出教师队伍。

24. 严格掌握校长任职条件，积极推行校长聘任制。农村中小学校长必须具备良好的思想政治道德素质、较强的组织管理能力和较高的业务水平。校长应具有中级以上教师职务，一般有五年以上教育教学工作经历。坚持把公开选拔、平等竞争、择优聘任作为选拔任用校长的主要方式。切实扩大民主，保障教职工对校长选拔任用工作的参与和监督，并努力提高社区和学生家长的参与程度。校长实行任期制，对考核不合格或严重失职、渎职者，应及时予以解聘或撤职。

25. 积极引导鼓励教师和其他具备教师资格的人员到乡村中小学任教。各地要落实国家规定的对农村地区、边远地区、贫困地区中小学教师津贴、补贴。建立城镇中小学教师到乡村任教服务期制度。城镇中小学教师晋升高级教师职务，应有在乡村中小学任教一年以上的经历。适当提高乡村中小学中、高级教师职务岗位比例。地（市）、县教育行政部门要建立区域内城乡"校对校"教师定期交流制度。增加选派东部地区教师到西部地区任教、西部地区教师到东部地区接受培训的数量。国家继续组织实施大学毕业生支援农村教育志愿者计划。

26. 加强农村教师和校长的教育培训工作。构建农村教师终身教育体系，实施"农村教师素质提高工程"，开展以新课程、新知识、新技术、新方法为重点的新一轮教师全员培训和继续教育。坚持农村中小学校长任职资格培训和定期提高培训制度。切实保障教师和校长培训经费投入。

七、实施农村中小学现代远程教育工程，促进城乡优质教育资源共享，提高农村教育质量和效益

27. 实施农村中小学现代远程教育工程要按照"总体规划、先行试点、重点突破、分步实施"的原则推进。在 2003 年继续试点工作的基础上，争取用五年左右时间，使农村初中基本具备计算机教室，农村小学基本具备卫星教学收视点，农村小学教学点具备教学光盘播放设备和成套教学光盘。工程投入要以地方为主，多渠道筹集经费，中央对中西部地区给予适当扶持。

28. 实施农村中小学现代远程教育工程，要着力于教育质量和效益的提高。要与农村各类教育发展规划和中小学布局调整相结合；与课程改革、加强学校管理、教师继续教育相结合；与"农科教结合"、"三教统筹"、农村党员干部教育相结合。

29. 加快开发农村现代远程教育资源。制定农村教育教学资源建设规划，加快开发和制作符合课程改革精神，适应不同地区、不同要求的农村教育教学资源和课程资源。国家重点支持开发制作针对中西部农村地区需要的同步课堂、教学资源光盘和卫星数据广播资源。建立农村现代远程教育资源征集、遴选、认证制度。

八、切实加强领导，动员全社会力量关心和支持农村教育事业

30. 地方各级人民政府要建立健全农村教育工作领导责任制，把农村教育的发展和改革列入重要议事日程抓紧抓好。要在深入调查研究的基础上，制定本地农村教育发展和改革的规划，精心组织实施；加强统筹协调，及时研究解决突出问题，尤其要保障农村教育经费的投入；倾听广大教师和农民群众的呼声，主动为农村教育办实事；坚持依法行政，认真执行教育法律法规，维护师生的合法权益，狠抓农村教育各项政策的落实。

31. 推进农村教育改革试验，努力探索农村教育改革新路子。各地要在总结改革经验的基础上，进一步解放思想、实事求是、与时俱进，大胆破除束缚农村教育发展的思想观念和体制障碍，在农村办学体制、运行机制、教育结构和教学内容与方法等方面进行改革探索。各省（自治区、直辖市）人民政府都要选择若干个县作为改革试验区；各地（市）、县都要选择 1～2 个乡镇和若干所学校作为改革试验点。要通过改革试验，推出一批有效服务"三农"的办学新典型；创造同社会主义市场经济体制相适应、符合教育规律、具有农

村特色的教育新经验。

32. 农业、科技、教育等部门要充分发挥各自优势，密切配合，共同推进"农科教结合"。为形成政府统筹、分工协作、齐抓共管的有效工作机制，各地可根据实际需要，建立"农科教结合"工作联席会议制度。

33. 加强对农村教育的督查工作。要重点督查"以县为主"的农村义务教育管理体制和"保工资、保安全、保运转"目标的落实情况，以及"两基"攻坚和巩固提高工作的进展情况。建立对县级人民政府教育工作的督导评估机制，并将督导评估的结果作为考核领导干部政绩的重要内容和进行表彰奖励或责任追究的重要依据。

34. 广泛动员国家机关、部队、企事业单位、社会团体和人民群众通过各种方式支持农村教育的发展。发挥新闻媒体的舆论导向作用，大力宣传农村优秀教师的先进模范事迹。数百万农村教师辛勤耕耘在农村教育工作第一线，为我国教育事业发展和农村现代化建设做出了卓越贡献。特别是长期工作在"老、少、边、穷"地区的乡村教师，克服困难，爱岗敬业，艰苦奋斗，无私奉献，应该得到全社会的尊重。中央和地方各级人民政府要定期对做出突出贡献的优秀农村教师和教育工作者予以表彰奖励，在全社会形成尊师重教、关心支持农村教育的良好氛围。

中华人民共和国国务院
2003 年 9 月 17 日

国务院关于深化农村义务教育
经费保障机制改革的通知

（国发〔2005〕43号）

各省、自治区、直辖市人民政府，国务院各部委、各直属机构：

为贯彻党的十六大和十六届三中、五中全会精神，落实科学发展观，强化政府对农村义务教育的保障责任，普及和巩固九年义务教育，促进社会主义新农村建设，国务院决定，深化农村义务教育经费保障机制改革。现就有关事项通知如下：

一、充分认识深化农村义务教育经费保障机制改革的重大意义

农村义务教育在全面建设小康社会、构建社会主义和谐社会中具有基础性、先导性和全局性的重要作用。党中央、国务院历来高度重视农村义务教育事业发展，特别是农村税费改革以来，先后发布了《国务院关于基础教育改革与发展的决定》、《国务院关于进一步加强农村教育工作的决定》等一系列重要文件，确立了"在国务院领导下，由地方政府负责，分级管理，以县为主"的农村义务教育管理体制，逐步将农村义务教育纳入公共财政保障范围。各级人民政府按照新增教育经费主要用于农村的要求，进一步加大了对农村义务教育的投入力度，实施了国家贫困地区义务教育工程、农村中小学危房改造工程、国家西部地区"两基"攻坚计划、农村中小学现代远程教育工程、农村贫困家庭中小学生"两免一补"政策等，农村义务教育事业发展取得了显著成绩。

但是，我国农村义务教育经费保障机制方面，仍然存在各级政府投入责任不明确、经费供需矛盾比较突出、教育资源配置不尽合理、农民教育负担较重等突出问题，在一定程度上影响了"普九"成果的巩固，不利于农村义务教育事业健康发展，必须深化改革。特别是在建设社会主义新农村的新形势下，深化农村义务教育经费保障机制改革，从理顺机制入手解决制约农村义务教育

发展的经费投入等问题，具有重大的现实意义和深远的历史意义。这是践行"三个代表"重要思想和执政为民的重要举措；是促进教育公平和社会公平，提高全民族素质和农村发展能力，全面建设小康社会和构建和谐社会的有力保证；是贯彻落实"多予少取放活"方针，进一步减轻农民负担，巩固和发展农村税费改革成果，推进农村综合改革的重要内容；是完善以人为本的公共财政支出体系，扩大公共财政覆盖农村范围，强化政府对农村的公共服务，推进基本公共服务均等化的必然要求；是科学、合理配置义务教育资源，完善"以县为主"管理体制，加快农村义务教育事业发展的有效手段。各地区、各有关部门必须进一步统一思想，提高认识，切实按照国务院的部署，扎扎实实把各项改革政策贯彻落实到位。

二、深化农村义务教育经费保障机制改革的主要内容

按照"明确各级责任、中央地方共担、加大财政投入、提高保障水平、分步组织实施"的基本原则，逐步将农村义务教育全面纳入公共财政保障范围，建立中央和地方分项目、按比例分担的农村义务教育经费保障机制。中央重点支持中西部地区，适当兼顾东部部分困难地区。

（一）全部免除农村义务教育阶段学生学杂费，对贫困家庭学生免费提供教科书并补助寄宿生生活费。免学杂费资金由中央和地方按比例分担，西部地区为8∶2，中部地区为6∶4；东部地区除直辖市外，按照财力状况分省确定。免费提供教科书资金，中西部地区由中央全额承担，东部地区由地方自行承担。补助寄宿生生活费资金由地方承担，补助对象、标准及方式由地方人民政府确定。

（二）提高农村义务教育阶段中小学公用经费保障水平。在免除学杂费的同时，先落实各省（区、市）制定的本省（区、市）农村中小学预算内生均公用经费拨款标准，所需资金由中央和地方按照免学杂费资金的分担比例共同承担。在此基础上，为促进农村义务教育均衡发展，由中央适时制定全国农村义务教育阶段中小学公用经费基准定额，所需资金仍由中央和地方按上述比例共同承担。中央适时对基准定额进行调整。

（三）建立农村义务教育阶段中小学校舍维修改造长效机制。对中西部地区，中央根据农村义务教育阶段中小学在校生人数和校舍生均面积、使用年限、单位造价等因素，分省（区、市）测定每年校舍维修改造所需资金，由中央和地方按照5∶5比例共同承担。对东部地区，农村义务教育阶段中小学校舍维修改造所需资金主要由地方自行承担，中央根据其财力状况以及校舍维

修改造成效等情况，给予适当奖励。

（四）巩固和完善农村中小学教师工资保障机制。中央继续按照现行体制，对中西部及东部部分地区农村中小学教师工资经费给予支持。省级人民政府要加大对本行政区域内财力薄弱地区的转移支付力度，确保农村中小学教师工资按照国家标准按时足额发放。

三、农村义务教育经费保障机制改革的实施步骤

农村义务教育经费保障机制改革，从 2006 年农村中小学春季学期开学起，分年度、分地区逐步实施。

（一）2006 年，西部地区农村义务教育阶段中小学生全部免除学杂费；中央财政同时对西部地区农村义务教育阶段中小学安排公用经费补助资金，提高公用经费保障水平；启动全国农村义务教育阶段中小学校校舍维修改造资金保障新机制。

（二）2007 年，中部地区和东部地区农村义务教育阶段中小学生全部免除学杂费；中央财政同时对中部地区和东部部分地区农村义务教育阶段中小学安排公用经费补助资金，提高公用经费保障水平。

（三）2008 年，各地农村义务教育阶段中小学生均公用经费全部达到该省（区、市）2005 年秋季学期开学前颁布的生均公用经费基本标准；中央财政安排资金扩大免费教科书覆盖范围。

（四）2009 年，中央出台农村义务教育阶段中小学公用经费基准定额。各省（区、市）制定的生均公用经费基本标准低于基准定额的差额部分，当年安排 50%，所需资金由中央财政和地方财政按照免学杂费的分担比例共同承担。

（五）2010 年，农村义务教育阶段中小学公用经费基准定额全部落实到位。

农垦、林场等所属义务教育阶段中小学经费保障机制改革，与所在地区农村同步实施，所需经费按照现行体制予以保障。城市义务教育也应逐步完善经费保障机制，具体实施方式由地方确定，所需经费由地方承担。其中，享受城市居民最低生活保障政策家庭的义务教育阶段学生，与当地农村义务教育阶段中小学生同步享受"两免一补"政策；进城务工农民子女在城市义务教育阶段学校就读的，与所在城市义务教育阶段学生享受同等政策。

四、加强领导，确保落实

农村义务教育经费保障机制改革工作，涉及面广，政策性强，任务十分艰巨和紧迫。各地区、各有关部门必须从讲政治的高度，从全局出发充分认识深化农村义务教育经费保障机制改革的重大意义，周密部署，统筹安排，扎扎实实把各项改革政策贯彻落实到位。

（一）加强组织领导，搞好协调配合。地方各级人民政府要切实加强对农村义务教育经费保障机制改革工作的组织领导，"一把手"要亲自抓、负总责。各有关部门要加强协调，密切配合。要成立农村义务教育经费保障机制改革领导小组及办公室，负责各项组织实施工作。特别是要在深入调查研究、广泛听取各方面意见的基础上，按照本通知的要求，抓紧制定切实可行的实施方案。国务院有关部门要发挥职能作用，加强对农村义务教育经费保障机制改革工作的指导和协调。

（二）落实分担责任，强化资金管理。省级人民政府要负责统筹落实省以下各级人民政府应承担的经费，制定本省（区、市）各级政府的具体分担办法，完善财政转移支付制度，确保中央和地方各级农村义务教育经费保障机制改革资金落实到位。推进农村义务教育阶段学校预算编制制度改革，将各项收支全部纳入预算管理。健全预算资金支付管理制度，加强农村中小学财务管理，严格按照预算办理各项支出，推行农村中小学财务公开制度，确保资金分配使用的及时、规范、安全和有效，严禁挤占、截留、挪用教育经费。全面清理现行农村义务教育阶段学校收费政策，全部取消农村义务教育阶段学校各项行政事业性收费，坚决杜绝乱收费。

（三）加快推进教育综合改革。深化教师人事制度改革，依法全面实施教师资格准入制度，加强农村中小学编制管理，坚决清退不合格和超编教职工，提高农村中小学师资水平；推行城市教师、大学毕业生到农村支教制度。全面实施素质教育，加快农村中小学课程改革；严格控制农村中小学教科书的种类和价格，推行教科书政府采购，逐步建立教科书循环使用制度。建立以素质教育为宗旨的义务教育评价体系。促进教育公平，防止教育资源过度向少数学校集中。

（四）齐抓共管，强化监督检查。各级人民政府在安排农村义务教育经费时要切实做到公开透明，要把落实农村义务教育经费保障责任与投入情况向同级人民代表大会报告，并向社会公布，接受社会监督。各级财政、教育、物价、审计、监察等有关部门要加强对农村义务教育经费安排使用、贫困学生界定、中小学收费等情况的监督检查。各级人民政府要改进和加强教育督导工作，把农村义务教育经费保障机制改革和教育综合改革，作为教育督导的重要内容。通过齐抓共管，真正使农村义务教育经费保障机制改革工作成为德政工程、民心工程和阳光工程。

（五）加大宣传工作力度。地方各级人民政府和国务院有关部门要高度重视农村义务教育经费保障机制改革的宣传工作，制定切实可行的宣传方案，广泛利用各种宣传媒介、采取多种形式，向全社会进行深入宣传，使党和政府的这项惠民政策家喻户晓、深入人心，营造良好的改革环境，确保农村义务教育经费保障机制改革工作顺利进行。

中华人民共和国国务院
2005 年 12 月 24 日

国务院办公厅转发中央编办、教育部、财政部关于制定中小学教职工编制标准意见的通知

（国办发〔2001〕74号）

各省、自治区、直辖市人民政府，国务院各部委、各直属机构：

中央编办、教育部、财政部《关于制定中小学教职工编制标准的意见》已经国务院同意，现转发给你们，请认真贯彻执行。

中华人民共和国国务院办公厅

2001年10月11日

关于制定中小学教职工编制标准的意见

中央编办　教育部　财政部

（2001年10月8日）

根据《国务院关于基础教育改革与发展的决定》（国发〔2001〕21号，以下简称国发〔2001〕21号文件）的精神，为加强中小学编制管理和教职工队伍建设，提高教育教学质量和办学效益，现就制定中小学教职工编制标准等有关问题提出如下意见：

一、核定中小学教职工编制的原则

中小学教职工编制是我国事业编制的重要组成部分。制定科学的中小学教职工编制标准和实施办法，合理核定中小学教职工编制，直接关系到我国基础

教育的健康发展。做好这项工作，应遵循以下原则：（1）保证基础教育发展的基本需要；（2）与经济发展水平和财政承受能力相适应；（3）力求精简和高效；（4）因地制宜，区别对待。

二、中小学教职工编制标准

中小学教职工包括教师、职员、教学辅助人员和工勤人员。教师是指学校中直接从事教育、教学工作的专业人员，职员是指从事学校管理工作的人员，教学辅助人员是指学校中主要从事教学实验、图书、电化教育以及卫生保健等教学辅助工作的人员，工勤人员是指学校后勤服务人员。

中小学教职工编制根据高中、初中、小学等不同教育层次和城市、县镇、农村等不同地域，按照学生数的一定比例核定（见附表）。

中小学校的管理工作尽可能由教师兼职，后勤服务工作应逐步实行社会化。确实需要配备职员、教学辅助人员和工勤人员的，其占教职工的比例，高中一般不超过16%、初中一般不超过15%、小学一般不超过9%。完全中学教职工编制分别按高中、初中编制标准核定。九年制学校分别按初中、小学编制标准核定。农村教学点的编制计算在乡镇中心小学内。特殊教育学校、职业中学、小学附设幼儿班和工读学校教职工编制标准可参照中小学教职工编制标准，由各地根据实际情况具体确定。成人初、中等学校的编制由各地根据实际情况具体确定。

由于我国地区差异较大，各地经济发展水平不平衡，各省、自治区、直辖市在制定中小学教职工编制标准的实施办法时，可根据本地生源状况、经济和财政状况、交通状况、人口密度等，对附表中提出的标准进行上下调节。

各地在具体核定中小学教职工编制时，具有下列情况的，按照从严从紧的原则适当增加编制：内地民族班中小学，城镇普通中学举办民族班的学校和开设双语教学课程的班级，寄宿制中小学，乡镇中心小学，安排教师脱产进修，现代化教学设备达到一定规模的学校，承担示范和实验任务的学校，山区、湖区、海岛、牧区和教学点较多的地区。承担学生勤工俭学和实习任务的校办工厂（农场）按照企业管理，特殊情况的可核定少量后勤服务事业编制。

三、工作要求

根据《中共中央办公厅、国务院办公厅关于印发〈中央机构编制委员会关于事业单位机构改革若干问题的意见〉的通知》（中办发〔1996〕17号）

和国发〔2001〕21 号文件的规定，中央编办会同教育部、财政部统一制定全国中小学教职工编制标准。省级机构编制部门会同同级教育、财政部门按照此标准，结合当地实际情况制定具体实施办法，报当地党委和政府批准。市（地）级人民政府要加强统筹规划，搞好组织协调。县级教育行政部门根据教育事业发展规划，提出本地区中小学人员编制方案；机构编制部门按照附表中提出的编制标准和本省（自治区、直辖市）的实施办法，会同财政部门核定本地区中小学人员编制，报省级人民政府核准；教育部门在核定的编制总额内，按照班额、生源等情况具体分配各校人员编制，并报同级机构编制部门备案。各级财政部门依据编制主管部门核定的人员编制，核拨中小学人员经费。中小学机构编制实行集中统一管理，其他部门和社会组织不得进行任何形式的干预，下发文件和部署工作不得有涉及学校机构和人员编制方面的内容。

中小学在核定的人员编制范围内，按照职位分类、专兼结合、一人多岗的原则，合理配备教职工，严格按照教师资格确定专任教师。要清理各种形式占用的中小学人员编制，今后任何部门和单位一律不得以任何理由占用或变相占用中小学人员编制。省、市（地）、县应在核编过程中做好中小学教职工的总量控制和结构调整工作，引导教职工从城镇学校和超编学校向农村学校和缺编学校合理流动。要根据条件逐步进行中小学布局结构调整，精简压缩教师队伍，辞退代课教师和不合格教师，压缩非教学人员，清退临时工勤人员。

要稳妥地做好中小学人员分流工作，中小学教职工分流可参照机关工作人员的分流政策执行。

综合运用行政手段和经济手段，加强中小学人员编制管理，形成学校自律机制。各级机构编制主管部门和教育、财政部门要加强中小学编制工作的监督、检查。对违反编制管理规定的单位，应当责令其纠正，并视情节轻重对有关责任者给予处分。

附表：中小学教职工编制标准

附表

中小学教职工编制标准

学 校 类 别		教职工与学生比
高中	城　市	1∶12.5
	县　镇	1∶13
	农　村	1∶13.5
初中	城　市	1∶13.5
	县　镇	1∶16
	农　村	1∶18
小学	城　市	1∶19
	县　镇	1∶21
	农　村	1∶23

注：1. "城市"指省辖市以上大中城市市区；
　　2. "县镇"指县（市）政府所在地城区。

国务院办公厅关于完善农村
义务教育管理体制的通知

（国办发〔2002〕28 号）

各省、自治区、直辖市人民政府，国务院各部委、各直属机构：

完善农村义务教育管理体制，是实践江泽民同志"三个代表"重要思想，实施科教兴国战略的重要内容；是进一步落实地方政府举办义务教育的责任，加强农村义务教育管理，保证经费投入，减轻农民负担，促进农村义务教育持续健康发展的治本之策；是提高农村人口素质，推动我国农村经济和社会长远发展的重大举措。党中央、国务院高度重视农村义务教育发展和完善农村义务教育管理体制问题，《国务院关于基础教育改革与发展的决定》（国发〔2001〕21 号）明确提出，加强农村义务教育是涉及农村经济社会发展全局的一项战略任务，各级人民政府要牢固树立实施科教兴国战略必须首先落实到义务教育上来的思想，完善管理体制，保障经费投入，推进农村义务教育持续健康发展。各级人民政府要进一步增强责任感和紧迫感，严格执行《中华人民共和国教育法》、《中华人民共和国义务教育法》等有关法律法规，认真贯彻落实《国务院关于基础教育改革与发展的决定》，确保新的农村义务教育管理体制在 2002 年全面运行。为此，经国务院批准，现就完善农村义务教育管理体制有关问题通知如下：

一、明确各级政府责任，加强对农村义务教育的领导和管理

1. 农村义务教育实行"在国务院领导下，由地方政府负责、分级管理、以县为主"的体制。县级人民政府对农村义务教育负有主要责任，省、地（市）、乡等地方各级人民政府承担相应责任，中央政府给予必要的支持。

2. 省级人民政府负责统筹制定本省、自治区、直辖市农村义务教育发展规划；根据国家中小学教职工编制标准，制定具体实施办法，核批各县（市、区、旗，以下统称县）农村中小学教职工编制；逐县核实财力水平，统筹安

排财力，对财力不足、发放财政供养人员工资确已达到合理比例仍有困难的县，通过调整财政体制和财政支出结构、增加省级财政转移支付资金、合理安排中央财政转移支付资金等办法，帮助并督促县级人民政府确保农村中小学教职工工资按时足额发放；核定本地区农村中小学公用经费的标准和定额，确定农村中小学收费项目和标准；增加危房改造专项资金投入，建立消除农村中小学危房的工作机制；组织实施教育对口支援工作，推动建立助学制度；加强对下级政府教育工作的督导检查，组织开展督导评估工作。

3. 地（市）级人民政府负责制定本地区农村义务教育发展规划，组织协调农村义务教育发展；根据国家中小学教职工编制标准和省级人民政府的实施办法，审核上报本地区各县农村中小学教职工编制；根据省级人民政府的要求，对财力不足、发放财政供养人员工资确有困难的县，给予转移支付，对农村中小学危房改造给予补助；组织实施助学活动；加强教育督导检查。

4. 县级人民政府负责制定本地区农村义务教育发展规划，组织实施农村义务教育；从实际出发，因地制宜，逐步调整农村中小学布局；根据国家中小学教职工编制标准和省级人民政府的实施办法，提出农村中小学教职工编制方案，并根据省级人民政府核批的农村中小学教职工编制，核定学校的教职工编制；负责农村中小学校长、教职工的管理；调整本级财政支出结构，增加教育经费预算，合理安排使用上级转移支付资金，确保按时足额统一发放教职工工资；统筹安排农村中小学公用经费，安排使用校舍建设和危房改造资金，组织实施农村中小学危房改造和校舍建设，改善办学条件；指导农村中小学的教育教学工作；维护学校的治安、安全和正常教学秩序；开展助学活动；对乡（镇）人民政府有关教育工作和农村中小学进行督导评估。

5. 乡（镇）人民政府负责组织适龄儿童少年入学，严格控制义务教育阶段学生辍学；维护学校的治安、安全和正常教学秩序，治理校园周边环境；按有关规定划拨新建、扩建校舍所必需的土地。经济条件较好的乡（镇）要积极筹措经费，改善农村中小学办学条件，支持农村义务教育发展。

继续发挥村民自治组织在实施农村义务教育中的作用。

未实行农村税费改革试点的地方，地（市）、县、乡（镇）人民政府，要继续严格按照国家有关规定组织做好农村教育费附加的征收、管理，用于农村中小学的校舍建设、维修、危房改造和学校布局调整；继续严格按照国家有关规定组织做好农村中小学危房改造的教育集资工作。

二、建立义务教育经费保障机制，保证农村义务教育投入

6. 地方各级人民政府要按照"一要吃饭，二要建设"的原则，调整财政支出结构，确保农村中小学教职工工资按时足额发放。农村中小学教职工工资要上收到县集中管理，按 2001 年国家统一规定的工资项目和标准将农村中小学教职工工资总额上划到县（实际发放数低于国家标准工资的，按实际发放数上划），并相应调整县、乡财政体制，由县按照国家统一规定的工资项目和标准，统一发放农村中小学教职工工资。

县级人民政府按照省级人民政府核定的教职工编制和国家统一规定的工资项目和标准，结合本级财力和上级给予的转移支付资金，将农村中小学教职工工资全额纳入本级财政预算，通过银行按时足额直接拨到在银行开设的教职工个人工资账户中，保证教职工工资按时足额发放。同时，按照《中华人民共和国教师法》的规定，保证教师工资不低于当地国家公务员的平均水平。安排使用上级的工资性转移支付资金、农村税费改革转移支付资金和一般性转移支付资金，首先要用于保证农村中小学教职工工资。

在合理确定农村中小学教职工编制的基础上，省级人民政府要统筹安排解决财力困难县农村中小学教职工工资的发放问题，并实行省长（主席、市长）负责制。通过调整财政体制和财政支出结构，逐县核实财力并建立确保农村中小学教职工工资发放的运行机制。根据各县财力状况和保障力度，增加工资性转移支付资金。安排使用中央下达的一般性转移支付和工资性转移支付资金，省、地（市）级不留用，全部补助到县，对所属各县也不能平均分配，主要补助财力困难而自身保障力度大的县用于工资发放，并在年初将转移支付资金指标下达到县。财力较好的地（市）级人民政府也要安排相应的工资性转移支付资金。通过上述资金统筹安排，确保国家统一规定的农村中小学教职工工资按时足额发放，不再发生新的拖欠。

县级人民政府负责清理历年拖欠的农村中小学教职工工资，并制订计划，限期补发。

7. 保证农村中小学公用经费。县级人民政府要按照省级人民政府核定的农村中小学公用经费标准和定额，统筹安排，予以保证。经济和财力较好的县，标准和定额可以适当提高。农村中小学公用经费资金来源除学校按规定向学生收取的杂费外，其余部分由县、乡两级人民政府预算安排。

农村中小学按省级人民政府规定向学生收取的杂费，全部用于公用经费开支，不得用于教职工工资、津贴、福利、基建等开支，不得用于平衡财政预

算，不得从中提取任何性质的调节基金；代收的书本费，由学校直接用于购买书本，不得以任何理由挤占挪用。国家扶贫开发工作重点县的农村中小学按国家有关规定实行"一费制"，并严格按标准收取，不得超标。对实行"一费制"后形成的农村中小学公用经费缺口，应按省级人民政府核定的农村中小学公用经费标准和定额，在上级人民政府的转移支付资金中安排。

8. 保障农村中小学危房改造和学校建设的必要投入。各地要建立定期的危房勘查、鉴定工作制度和危房改造经费保障机制。县级人民政府要将新增危房的改造列入本级事业发展计划，多渠道筹措经费，确保及时消除新增危房。省、地（市）级和财力较好的县级人民政府要设立农村中小学危房改造专项资金，中央政府通过专项补助重点扶持困难地区的农村中小学危房改造，力争在较短的时期内基本消除现有农村中小学危房。实行农村税费改革试点的地区，可以通过村民自愿提供劳务等方式，支持农村中小学校舍的维护和修缮。

农村中小学进一步发展所需的校舍建设项目，由县级人民政府列入基础设施建设统一规划，经省级人民政府审批后，由省、地（市）、县级人民政府多渠道筹措建设资金。农村中小学购置教学仪器设备和图书资料所需经费，由县级人民政府安排。

中央和省级人民政府设立的专项资金，今后将继续扶持贫困地区、少数民族地区的农村中小学学校建设，改善办学条件。

9. 实行农村税费改革试点的地区，安排使用上级转移支付资金，要明确保障农村义务教育正常经费和危房改造资金投入，并纳入财政预算。改革后农村中小学要有稳定的经费来源，确保农村义务教育投入不低于改革前的水平并力争有所提高。对因取消农村教育费附加和经批准的教育集资而形成的教育经费缺口，要从增加的农业税收入和上级转移支付资金中予以安排，保证农村义务教育经费的正常需要。

10. 加强农村义务教育经费和资产管理。各级人民政府预算安排的各项教育经费要按时足额拨付到位，不得挤占、截留、挪用。学校要严格按规定范围和标准安排使用经费，定期公布收支情况，严禁挪作他用。对挪用农村义务教育经费的问题，要严肃查处，遏制腐败问题发生。要节约开支，切实提高资金使用效益。要严格执行省级人民政府规定的收费项目和收费标准，农村中小学不得以任何理由和名义向学生收取规定项目以外的费用或擅自提高收费标准。

农村中小学不得举债建设。县级人民政府要采取有效措施，清理核实农村中小学"普及九年义务教育"欠债，摸清债务来源和使用情况，并尽力偿还。债权单位和个人不得因追索债务影响学校正常教学秩序。对强迫学校停课、将师生逐出校园及其他影响学校正常教学秩序和社会稳定的行为，要坚决制止。

农村中小学实行校长负责制，由校长全面负责校舍等国有资产的管理。

11. 认真组织实施学校对口支援工作，开展经常性全国助学活动。要继续组织好"东部地区学校对口支援西部贫困地区学校工程"和"大中城市学校对口支援本地贫困地区学校工程"（以下简称"两个工程"）的实施工作，各地要建立一套包括检查、评比、表彰、奖励在内的行之有效的机制，要有专人负责，确保"两个工程"的开展制度化。大中城市要普遍建立对口支援捐赠中心，接收社会各界对教育的经常性捐助。开展经常性全国助学活动，把筹集的社会资金用于资助家庭经济困难的学生就学。

三、完善人事编制管理制度，加强农村中小学教师队伍建设

12. 严格管理农村中小学编制。省级机构编制部门要根据国家下达的编制标准，会同同级教育、财政部门，尽快研究下达本省、自治区、直辖市农村中小学编制核定和管理的具体实施办法。县级人民政府根据实施办法提出农村中小学教职工编制方案，报省级人民政府核批。各地要在 2002 年上半年将核编结果报中央编办、教育部、财政部。农村中小学编制总量应当根据教育事业发展规划、生源变化和学校布局调整等情况定期调整，实行动态管理。

县级机构编制部门要会同同级教育、财政部门严格控制农村中小学领导职数、内设机构和教职工编制总量。县级教育行政部门要在核定的编制总额内，按照班额、生源等情况具体分配农村中小学教职工编制，并报同级机构编制部门备案；分配农村中小学教职工编制时，要合理调控农村中小学班额和班级数，科学确定教师工作量，按规定比例确定职员、教学辅助人员、工勤人员的数量。

任何部门和单位不得以任何理由占用或变相占用农村中小学教职工编制。对占用学校编制而不在学校工作的人员，要限期与学校脱离关系，教育行政部门和学校不得为其支付工资。农村中小学不得超编聘用人员，不得使用编外人员顶编在岗工作。要积极稳妥地做好农村中小学教职工分流工作，农村中小学在编教职工分流参照行政机关工作人员的分流政策执行。

13. 加强农村中小学人事管理。县级教育行政部门依法履行对农村中小学教师的资格认定、招聘录用、职务评聘、培养培训、调配交流和考核等管理职能，乡（镇）、村无权聘任农村中小学教职工。农村中小学校长的选拔、任用、培训、考核、交流由县级教育行政部门归口管理；要按照干部人事制度改革要求，积极创造条件，逐步实行农村中小学校长公开选拔，竞争上岗。

乡（镇）人民政府不设专门的教育管理机构，乡（镇）有关教育工作由

乡（镇）长直接负责，乡（镇）可在核定的行政编制内确定1~2名助理或干事协助乡（镇）长管理具体教育事务，并接受县级教育行政部门指导。教育教学业务管理由乡（镇）中心学校校长负责。

全面实行教师资格制度。农村中小学任教人员必须具备相应的教师资格，对不具备教师资格的人员要及时调整出教师队伍，积极吸引高校毕业生到农村中小学任教。积极推行教师聘任制度，实行按需设岗、公开招聘、平等竞争、择优聘任、严格考核、合同管理。限期清退农村中小学代课人员。

四、建立健全监督机制，保证农村义务教育健康发展

14. 建立健全监督检查制度。省、地（市）、县级人民政府要按照本通知，制订具体落实措施，明确目标、责任，保证各项要求落实到位。地方各级人民政府每年向上一级人民政府专题报告一次农村义务教育工作情况，国务院有关部门负责督促检查各省、自治区、直辖市落实情况并予以综合通报。省级人民政府定期向社会公布各县农村中小学教职工工资发放情况。财政部、教育部每年年底向社会公布各省、自治区、直辖市农村中小学教职工工资发放情况。省、地（市）、县级人民政府有关部门要设立并公布举报电话，接受社会各界对拖欠农村中小学教职工工资、农村中小学违规收费等情况的举报，并及时调查处理。各级人民政府教育督导机构要把督导农村义务教育作为工作重点。

15. 建立表彰奖励和责任追究制度。县级人民政府主要负责人是农村义务教育工作的第一责任人，省、地（市）级人民政府主要负责人对农村义务教育工作、保证发放农村中小学教职工工资负有领导责任。对积极完善农村义务教育管理体制，推进农村义务教育工作卓有成效的，上级人民政府要予以表彰。

要逐级建立责任追究制度。凡是拖欠农村中小学教职工工资的县，不得用财政性资金上新的建设项目，不准机关盖办公楼、买轿车，不准领导干部出国，违者要追究领导责任。对挤占挪用农村中小学教育经费、拖欠农村中小学教职工工资、不及时修缮危房或管理不善造成重大安全事故，以及违反编制管理规定、超编制招聘人员的，要追究领导和直接管理者的责任。具体办法由省级人民政府制定。

中华人民共和国国务院办公厅

2002 年 4 月 14 日

国务院办公厅转发人事部
关于在事业单位试行人员
聘用制度意见的通知

（国办发〔2002〕35 号）

各省、自治区、直辖市人民政府，国务院各部委、各直属机构：

人事部《关于在事业单位试行人员聘用制度的意见》已经国务院同意，现转发给你们，请认真贯彻执行。

在事业单位试行人员聘用制度，是用人制度的一项重要改革，是建立适应社会主义市场经济体制要求的事业单位人事制度的重要措施，对实施科教兴国战略和"人才强国"战略，调动事业单位各类人员的积极性和创造性，促进我国经济建设和各项社会事业的发展具有重要作用。各地区、各部门要高度重视，切实加强领导，积极稳妥地组织实施。要注意试行中可能出现的问题，及时研究解决，不断总结经验，确保事业单位人员聘用工作的顺利实施。

中华人民共和国国务院办公厅
2002 年 7 月 6 日

关于在事业单位试行人员聘用制度的意见

人 事 部
（2002 年 7 月 3 日）

随着我国社会主义市场经济体制的建立和加入世界贸易组织，迫切要求转换事业单位用人机制，建立充满生机和活力的用人制度。在事业单位试行人员聘用制度，是加快推进事业单位人事制度改革、提高队伍整体素质、增强事业单位活力的重要措施。为了规范事业单位人员聘用工作（简称人员聘用工作），保护单位和职工的合法权益，促进社会稳定，现就在事业单位试行人员聘用制度提出如下意见：

一、聘用制度的基本原则和实施范围

事业单位与职工应当按照国家有关法律、政策和本意见的要求，在平等自愿、协商一致的基础上，通过签订聘用合同，明确聘用单位和受聘人员与工作有关的权利和义务。人员聘用制度主要包括公开招聘、签订聘用合同、定期考核、解聘辞聘等制度。通过实行人员聘用制度，转换事业单位用人机制，实现事业单位人事管理由身份管理向岗位管理转变，由行政任用关系向平等协商的聘用关系转变，建立一套符合社会主义市场经济体制要求的事业单位人事管理制度。

建立和推行事业单位人员聘用制度，要贯彻党的干部路线，坚持党管干部原则；坚持尊重知识、尊重人才的方针，树立人才资源是第一资源的观念；坚持平等自愿、协商一致的原则；坚持公开、平等、竞争、择优的原则；坚持走群众路线，保证职工的参与权、知情权和监督权。

事业单位除按照国家公务员制度进行人事管理的以及转制为企业的以外，都要逐步试行人员聘用制度。对事业单位领导人员的任用，根据干部人事管理权限和规定的程序，可以采用招聘或者任命等形式。使用事业单位编制的社会团体录用专职工作人员，除按照国家公务员制度进行人事管理的以外，也要参照本意见逐步试行人员聘用制度。

二、全面推行公开招聘制度

为了规范用人行为，防止用人上的随意性和不正之风，事业单位凡出现空缺岗位，除涉密岗位确需使用其他方法选拔人员的以外，都要试行公开招聘。

事业单位要结合本单位的任务，按照科学合理、精简效能的原则设置岗位，并根据国家有关规定确定岗位的工资待遇；按照岗位的职责和聘用条件，通过公开招聘、考试或者考核的方法择优聘用工作人员。受聘人员应当具有履行岗位职责的能力，能够坚持正常工作；应聘实行执业资格制度岗位的，必须持有相应的执业资格证书。

为了保证人员聘用工作的顺利平稳进行，聘用人员应当优先从本单位现有人员中选聘；面向社会招聘的，同等条件下本单位的应聘人员优先。机构编制部门核定人员编制的事业单位聘用人员，不得突破核定的编制数额。

三、严格人员聘用的程序

为了保证人员聘用工作公平、公正，提高工作效率，聘用单位要成立与人员聘用工作相适应的聘用工作组织，严格人员聘用程序。聘用工作组织由本单位人事部门负责人、纪律检查部门负责人和工会代表组成，根据需要也可以聘请有关专家参加。人员的聘用、考核、续聘、解聘等事项由聘用工作组织提出意见，报本单位负责人员集体决定。

人员聘用的基本程序是：

（一）公布空缺岗位及其职责、聘用条件、工资待遇等事项；

（二）应聘人员申请应聘；

（三）聘用工作组织对应聘人员的资格、条件进行初审；

（四）聘用工作组织对通过初审的应聘人员进行考试或者考核，根据结果择优提出拟聘人员名单；

（五）聘用单位负责人员集体讨论决定受聘人员；

（六）聘用单位法定代表人或者其委托的人与受聘人员签订聘用合同。

聘用合同期满，岗位需要、本人愿意、考核合格的，可以续签聘用合同。

人员聘用实行回避制度。受聘人员凡与聘用单位负责人员有夫妻关系、直系血亲关系、三代以内旁系血亲或者近姻亲关系的，不得被聘用从事该单位负责人员的秘书或者人事、财务、纪律检查岗位的工作，也不得在有直接上下级领导关系的岗位工作。聘用工作组织成员在办理人员聘用事项时，遇有与自己有上述亲属关系的，也应当回避。

四、规范聘用合同的内容

聘用合同由聘用单位的法定代表人或者其委托的人与受聘人员以书面形式订立。聘用合同必须具备下列条款：

（一）聘用合同期限；

（二）岗位及其职责要求；

（三）岗位纪律；

（四）岗位工作条件；

（五）工资待遇；

（六）聘用合同变更和终止的条件；

（七）违反聘用合同的责任。

经双方当事人协商一致，可以在聘用合同中约定试用期、培训和继续教育、知识产权保护、解聘提前通知时限等条款。

聘用合同分为短期、中长期和以完成一定工作为期限的合同。对流动性强、技术含量低的岗位一般签订3年以下的短期合同；岗位或者职业需要、期限相对较长的合同为中长期合同；以完成一定工作为期限的合同，根据工作任务确定合同期限。合同期限最长不得超过应聘人员达到国家规定的退休年龄的年限。聘用单位与受聘人员经协商一致，可以订立上述任何一种期限的合同。

对在本单位工作已满25年或者在本单位连续工作已满10年且年龄距国家规定的退休年龄已不足10年的人员，提出订立聘用至退休的合同的，聘用单位应当与其订立聘用至该人员退休的合同。

聘用单位与受聘人员签订聘用合同，可以约定试用期。试用期一般不超过3个月；情况特殊的，可以延长，但最长不得超过6个月。被聘人员为大中专应届毕业生的，试用期可以延长至12个月。试用期包括在聘用合同期限内。

聘用单位与受聘人员订立聘用合同时，不得收取任何形式的抵押金、抵押物或者其他财物。

五、建立和完善考核制度

聘用单位对受聘人员的工作情况实行年度考核；必要时，还可以增加聘期考核。考核必须坚持客观、公正的原则，实行领导考核与群众评议相结合、考核工作实绩与考核工作态度相统一的方法。考核的内容应当与岗位的实际需要相符合。考核结果分为优秀、合格、基本合格、不合格4个等次。聘用工作组织在群众评议意见和受聘人员领导意见的基础上提出考核等次意见，报聘用单位负责人员集体决定。

考核结果是续聘、解聘或者调整岗位的依据。受聘人员年度考核或者聘期考核不合格的，聘用单位可以调整该受聘人员的岗位或者安排其离岗接受必要的培训后调整岗位。岗位变化后，应当相应改变该受聘人员的岗位工资待遇，并对其聘用合同作相应变更。受聘人员无正当理由不同意变更的，聘用单位有权单方面解除聘用合同。

六、规范解聘辞聘制度

聘用单位、受聘人员双方经协商一致，可以解除聘用合同。

受聘人员有下列情形之一的，聘用单位可以随时单方面解除聘用合同：

（一）连续旷工超过 10 个工作日或者 1 年内累计旷工超过 20 个工作日的；

（二）未经聘用单位同意，擅自出国或者出国逾期不归的；

（三）违反工作规定或者操作规程，发生责任事故，或者失职、渎职，造成严重后果的；

（四）严重扰乱工作秩序，致使聘用单位、其他单位工作不能正常进行的；

（五）被判处有期徒刑以上刑罚收监执行的，或者被劳动教养的。

对在试用期内被证明不符合本岗位要求又不同意单位调整其工作岗位的，聘用单位也可以随时单方面解除聘用合同。

受聘人员有下列情形之一的，聘用单位可以单方面解除聘用合同，但是应当提前 30 日以书面形式通知拟被解聘的受聘人员：

（一）受聘人员患病或者非因工负伤，医疗期满后，不能从事原工作也不能从事由聘用单位安排的其他工作的；

（二）受聘人员年度考核或者聘期考核不合格，又不同意聘用单位调整其工作岗位的，或者虽同意调整工作岗位，但到新岗位后考核仍不合格的。

受聘人员有下列情形之一的，聘用单位不得解除聘用合同：

（一）受聘人员患病或者负伤，在规定的医疗期内的；

（二）女职工在孕期、产期和哺乳期内的；

（三）因工负伤，治疗终结后经劳动能力鉴定机构鉴定为 1～4 级丧失劳动能力的；

（四）患职业病以及现有医疗条件下难以治愈的严重疾病或者精神病的；

（五）受聘人员正在接受纪律审查尚未做出结论的；

（六）属于国家规定的不得解除聘用合同的其他情形的。

有下列情形之一的，受聘人员可以随时单方面解除聘用合同：

（一）在试用期内的；

（二）考入普通高等院校的；

（三）被录用或者选调到国家机关工作的；

（四）依法服兵役的。

除上述情形外，受聘人员提出解除聘用合同未能与聘用单位协商一致的，受聘人员应当坚持正常工作，继续履行聘用合同；6 个月后再次提出解除聘用合同仍未能与聘用单位协商一致的，即可单方面解除聘用合同。

受聘人员经聘用单位出资培训后解除聘用合同，对培训费用的补偿在聘用合同中有约定的，按照合同的约定补偿。受聘人员解除聘用合同后违反规定使用或者允许他人使用原所在聘用单位的知识产权、技术秘密的，依法承担法律责任。涉密岗位受聘人员的解聘或者工作调动，应当遵守国家有关涉密人员管理的规定。

有下列解除聘用合同情形之一的，聘用单位应当根据被解聘人员在本单位的实际工作年限向其支付经济补偿：

（一）聘用单位提出解除聘用合同，受聘人员同意解除的；

（二）受聘人员患病或者非因工负伤，医疗期满后，不能从事原工作也不能从事由聘用单位安排的其他工作，聘用单位单方面解除聘用合同的；

（三）受聘人员年度考核不合格或者聘期考核不合格，又不同意聘用单位调整其工作岗位的，或者虽同意调整工作岗位，但到新岗位后考核仍不合格，聘用单位单方面解除聘用合同的。

经济补偿以被解聘人员在该聘用单位每工作 1 年，支付其本人 1 个月的上年月平均工资为标准；月平均工资高于当地月平均工资 3 倍以上的，按当地月平均工资的 3 倍计算。聘用单位分立、合并、撤销的，应当妥善安置人员；不能安置受聘人员到相应单位就业而解除聘用合同的，应当按照上述规定给予经济补偿。

受聘人员与所在聘用单位的聘用关系解除后，聘用单位要按照国家有关规定及时为职工办理社会保险关系调转手续，做好各项社会保险的衔接工作。

七、认真做好人事争议的处理工作

为了保障人员聘用制度的实施，聘用合同订立后，聘用单位与受聘人员双方都应当严格遵守、全面履行合同的约定。受聘人员应当遵守职业道德和聘用单位的规章制度，认真负责地完成岗位工作任务；聘用单位应当保障受聘人员的工作条件，保障受聘人员享受按照国家有关规定和合同约定应当享受的待遇。

为妥善处理人员聘用工作中出现的各种问题，及时化解矛盾，维护聘用单位和受聘人员双方的合法权益，要建立和完善事业单位人事争议仲裁制度，及时公正合理地处理、裁决人员聘用中的争议问题。受聘人员与聘用单位在公开招聘、聘用程序、聘用合同期限、定期或者聘期考核、解聘辞聘、未聘安置等问题上发生争议的，当事人可以申请当地人事争议仲裁委员会仲裁。仲裁结果对争议双方具有约束力。

八、积极稳妥地做好未聘人员安置工作

事业单位未聘人员的安置和管理，是人员聘用工作的重点和难点，政策性强，必须予以高度重视。要将未聘人员尽量安置在本单位或者当地本行业、本系统内，同时要探索多种安置办法。城市和有条件的地区可以跨行业、跨系统调剂安置。各地区、各部门要制定切实可行的政策，为未聘人员创办经济实体或者进入企业提供优惠条件，引导鼓励未聘人员面向基层、农村和中小企业，使他们在新的领域发挥作用、施展才干。

九、加强对人员聘用工作的组织领导

试行人员聘用制度涉及广大事业单位职工的切身利益，政策性强，情况复杂，在工作中，要切实加强领导，坚持原则，防止滥用职权、打击报复、以权谋私等行为的发生，对违反规定的，要追究行政纪律责任。各级人事部门要加强指导协调和监督检查，要充分发挥各有关部门的职能作用，认真做好事业单位人员聘用制度的组织实施工作。

要贯彻积极、稳妥的方针，正确处理好改革、发展、稳定的关系，充分考虑群众对改革的承受能力，不搞"一刀切"。要因地制宜、周密部署、缜密实施。在实施过程中，一方面要保证单位工作的正常运转，做到工作不断档，国有资产不流失；另一方面，要做好深入细致的思想政治工作，引导事业单位广大职工支持并积极参与这项改革，保证事业单位人员聘用制度的顺利实施，更好地为经济建设和社会发展服务。

中共中央组织部、人事部关于印发《关于加快推进事业单位人事制度改革的意见》的通知

（人发〔2000〕78 号）

各省、自治区、直辖市党委组织部，人民政府人事（人事劳动）厅（局），党中央各部门和国务院各部委、各直属机构人事（干部）部门：

现将《关于加快推进事业单位人事制度改革的意见》印发给你们，请结合本地区、本部门的实际情况贯彻执行。

中共中央组织部　中华人民共和国人事部

2000 年 7 月 21 日

关于加快推进事业单位人事制度改革的意见

事业单位是我国各类人才的主要集中地，是增强我国综合国力的重要领域，是实施科教兴国战略的重要阵地。搞好事业单位人事制度改革，对建设高素质、社会化的专业技术人员队伍，推动经济发展和社会全面进步，实现我国改革开放和现代化建设的宏伟目标都具有十分重要的意义。现根据《深化干部人事制度改革纲要》（中办发〔2000〕15 号）的精神，对加快推进事业单位人事制度改革提出如下意见。

一、加快推进事业单位人事制度改革是当前的紧迫任务

1. 改革开放以来，特别是近几年来，各地区、各部门根据建立社会主义

市场经济体制的需要，按照党中央、国务院关于深化干部人事制度改革的要求，积极推进事业单位人事制度改革，在实行多种形式的选人用人制度、深化职称改革、促进人才流动、搞活工资分配等方面进行了积极探索，积累了有益的经验。但从总体上看，事业单位人事制度改革的进程，与社会主义市场经济体制和各项事业发展还不适应，主要表现在：符合各类事业单位特点的人事管理制度还没有完全建立起来，有效的竞争激励机制和自我约束机制还很不健全，能上能下、能进能出的用人机制还没有形成。当前我国改革开放和现代化建设事业已经进入一个新的历史时期，经济体制改革不断深入，科技、教育、文化、卫生体制改革日益深化，党政机关干部制度改革和企业人事制度改革全面展开。所有这些，都要求把加快推进事业单位人事制度改革作为促进国家整体改革和发展的一项重要而紧迫的任务。

2. 事业单位人事制度改革的指导思想和目标任务是：坚持以邓小平理论为指导，认真贯彻党管干部原则、干部队伍"四化"方针和德才兼备的用人标准，适应事业单位体制改革的要求，建立政事职责分开、单位自主用人、人员自主择业、政府依法管理、配套措施完善的分类管理体制；建立一套适合科、教、文、卫等各类事业单位特点，符合专业技术人员、管理人员和工勤人员各自岗位要求的具体管理制度；形成一个人员能进能出，职务能上能下，待遇能升能降，优秀人才能够脱颖而出，充满生机与活力的用人机制，实现事业单位人事管理的法制化、科学化。

3. 事业单位人事制度改革的基本思路是：按照"脱钩、分类、放权、搞活"的路子，改变用管理党政机关工作人员的办法管理事业单位人员的做法，逐步取消事业单位的行政级别，不再按行政级别确定事业单位人员的待遇；根据社会职能、经费来源的不同和岗位工作性质的不同，建立符合不同类型事业单位特点和不同岗位特点的人事制度，实行分类管理；在合理划分政府和事业单位职责权限的基础上，进一步扩大事业单位的人事管理自主权，建立健全事业单位用人上的自我约束机制；贯彻公开、平等、竞争、择优的原则，引入竞争激励机制，通过建立和推行聘用制度，搞活工资分配制度，建立充满生机活力的用人机制。通过制度创新，配套改革，充分调动各类人员的积极性和创造性，促进优秀人才成长，增强事业单位活力和自我发展能力，减轻国家财政负担，加速高素质、社会化的专业技术人员队伍建设。

二、建立以聘用制为基础的用人制度

4. 全面推行聘用制度。破除干部身份终身制，引入竞争机制，在事业单位全面建立和推行聘用制度，把聘用制度作为事业单位一项基本的用人制度。所有事业单位与职工都要按照国家有关法律、法规，在平等自愿、协商一致的基础上，通过签订聘用合同，确定单位和个人的人事关系，明确单位和个人的义务和权利。通过建立和推行聘用制度，实现用人上的公开、公平、公正，促进单位自主用人，保障职工自主择业，维护单位和职工双方的合法权益。通过聘用制度转换事业单位的用人机制，实现事业单位人事管理由身份管理向岗位管理转变，由单纯行政管理向法制管理转变，由行政依附关系向平等人事主体转变，由国家用人向单位用人转变。

建立解聘辞聘制度。事业单位可以按照聘用合同解聘职工，职工也可以按照聘用合同辞聘。通过建立解聘辞聘制度，疏通事业单位人员出口渠道，增加用人制度的灵活性，解决人员能进能出的问题。

加强聘后管理。通过建立和完善聘后管理，保证聘用制度的实际效果，调动各类人员的积极性。重点是完善考核制度，研究修改《事业单位工作人员考核暂行规定》，把考核结果作为续聘、解聘、增资、晋级、奖惩等的依据。

5. 改革事业单位领导人员单一的委任制，在选拔任用中引入竞争机制。坚持党管干部原则，改进管理方法，对不同类型事业单位的领导人员，按照干部管理权限和一定程序，可实行直接聘任、招标聘任、推选聘任、委任等多种任用形式。建立健全领导班子和领导人员任期目标责任制，加强对任期目标完成情况的考核，并将考核结果与任用、奖惩挂钩。

6. 建立符合事业单位性质和工作特点的岗位管理制度。事业单位要科学合理设置岗位，明确不同岗位的职责、权利和任职条件，实行岗位管理。

对专业技术岗位，坚持按照岗位要求择优聘用，逐步实现专业技术职务的聘任与岗位聘用的统一。适应我国加入世界贸易组织的需要，按照国际惯例，对责任重大、社会通用性强、事关公共利益、具备一定专业技术才能胜任的岗位，逐步建立执业资格注册管理制度，实行执业准入控制。通过深化职称改革，强化并完善专业技术职务聘任制，建立政府宏观指导下的个人申请、社会化评价的机制，把专业技术职务聘任权交给用人单位。

对管理岗位，要建立体现管理人员的管理水平、业务能力、工作业绩、资格经历、岗位需要的等级序列，推行职员制度。

对工勤岗位，建立岗位等级规范，规范工勤人员"进、管、出"等环节的管理办法。

7. 建立选人用人实行公开招聘和考试的制度。要制定具体的招聘考试办法，从制度上规范事业单位选人用人的程序和做法，把优秀人才吸引到事业单位中来，提高事业单位各类人员的素质，把好选人用人关，防止通过各种非正当途径向事业单位安排人员。

8. 逐步建立固定与流动相结合的用人制度。改变现有单一的固定用人方式，有条件的单位应积极实行固定岗位与流动岗位相结合、专职与兼职相结合的用人办法。鼓励和支持事业单位的人才流动，促进专业技术人才资源配置的社会化、市场化。

三、建立形式多样、自主灵活的分配激励机制

9. 贯彻按劳分配与按生产要素分配，效率优先、兼顾公平的分配原则，扩大事业单位内部分配自主权，逐步建立重实绩、重贡献，向优秀人才和关键岗位倾斜，形式多样、自主灵活的分配激励机制。

10. 进一步扩大事业单位内部分配自主权。对转制为企业的，实行企业的分配制度；对经费主要靠国家财政拨款的，在国家政策指导下，搞活内部分配；对国家逐步减少经费拨款的，经批准，逐步加大内部分配自主权；对经费完全自理的，允许自主决定内部分配。对有条件的事业单位，要试行工资总额包干制度，搞活内部分配，同时，积极探索试行工资总额同经济效益挂钩的办法。

11. 积极探索按生产要素分配的改革。允许各地区、各部门选择有条件的事业单位探索生产要素参与分配的实现形式；允许事业单位在职务科技成果转化取得的收益中，提取一定比例，用于奖励项目完成人员和对产业化有贡献的人员；允许事业单位经批准高薪聘用个别拔尖人才，实行一流人才、一流业绩、一流报酬。对有重大科技发明、贡献突出的人才，根据有关规定，实行重奖。

12. 发挥工资政策的导向作用。对到艰苦边远地区事业单位和在特殊岗位工作的人员，继续在工资待遇上给予优惠政策。事业单位在制定内部分配办法时，对在关键或特殊岗位工作的人员，应适当给予倾斜。

四、建立多层次、多形式的未聘人员安置制度

13. 坚持以内部消化为主的原则，实行多层次多形式的未聘人员安置制度。深化事业单位人事制度改革，实现精减冗员，鼓励竞争，促进流动，提高素质的要求，就要妥善安置未聘人员，这是事业单位人事制度改革能否顺利进行的关键环节。对改革过程中出现的未聘人员，要以单位、行业或系统为基础，坚持以单位内部消化为主，探索多种形式给予妥善安置，为他们发挥作用

创造条件。要注意采取先挖渠、后分流的办法，通过兴办发展新的产业、转岗培训等方式安置未聘人员；有条件的城市可以在行业内或行业间调剂安置，或通过人才流动服务中心对未聘人员进行托管。

14. 制定切实可行的政策，引导鼓励未聘人员面向基层、农村和企业，使他们在新的领域发挥作用。对专业技术人员，要为他们提供创办或进入企业的优惠条件，引导他们把专业技术应用到社会生产中去，为社会创造新的财富。

15. 要为妥善安置未聘人员创造条件。事业单位的未聘人员为国家做出了很大贡献，他们具有的专业技术知识和经验是国家的宝贵财富。各地区、各部门、各单位要有专门的未聘人员安置指导机构，为妥善安置未聘人员提供信息、帮助指导、创造条件。

五、建立符合事业单位特点的宏观管理和人事监督制度

16. 加强对事业单位人事工作的监督。要保障单位和职工的合法权利，保证事业单位在国家法律、法规规定的范围内行使用人自主权。要发挥事业单位职工代表大会的作用，依法保障事业单位职工参与民主管理和监督。

17. 建立健全事业单位人事工作的宏观管理制度。对主要靠财政拨款的事业单位要建立健全工资调控体系，建立健全各类人员及职务结构比例的宏观管理办法，健全事业单位人员总量的调控体系，建立不同类型事业单位人员增长的调控办法。

18. 做好事业单位人事争议的处理工作。要推进人事争议立法，积极开展人事仲裁工作。要建立健全人事争议仲裁机构，及时受理和仲裁人事争议案件，切实维护用人单位和职工双方的合法权益。

19. 健全和完善事业单位人事管理的政策法规体系。根据社会主义市场经济和人事制度改革发展的需要，当前要抓紧研究制定以《事业单位聘用条例》为基础的政策法规，保障事业单位人事制度改革的顺利进行。

六、加强领导，统筹规划，积极稳妥地推进事业单位人事制度改革工作

20. 加强领导，统筹规划。各级党委和政府要把事业单位人事制度改革摆到重要议事日程，切实加强对这项改革的领导，统筹规划，缜密实施。各级组织、人事部门要充分发挥宏观管理和业务指导的职能作用，做好牵头和协调工作，与编制、财政、劳动社会保障和科、教、文、卫、新闻出版等有关行业主

管部门密切配合，形成合力，共同把这项工作搞好。要注意研究改革中出现的新情况、新问题，及时提出解决的对策和办法，把事业单位人事制度改革不断引向深入。

21. 突出重点，分类推进。事业单位人事制度改革涉及面广，情况复杂，要充分认识改革的艰巨性和复杂性，要认真总结试点经验，抓住重点，分类指导，逐步推进。要以建立和推行聘用制度，搞活工资分配为重点，全面推进事业单位人事制度改革。要紧密结合各行业体制改革和机构改革的要求，重点搞好科研、教育、卫生、文化等事业单位的人事制度改革，探索分类改革的办法、途径和经验。

22. 积极稳妥，稳步实施。各地区、各部门要根据实施情况，结合本地区的机构改革、体制改革和经济社会发展状况，在摸清事业单位的基本情况、改革现状、人员结构等有关情况的基础上，根据本意见，制定具体的实施办法。在推进改革的过程中，要从实际出发，因地制宜，先易后难，分步实施，逐步到位。要正确处理好改革、发展、稳定的关系。发挥党的政治优势，做好思想政治工作，引导干部群众积极支持和参与改革，积极稳妥地把事业单位人事制度改革推向深入，促进高素质社会化专业技术人员队伍建设和人才结构的调整，推动经济建设和各项社会事业的健康协调发展。

教育部关于贯彻《国务院办公厅转发中央编办、教育部、财政部关于制定中小学教职工编制标准意见的通知》的实施意见

（教人〔2002〕8 号）

各省、自治区、直辖市教育厅（教委），新疆生产建设兵团教委：

根据《国务院关于基础教育改革与发展的决定》精神，为切实加强中小学教师编制管理，现就贯彻落实《国务院办公厅转发中央编办、教育部、财政部关于制定中小学教职工编制标准意见的通知》（国办发〔2001〕74 号）和《国务院办公厅关于完善农村义务教育管理体制的通知》（国办发〔2002〕28 号），做好中小学教职工编制核定和编制管理工作提出如下实施意见。

一、抓紧做好中小学编制核定工作

1. 按照国办发〔2001〕74 号和国办发〔2002〕28 号文件规定，各省、自治区、直辖市教育行政部门要在当地党委、政府的统一领导下，积极配合有关部门，结合本地实际情况制定科学、合理的中小学编制实施办法，指导、落实本地区中小学编制核定工作；要积极贯彻落实国办发〔2002〕28 号文件提出的要求，抓紧做好中小学编制核定工作，并将结果报中央编办、教育部、财政部。

2. 县级教育行政部门会同编制、财政部门，根据本省、自治区、直辖市编制实施办法和教育事业发展规划，提出本地区中小学人员编制方案。要按照精简、规范、合理、高效的原则，规范中小学内设机构名称和职责，控制中小学领导职数，合理确定教师与职员、教学辅助人员、工勤人员的结构比例。

3. 县级教育行政部门在批准的教职工编制总额内，调控中小学班额（每班学生数）和班级数，科学确定中小学教职工工作量，采取在校学生人数、标准班额、班级数、每班教师定员等指标，区别学校层次和地域分布，计算并分配中小学校编

制数额。要根据生源变化和学校布局调整的情况，合理调剂学校之间编制余缺。

二、中小学内设机构和领导职数的确定

4. 中小学根据学校类别、规模和任务设置管理机构，保证学校教育教学管理工作的有效实施。普通中学职能机构设教导处（室）、总务处（室），重点中学和 24 个班以上的学校可增设 1~2 个机构。完全小学职能机构设教导处（室）、总务处（室）。其中 12 个班以下的小学只设管理岗位不设职能机构，可配备教导主任和总务主任各 1 人。

5. 要严格控制中小学领导职数。普通中学规模在 12 个班以下的配备校级领导 1~2 人；13~23 个班的配备校级领导 2~3 人；24~36 个班的，配备校级领导 3 人。完全小学规模在 12 个班以下的，配备校级领导 1~2 人；13~23 个班的配备校级领导 2~3 人；24~36 个班的，配备校级领导 3 人。普通中学和完全小学规模在 36 个班以上的，可酌情增加校级领导 1~2 人。农村初级小学（1~3 年级）或分校、教学点指定 1 名教师负责学校工作。根据国办发〔2002〕28 号文件精神，乡（镇）中心学校校长负责本乡（镇）的教育教学业务管理，因此乡（镇）中心学校可增加校级领导 1 人。

三、中小学人员编制的核定和分配

6. 中小学根据教育教学规律和教学要求安排班额，并根据班额组织教学班级。原则上普通中学每班学生 45~50 人，城市小学 40~45 人，农村小学酌减，具体标准由各省（区、市）根据实际情况确定。要结合近几年高中、初中、小学各学段入学人口变化情况，综合考虑学校校舍、教师数量等条件适当安排班额和班级数。在入学人口高峰时期可采取过渡办法安排班额，但要采取有力措施解决班额超过 55 人的现象，遏制部分中小学班额过大的势头。鼓励有条件的地区按照素质教育和教学改革的要求降低标准班额。

7. 按照国办发〔2001〕74 号文件的编制标准折算，普通高中每班可配备教师 3.0 人；普通初中每班可配备教师 2.7 人；城市小学和县镇小学每班可配备教师 1.8 人；农村小学每班可配备教职工数由各省（区、市）根据实际情况确定（见后附参考表）。教师数确定后，职员、教学辅助人员、工勤人员编制按教职工总数的一定比例计算，由县级以上教育行政部门统一核定到校。

8. 各地可根据国家规定的中小学各年级教学计划和课程计划，综合考虑教师所承担的备课、批改作业、指导课外活动等教育教学任务和学校分配的其

他工作，结合教师编制总数等因素确定教师标准周授课时数。

9. 按照国办发〔2001〕74 号文件规定，在具体核定中小学教职工编制时，内地民族班中小学，城镇普通中学举办民族班的学校和开设双语教学课程的班级，寄宿制中小学校，乡镇中心小学，安排教师脱产进修，现代化教学设备达到一定规模的学校，承担示范和实验任务的学校，山区、湖区、海岛、牧区和教学点较多的地区，在按照学生比例计算编制的基础上，按照从严从紧的原则适当增加编制。安排教师脱产进修所增编制以及承担学生勤工俭学和实习任务的校办工厂（农场）核定的少量后勤服务事业编制，按隶属关系由县级以上教育行政部门统一安排使用。

四、中小学编制工作的规划和指导

10. 教育行政部门要将中小学编制核定和管理与本地区基础教育发展的规划结合起来，加强指导，长远考虑，统筹规划。在核定和分解各中小学校编制数时，要充分考虑近几年中小学生源变化和中小学布局结构调整情况，有针对性地提出具体定编方案。根据编制标准核算出需要较大幅度增加编制的地方，要在保证质量的基础上逐步配齐教师和人员。中小学教职工编制要定期调整，实行动态管理。

11. 要坚决贯彻执行《国务院关于基础教育改革与发展的决定》和国办发〔2001〕74 号文件、国办发〔2002〕28 号文件提出的要求，清理各种形式占用的中小学人员编制，清理各类"在编不在岗"人员。对占用学校编制而不在学校工作的人员，要限期与学校脱离关系，教育行政部门和学校不得为其支付工资。今后任何部门和单位一律不得以任何理由占用中小学教职工编制。

12. 教育行政部门要发挥学校主管部门的职能作用，积极稳妥地做好中小学教职工人员分流工作，尽量避免对教育教学工作和社会稳定产生波动和影响。按照国办发〔2002〕28 号文件精神，中小学在编教职工分流参照行政机关工作人员的分流政策执行。要将中小学教职工队伍的调整分流与推进和深化中小学人事制度改革结合起来，改革学校用人制度，推动教师交流，引导教职工从城镇和超编学校向农村和缺编学校流动，进一步提高教师队伍整体素质和学校教育教学质量，促进基础教育事业进一步发展。

附件：中小学班标准额与每班配备教职工数参考表

中华人民共和国教育部

2002 年 6 月 26 日

附件：

中小学班标准额与每班配备教职工数参考表

学校类别	地域	班额	教职工	教师	职工
高中	城市	45～50	3.6～4	3	0.6～1
	县镇	45～50	3.5～3.8	3	0.5～0.8
	农村	45～50	3.3～3.7	3	0.3～0.7
初中	城市	45～50	3.3～3.7	2.7	0.6～1
	县镇	45～50	2.8～3.1	2.7	0.1～0.4
	农村	45～50	2.5～2.8	2.7	0.1
小学	城市	40～45	2.1～2.4	1.8	0.3～0.6
	县镇	40～45	1.9～2.1	1.8	0.1～0.3
	农村	各　地　酌　定			

注：上表系根据国办发〔2001〕74 号文件附表《中小学教职工编制标准》折算

人事部、教育部关于印发
《关于深化中小学人事制度改革的
实施意见》的通知

（国人部发〔2003〕24 号）

各省、自治区、直辖市人事厅（局）、教育厅（教委），国务院各部委、各直属机构人事部门：

现将《关于深化中小学人事制度改革的实施意见》印发给你们，请结合本地区、本部门的实际情况贯彻执行。

中华人民共和国人事部　中华人民共和国教育部
2003 年 9 月 17 日

关于深化中小学人事制度改革的实施意见

为深化贯彻党的十六大精神，全面推进素质教育，促进基础教育的改革和发展，进一步完善基础教育管理体制，转换学校运行机制，提高教育质量和管理水平，需要加快中小学人事制度改革的步伐，建立符合中小学特点的人事管理制度。根据《国务院关于基础教育改革与发展的决定》（国发〔2001〕21号）、《国务院关于进一步加强农村教育工作的决定》（国发〔2003〕19 号）、《深化干部人事制度改革纲要》（中办发〔2000〕15 号）和《关于加快推进事业单位人事制度改革的意见》（人发〔2000〕78 号），制定本实施意见。

一、深化人事制度改革的指导思想和目标任务

1. 深化中小学人事制度改革，要坚持以邓小平理论和"三个代表"重要

思想为指导，坚持解放思想、实事求是、与时俱进、开拓创新，全面贯彻党的教育方针和人才政策，尊重劳动、尊重知识、尊重人才、尊重创造，充分调动广大教职工的积极性和创造性，促进基础教育的改革与发展，促进科教事业进步，为全面建设小康社会提供保证。

2. 深化中小学人事制度改革的总体目标是：以实行聘用（聘任）制和岗位管理为重点，以合理配置人才资源，优化中小学教职工结构，全面提高教育质量和管理水平为核心，加快用人制度和分配制度改革，建立符合中小学特点的人事管理运行机制，建设一支高素质专业化的中小学教师队伍和管理人员队伍。主要任务是：加强编制管理，调整优化中小学教职工队伍结构；进一步完善校长负责制，改进和完善校长选拔任用制度；实行教职工聘用（聘任）制；完善中小学教职工工资保障机制，建立健全分配激励机制；促进人才合理流动。

二、加强编制管理，规范学校机构和岗位设置

3. 按照保证基础教育发展的基本需要、与经济发展水平和财政承受能力相适应、力求精简和高效、因地制宜区别对待的原则，根据教育层次、地域、学校教育教学工作任务、学生数和班额、教职工工作量，合理确定中小学教职工编制。

4. 按照国家关于中小学编制管理的有关规定，根据中小学校类别、规模和任务，严格控制学校领导职数，合理设置学校内部机构，努力做到机构精简、职责分明、管理高效。中小学在核定的编制数和教师职务结构比例内科学设置岗位，明确岗位职责。

5. 严格编制管理。通过定编工作，清理超编人员。中小学不得超编聘用人员。任何单位和部门不得违反规定占用或变相占用中小学教职工编制，对占用学校编制的各类"在编不在岗"人员，要限期与学校脱离关系。

三、进一步完善校长负责制，改进校长选拔任用办法

6. 进一步完善校长负责制。实行校长负责制的中小学，校长全面负责学校工作，并充分发挥基层党组织的政治核心作用。校长必须正确贯彻执行党和国家的教育方针政策，坚持社会主义办学方向，积极实施素质教育，依法管理。

7. 改进和完善中小学校长选拔任用制度。积极推行中小学校长聘任制。

中小学校长的选拔任用要扩大民主，引入竞争机制。逐步采取在本系统或面向全社会公开招聘、平等竞争、严格考核，择优聘任的办法选拔任用中小学校长。

8. 严格掌握中小学校长任职条件和资格。中小学校长应当具备以下基本条件：思想政治素质和品德良好；热爱教育事业，具有改革创新精神；具有履行职责所需要的专业知识和较强的组织管理能力；遵纪守法，廉洁自律；具有团结协作精神，作风民主。中小学校长任职的资格是：具有教师资格；具有中级（含）以上教师职务任职经历；一般应从事教育教学工作5年以上；身心健康。

9. 中小学校长实行任期制。校长每届任期原则上为3~5年，可以连任，要明确任期内的目标责任。进一步完善中小学校长考核办法，加强履职考核，把考核结果作为校长奖惩、续聘或解聘的重要依据。

10. 逐步取消中小学学校的行政级别，探索形成体现中小学校长特点和规律的管理制度。要按照先行试点、稳步推开的原则，积极开展中小学校长管理改革的试点工作。

四、全面推行教职工聘用（聘任）制度，进一步加强岗位管理

11. 全面实施教师资格制度，严把教师队伍入口关。凡在中小学专门从事教育教学工作的人员必须依法取得教师资格，未取得教师资格的人员应调整出教师队伍。努力拓宽教师来源渠道，择优聘用具备教师资格的毕业生和社会上具备教师资格的人员到中小学任教。

12. 全面推行中小学教职工聘用（聘任）制度。根据《国务院办公厅转发人事部关于在事业单位试行人员聘用制度意见的通知》精神，按需设岗、公开招聘、平等竞争、择优聘用，在平等自愿、协商一致的基础上，由学校与教职工签订聘用（聘任）合同，明确聘期内的岗位职责、工作目标、任务以及相应待遇。

13. 完善教师职务聘任制度。中小学校在核定的教师职务结构比例内科学合理地设置教师职务岗位，经批准可适当提高农村中小学教师中、高级职务的比例。要按照一岗一聘的原则，进一步强化教师职务聘任，严格聘任程序。

14. 进一步健全和完善教师考核制度。学校应对教师的政治思想、师德、履行岗位职责的情况进行年度考核和聘期考核。考核必须坚持客观、公正的原则。要研究制定符合实施素质教育和教师工作特点的考核办法。学校可根据实际情况，邀请社区代表以及学生家长参与学校评价和教师考核等工作。考核结

果作为收入分配、奖惩和聘用（聘任）的重要依据。

15. 根据国家有关规定，认真妥善地处理人事争议，依法保障教职工和学校双方的合法权益。教职工与学校在履行聘用（聘任）合同时发生争议的，应由教师人事争议调解委员会先行调解；调解未果的，当事人可以向当地人事争议仲裁委员会申请仲裁。仲裁结果对争议双方具有约束力。

五、完善与聘用（聘任）制度相适应、符合中小学特点的分配激励机制

16. 认真执行国家关于中小学的工资制度和政策，保证中小学教职工的工资待遇得到落实。学校要在国家政策允许的范围内，制定与聘用（聘任）制度相适应的校内分配办法，将教职工的工资待遇与其岗位职责、工作数量和工作绩效挂钩。

17. 坚持按劳分配，效率优先，兼顾公平的分配原则，建立重能力、重实绩、重贡献的分配激励机制。实行向骨干教师倾斜的分配政策，对在教学、管理等方面做出显著成绩和突出贡献的人员，经有关部门批准可给予相对优厚的工资待遇或相应奖励。根据实际情况采取措施鼓励教师到农村任教，切实落实对边远、贫困地区中小学教师的优惠政策，以稳定和优化农村中小学教师队伍，吸引人才到农村中小学任教。

18. 各地要采取有效措施，切实保证教师工资按时足额发放。农村中小学要坚持工资统一发放措施。

六、合理配置人才资源，调整优化教职工队伍结构

19. 建立城镇教师到农村或薄弱学校任教服务期制度。坚持城镇中小学教师晋升高级职务应有一年以上在农村或薄弱学校任教的经历。有条件的地区，通过试点，逐步实现教师合理流动的制度化，促进教育系统内部人才资源合理配置，加强农村地区学校和薄弱学校的建设与发展，缓解农村边远地区中小学教师不足的矛盾，提高教师资源的使用效益。

20. 调整优化教职工队伍结构。通过调整岗位、进修培训、吸引具有教师资格的优秀人员到中小学任教等途径，逐步解决中小学教师队伍学段、区域、学科结构不合理等结构性失衡问题，特别是边远和贫困地区中小学教师短缺的问题。

21. 加强对人员流动的引导与服务。积极推动中小学人员的校际、区域之

间合理流动。努力引导未聘人员转岗再就业，鼓励未聘人员进入人才市场，面向社会跨行业流动，支持未聘人员自谋职业。

22. 积极配合探索社会保障制度改革。根据社会保障制度改革的进展情况，积极探索中小学教职工社会保险的改革办法，以及通过建立社会保障体系安置未聘人员的机制。

七、加强领导、积极稳妥地推进中小学人事制度改革

23. 加强领导，统筹规划。中小学人事制度改革是干部人事制度改革的重要组成部分，各级政府要高度重视，把这项改革摆到重要议事日程。人事部门要加强中小学人事制度改革工作的宏观管理和指导协调。教育部门要发挥主管部门的职能作用，统筹规划，精心组织，周密安排，具体实施。

24. 狠抓落实，稳步实施。中小学人事制度改革政策性强，涉及到广大中小学教职工的切身利益。要充分发挥学校党组织的政治核心作用，做好深入细致的思想政治工作，改革方案要通过教职工代表大会等多种途径征求意见。要处理好改革、发展、稳定的关系，改革过程中要及时总结经验，对出现的矛盾和问题认真研究，制定切实可行的解决办法，保证中小学人事制度改革顺利进行。

人事部关于印发《事业单位试行人员聘用制度有关问题的解释》的通知

（国人部发〔2003〕61号）

各省、自治区、直辖市人事厅（局），国务院各部委、各直属机构人事部门，新疆生产建设兵团人事局，副省级市人事局：

现将《事业单位试行人员聘用制度有关问题的解释》印发给你们，请认真贯彻执行。

中华人民共和国人事部
2003 年 12 月 10 日

事业单位试行人员聘用制度有关问题的解释

国务院办公厅转发人事部《关于在事业单位试行人员聘用制度的意见》（国办发〔2002〕35 号，以下简称《意见》）以后，各地在实施中遇到了一些需要解释的具体问题。为了更好地贯彻《意见》精神，规范事业单位人员聘用制度，现对实施中的有关问题解释如下：

一、聘用制度实施范围

1. 事业单位（含实行企业化管理的事业单位）除按照国家公务员制度进行人事管理的以及转制为企业的以外都要逐步试行人员聘用制度。

2. 试行人员聘用制度的事业单位中，原固定用人制度职工、合同制职工、新进事业单位的职工，包括工勤人员都要实行聘用制度。

3. 事业单位的党群组织专职工作人员，在已与单位明确了聘用关系的人员范围内，按照各自章程或法律规定产生、任用。

二、推行聘用制度首次签订聘用合同的有关问题

4. 事业单位首次实行人员聘用制度，可以按照竞争上岗，择优聘用的原则，优先从本单位现有人员中选聘符合岗位要求的人员签订聘用合同，也可以根据本单位的实际情况，在严格考核的前提下，采用单位与现有在职职工签订聘用合同的办法予以过渡。

5. 有下列情况之一的，单位应与职工签订聘用合同：

（1）现役军人的配偶；

（2）女职工在孕期、产期、哺乳期内的；

（3）残疾人员；

（4）患职业病或因工负伤，经劳动能力鉴定委员会鉴定为 1～6 级伤残的；

（5）国家政策有明确规定的。

6. 经指定的医疗单位确诊患有难以治愈的严重疾病、精神病的，暂缓签订聘用合同，缓签期延续至前述情况消失；或者只保留人事关系和工资关系，直至该人员办理退休（退职）手续。

经劳动能力鉴定委员会鉴定完全丧失劳动能力的，按照国家有关规定办理退休（退职）手续。

7. 在首次签订聘用合同中，职工拒绝与单位签订合同的，单位给予其不少于 3 个月的择业期，择业期满后未调出的，应当劝其办理辞职手续，未调出又不辞职的，予以辞退。

三、公开招聘

8. 经费来源主要由财政拨款的事业单位，以及经费来源部分由财政支持的事业单位，公开招聘工作人员应在编制内进行。

9. 事业单位公开招聘必须在本地区发布招聘公告，采用公开方式对符合报名条件的应聘人员进行考试或考核，考试或考核结果及拟聘人员应进行公示。

四、聘用合同的期限

10. 聘用合同分为四种类型：3 年（含）以下的合同为短期合同，对流动性强、技术含量低的岗位一般签订短期合同；3 年（不含）以上的合同为中期合同；至职工退休的合同为长期合同；以完成一定工作为期限的合同为项目合同。

11. 试用期的规定只适用于单位新进的人员，试用期只能约定一次。试用期包括在聘用合同期限内。原固定用人制度职工签订聘用合同，不再规定试用期。

12. "对在本单位工作已满 25 年或者在本单位连续工作已满 10 年且年龄距国家规定的退休年龄已不足 10 年的人员，提出订立聘用至退休的合同的，聘用单位应当与其订立聘用至该人员退休的合同"中，"对在本单位工作已满 25 年"的规定，可按在本单位及国有单位工作的工龄合计已满 25 年掌握。

符合上述条件，在竞争上岗中没有被聘用的人员，应当比照《意见》中规定的未聘人员安置政策，予以妥善安置，不得解除与单位的人事关系。

13. 军队转业干部、复员退伍军人等政策性安置人员可以签订中、长期合同，首次签订聘用合同不约定试用期，聘用合同的期限不得低于 3 年。

五、解聘辞聘

14. 被人民法院判处拘役、有期徒刑缓刑的，单位可以解除聘用合同。

15. 受聘人员提出解除聘用合同未能与聘用单位协商一致的，受聘人员应当坚持正常工作，继续履行聘用合同；6 个月后再次提出解除聘用合同，仍未能与聘用单位协商一致，受聘人员即可单方面解除聘用合同。但对在涉及国家秘密岗位上工作，承担国家和地方重点项目的主要技术负责人和技术骨干不适用此项规定。

16. 《意见》中事业单位职工医疗期的确定可暂时参照企业职工患病或非因工负伤医疗期的规定执行。

17. 在聘用合同中对培训费用没有约定的，受聘人员提出解除聘用合同后，单位不得收取培训费用；有约定的，按约定收取培训费，但不得超过培训的实际支出，并按培训结束后每服务一年递减 20% 执行。

18. 事业单位与职工解除工作关系，适用辞职辞退的有关规定；实行聘用制度以后，事业单位与职工解除聘用合同，适用解聘辞聘的有关规定。

19. 聘用合同解除后，单位和个人应当在 3 个月内办理人事档案转移手续。单位不得以任何理由扣留无聘用关系职工的人事档案；个人不得无故不办理档案转移手续。

六、经济补偿

20.《意见》中关于解除聘用合同的经济补偿是按职工在本单位工作的工龄核定补偿标准，不是对其在本单位工作的工龄补偿。

21. 在已经试行事业单位养老等社会保险的地区，受聘人员与所在单位的聘用关系解除后，聘用单位要按照国家有关规定及时为职工办理社会保险关系调转手续。

22. 单位分立、合并、撤销的，上级主管部门应当制定人员安置方案，重点做好未聘人员的安置等有关工作。

七、其他问题

23. 下列聘用合同为无效合同：
（1）违反国家法律、法规的聘用合同；
（2）采取欺诈、威胁等不正当手段订立的聘用合同；
（3）权利义务显失公正，严重损害一方当事人合法权益的聘用合同；
（4）未经本人书面委托，由他人代签的聘用合同，本人提出异议的。
无效合同由有管辖权的人事争议仲裁委员会认定。

24. 聘用工作组织是单位推行人员聘用工作的专门工作组织。《意见》对聘用工作组织的人员构成和工作职责做了专门规定。单位应按规定组建聘用工作组织，并按照规定的程序进行人员聘用工作，以保证聘用工作的客观、公正、公平。

中华人民共和国人事部令

第6号

《事业单位公开招聘人员暂行规定》已经人事部部务会议审议通过，现予发布，自2006年1月1日起执行。

人事部部长　张柏林

2005年11月16日

事业单位公开招聘人员暂行规定

第一章　总　　则

第一条　为实现事业单位人事管理的科学化、制度化和规范化，规范事业单位招聘行为，提高人员素质，制定本规定。

第二条　事业单位招聘专业技术人员、管理人员和工勤人员，适用本规定。参照公务员制度进行管理和转为企业的事业单位除外。

事业单位新进人员除国家政策性安置、按干部人事管理权限由上级任命及涉密岗位等确需使用其他方法选拔任用人员外，都要实行公开招聘。

第三条　公开招聘要坚持德才兼备的用人标准，贯彻公开、平等、竞争、择优的原则。

第四条　公开招聘要坚持政府宏观管理与落实单位用人自主权相结合，统一规范、分类指导、分级管理。

第五条　公开招聘由用人单位根据招聘岗位的任职条件及要求，采取考试、考核的方法进行。

第六条　政府人事行政部门是政府所属事业单位进行公开招聘工作的主管机关。政府人事行政部门与事业单位的上级主管部门负责对事业单位公开招聘工作进行指导、监督和管理。

　　第七条　事业单位可以成立由本单位人事部门、纪检监察部门、职工代表及有关专家组成的招聘工作组织，负责招聘工作的具体实施。

第二章　招聘范围、条件及程序

　　第八条　事业单位招聘人员应当面向社会，凡符合条件的各类人员均可报名应聘。

　　第九条　应聘人员必须具备下列条件：

　　（一）具有中华人民共和国国籍；

　　（二）遵守宪法和法律；

　　（三）具有良好的品行；

　　（四）岗位所需的专业或技能条件；

　　（五）适应岗位要求的身体条件；

　　（六）岗位所需要的其他条件。

　　第十条　事业单位公开招聘人员，不得设置歧视性条件要求。

　　第十一条　公开招聘应按下列程序进行：

　　（一）制订招聘计划；

　　（二）发布招聘信息；

　　（三）受理应聘人员的申请，对资格条件进行审查；

　　（四）考试、考核；

　　（五）身体检查；

　　（六）根据考试、考核结果，确定拟聘人员；

　　（七）公示招聘结果；

　　（八）签订聘用合同，办理聘用手续。

第三章　招聘计划、信息发布与资格审查

　　第十二条　招聘计划由用人单位负责编制，主要包括以下内容：招聘的岗位及条件、招聘的时间、招聘人员的数量、采用的招聘方式等。

　　第十三条　国务院直属事业单位的年度招聘计划须报人事部备案；国务院各部委直属事业单位的招聘计划须报上级主管部门核准并报人事部备案。

　　各省、自治区、直辖市人民政府直属事业单位的招聘计划须报省（区、市）政府人事行政部门备案；各省、自治区、直辖市政府部门直属事业单位

的招聘计划须报上级主管部门核准并报同级政府人事行政部门备案。

地（市）、县（市）人民政府所属事业单位的招聘计划须报地区或设区的市政府人事行政部门核准。

第十四条　事业单位招聘人员应当公开发布招聘信息，招聘信息应当载明用人单位情况简介、招聘的岗位、招聘人员数量及待遇；应聘人员条件；招聘办法；考试、考核的时间（时限）、内容、范围；报名方法等需要说明的事项。

第十五条　用人单位或组织招聘的部门应对应聘人员的资格条件进行审查，确定符合条件的人员。

第四章　考试与考核

第十六条　考试内容应为招聘岗位所必需的专业知识、业务能力和工作技能。

第十七条　考试科目与方式根据行业、专业及岗位特点确定。

第十八条　考试可采取笔试、面试等多种方式。

对于应聘工勤岗位的人员，可根据需要重点进行实际操作能力测试。

第十九条　考试由事业单位自行组织，也可以由政府人事行政部门、事业单位上级主管部门统一组织。

政府人事行政部门所属考试服务机构和人才服务机构可受事业单位、政府人事行政部门或事业单位上级主管部门委托，为事业单位公开招聘人员提供服务。

第二十条　急需引进的高层次、短缺专业人才，具有高级专业技术职务或博士学位的人员，可以采取直接考核的方式招聘。

第二十一条　对通过考试的应聘人员，用人单位应组织对其思想政治表现、道德品质、业务能力、工作实绩等情况进行考核，并对应聘人员资格条件进行复查。

第五章　聘　　用

第二十二条　经用人单位负责人员集体研究，按照考试和考核结果择优确定拟聘人员。

第二十三条　对拟聘人员应在适当范围进行公示，公示期一般为 7 至 15 日。

第二十四条　用人单位与拟聘人员签订聘用合同前，按照干部人事管理权限的规定报批或备案。

第二十五条　用人单位法定代表人或者其委托人与受聘人员签订聘用合同，确立人事关系。

第二十六条　事业单位公开招聘的人员按规定实行试用期制度。试用期包括在聘用合同期限内。

试用期满合格的，予以正式聘用；不合格的，取消聘用。

第六章　纪律与监督

第二十七条　事业单位公开招聘人员实行回避制度。

凡与聘用单位负责人员有夫妻关系、直系血亲关系、三代以内旁系血亲或者近姻亲关系的应聘人员，不得应聘该单位负责人员的秘书或者人事、财务、纪律检查岗位，以及有直接上下级领导关系的岗位。

聘用单位负责人员和招聘工作人员在办理人员聘用事项时，涉及与本人有上述亲属关系或者其他可能影响招聘公正的，也应当回避。

第二十八条　招聘工作要做到信息公开、过程公开、结果公开，接受社会及有关部门的监督。

第二十九条　政府人事行政部门和事业单位的上级主管部门要认真履行监管职责，对事业单位招聘过程中违反干部人事纪律及本规定的行为要予以制止和纠正，保证招聘工作的公开、公平、公正。

第三十条　严格公开招聘纪律。对有下列违反本规定情形的，必须严肃处理。构成犯罪的，依法追究刑事责任。

（一）应聘人员伪造、涂改证件、证明，或以其他不正当手段获取应聘资格的；

（二）应聘人员在考试考核过程中作弊的；

（三）招聘工作人员指使、纵容他人作弊，或在考试考核过程中参与作弊的；

（四）招聘工作人员故意泄露考试题目的；

（五）事业单位负责人员违反规定私自聘用人员的；

（六）政府人事行政部门、事业单位主管部门工作人员违反规定，影响招聘公平、公正进行的；

（七）违反本规定的其他情形的。

第三十一条　对违反公开招聘纪律的应聘人员，视情节轻重取消考试或聘用资格；对违反本规定招聘的受聘人员，一经查实，应当解除聘用合同，予以清退。

第三十二条　对违反公开招聘纪律的工作人员，视情节轻重调离招聘工作岗位或给予处分；对违反公开招聘纪律的其他相关人员，按照有关规定追究责任。

第七章　附　　则

第三十三条　事业单位需要招聘外国国籍人员的，须报省级以上政府人事行政部门核准，并按照国家有关规定进行招聘。

第三十四条　省、自治区、直辖市政府人事行政部门可以根据本规定，制定本地区的公开招聘办法。

第三十五条　本规定自 2006 年 1 月 1 日起执行。

教育部关于大力推进城镇教师
支援农村教育工作的意见

（教人〔2006〕2 号）

各省、自治区、直辖市教育厅（教委），新疆生产建设兵团教育局：

"十一五"时期是农村教育承前启后的重要发展时期。面对建设社会主义新农村的新形势和全面实施素质教育的新要求，农村教育要在新的发展起点上，全面提高教育质量和水平。农村教育的关键在教师。近年来，我国中小学教师队伍建设取得重要进展，但是，农村师资力量总体薄弱的状况仍未得到根本改变。随着农村经济社会发展和农村义务教育经费保障机制的逐步建立，进一步加强农村师资力量成为发展农村教育的当务之急。为此，必须采取有效措施，不断推进制度创新，积极探索建立提高农村教师队伍整体水平的新机制、新办法，解决农村教师队伍建设面临的突出问题，逐步缩小城乡教师队伍差距。

城镇教师支援农村教育，是当前加强农村教师队伍建设的一项重要措施。为切实推进城镇教师支援农村教育工作，现提出如下意见。

一、从建设社会主义新农村的战略高度，充分认识城镇教师支援农村教育工作的重要意义

1. 推进城镇教师支援农村教育工作，是贯彻落实"城市支持农村、工业反哺农业"重要方针的具体行动，是统筹城乡教育协调发展、优化教师资源配置、解决农村师资力量薄弱问题的重大举措，也是适应农村城镇化进程加快、农村学龄人口和教师供求关系变化的必然要求，对于提高农村教育质量、促进义务教育均衡发展、加快社会主义新农村建设具有重要的战略意义和现实意义。

2. 各级教育行政部门要充分认识组织城镇教师支援农村教育工作的重要意义，在当地党委、政府领导下，紧紧抓住当前有利时机，把这项工作纳入农

村教育发展总体规划并摆在突出位置。要进一步强化政府对农村教育服务的重要责任，采取有力措施，建立长效扶持机制，探索有效途径，因地制宜、创造性地组织开展城镇教师支援农村教育工作，逐步形成制度，长期坚持，切实加强农村师资力量，为农村教育发展提供人才保障。

二、以推进城镇教师支援农村教育为重点，不断优化和提高农村教师队伍的结构和素质

3. 积极做好大中城市中小学教师到农村支教工作。省级教育行政部门要加强统筹协调，根据农村学校实际需求，制订本地大中城市中小学教师到农村支教计划，并负责组织实施，重点充实边远贫困地区教师资源薄弱学校的师资力量。要加大对口支援工作力度，进一步建立和完善本行政区域内长期稳定的"校对校"对口支援关系，鼓励和支持城镇办学水平高的中小学与农村学校建立办学共同体，通过"结对子"、"手拉手"等多种有效形式，促进优质教育资源共享。继续实施"东部地区学校对口支援西部贫困地区学校工程"，支援省份和受援省份要不断总结经验，巩固支教成果，进一步加大东部对西部的教育支持力度。

4. 认真组织县域内城镇中小学教师定期到农村任教。县级教育行政部门要在县委、县政府的领导下，加强教师统筹管理工作，合理配置城乡教师资源，认真做好县域内城镇教师支援农村教育的规划；严格控制城镇中小学教师编制，适当提高农村中小学中、高级教师职务的结构比例，积极促进城镇学校教师向农村学校流动，定期选派城镇学校教师到农村学校交流任教，并统筹安排落实好其他城市的教师到当地农村支教的工作。各地要严把教师"入口关"，对急需补充的新教师，应坚持高标准、高起点的原则，严格实行公开招聘制度，优先满足农村中小学的需要。

5. 探索实施农村教师特设岗位计划。要抓住建立和完善农村义务教育经费保障机制的契机，针对当前农村学校合格教师紧缺的突出矛盾，省级教育行政部门要争取相关部门支持，因地制宜地探索农村学校教师补充的新机制，可在农村边远贫困地区师资紧缺的义务教育学校设立一定数量的教师岗位，公开招募大学毕业生到岗任教，逐步改善农村教师队伍结构，增强教师队伍活力，提高农村教师队伍整体素质。对于在创新教师补充机制，改善农村教师队伍结构方面做得好的地区，教育部在实施重大项目计划时，将优先予以奖励支持。

6. 积极鼓励并组织落实高校毕业生支援农村教育工作。各级教育行政部门要认真贯彻中办、国办印发的《关于引导和鼓励高校毕业生面向基层就业

的意见》（中办发〔2005〕18 号）精神，采取有力措施，积极配合有关方面，实施"高校毕业生到农村服务计划"和"大学生志愿服务西部计划"，引导和促进高校毕业生支援农村教育，鼓励支持新任公务员和被招募的高校毕业生到农村学校支教。同时，选派一定数量的高校特别是师范院校的新聘青年教师到农村学校支教，并作为培养锻炼高校青年教师的重要途径。其中，中央部委直属高校新聘青年教师支教工作按属地化原则和教育对口支援关系由所在省统筹安排。

7. 组织师范生实习支教。师范院校和其他举办教师教育的高校要组织高年级师范生实习支教。在农村学校建立实习基地，选派教师带队组织实习指导。在保证师范生培养质量和实习支教连续性的前提下，积极探索实习支教的多种有效途径。参加过农村学校实习支教的学生在就业时优先推荐、优先录用。

8. 积极开展多种形式的智力支教活动。在做好选派城镇教师长期支教工作的同时，各地要因地制宜拓宽支教渠道，组织开展短期支教、兼职支教等形式多样、灵活有效的智力支教活动。通过组织"特级教师讲学团"巡回下乡送教，城镇骨干教师到农村学校支教带教或"走教"、"联聘"等形式，缓解农村学校紧缺师资不足的矛盾。各地也要结合城镇教师支援农村教育工作的开展，积极组织农村学校教师到城镇办学水平高的学校跟岗学习、进修提高。要积极开发优秀教师示范课远程教育课件，将城镇优质教育资源送到农村学校。

三、加强领导，确保城镇教师支援农村教育工作取得实效

9. 切实加强支教工作的组织领导。城镇教师支援农村教育工作是当前的一项紧迫任务，也是一项长期的重要工作。各级教育行政部门要在当地党委政府统一领导下，努力争取有关部门的支持，按照统筹规划、政策引导、因地制宜、城乡互动的原则，大力推进城镇教师支援农村教育工作。要建立支教师资供求信息交流和工作协调机制，加强组织协调和督导检查。要把城镇教师支援农村教育工作列为教育督导评估的重要内容，督导评估结果要作为今后评价地方教育均衡发展状况和考核主要领导工作政绩的一项重要内容。

10. 认真落实支教的相关政策。参加支教的教师，只转临时组织关系，人事关系和原单位工资福利待遇不变，工龄、教龄和教师职务任职年限连续计算，生活费和交通费补贴要有专项经费予以保障。选派到农村学校支教的高校毕业生支教期间的待遇按照中办发〔2005〕18 号文件规定执行。城镇中小学教师和高校新聘青年教师支教期限应不少于一年。各地要进一步建立和完善城

镇中小学教师到农村任教服务期制度。城镇中小学教师晋升高级教师职务以及参评优秀教师和特级教师应有在农村学校任教一年以上的经历。选派城镇中小学教师支教，其中骨干教师应占一定比例。

11. 积极做好支教人员的培训和管理。参加支教的人员必须具备教师资格条件并经过岗前培训，岗前培训由省级教育行政部门组织实施。支教教师支教期间由受援单位和派出单位双重管理，以受援单位管理为主。派出单位要积极帮助支教人员解决后顾之忧，使他们安心做好支教工作。受援地区和学校要及时对支教人员的工作和生活做出妥善安排，使其充分发挥作用。支教人员在支教期间的工作实绩作为教师评优、晋升教师职务、评选特级教师、获得科研资助的重要依据。

12. 大力开展支教宣传工作。各地要认真总结推广支教工作的先进经验，对支教工作中做出突出成绩的先进人物给予表彰奖励，并大力宣传他们的典型事迹，努力营造良好的社会氛围，争取社会各界支持，促进城镇教师支援农村教育工作顺利进行。

中华人民共和国教育部
2006 年 2 月 24 日

人事部关于印发《事业单位岗位设置管理试行办法》的通知

（国人部发〔2006〕70号）

各省、自治区、直辖市人事厅（局），新疆生产建设兵团人事局，国务院各部委、各直属机构人事（干部）部门：

现将《事业单位岗位设置管理试行办法》印发给你们，请结合本地区、本部门实际办理。

《中共中央国务院关于进一步加强人才工作的决定》和《国务院办公厅转发人事部关于在事业单位试行人员聘用制度意见的通知》要求，在事业单位推行聘用制度和岗位管理制度。试行事业单位岗位设置管理制度，是推进事业单位分类改革的需要，是深化事业单位人事制度改革的需要，也是改革事业单位工作人员收入分配制度的紧迫要求，对于事业单位转换用人机制，实现由身份管理向岗位管理的转变，调动事业单位各类人员的积极性、创造性，促进社会公益事业的发展，具有十分重要的意义。

《事业单位岗位设置管理试行办法》是在深入调查研究、广泛听取各地区、各部门和事业单位意见的基础上制定的。在事业单位试行岗位设置管理制度，关系事业单位广大职工的切身利益，涉及面广，政策性强，情况复杂，是一项十分艰巨的任务。各地区、各部门要高度重视，统一认识，加强领导，精心组织，周密部署，做好试行工作。要将事业单位岗位设置管理与事业单位工作人员收入分配制度改革结合起来，与事业单位人员聘用制度结合起来，与促进事业单位用人机制转换结合起来。要坚持以人为本，从实际出发，从促进社会事业发展出发，从维护广大职工的根本利益出发，积极稳妥地推进改革。要深入细致地做好广大职工的思想政治工作，正确处理改革发展稳定的关系，确保改革工作平稳顺利推进。

各地区、各部门要结合实际情况，制定岗位设置管理的具体实施意见。在工作中遇到的问题，请及时反馈人事部专业技术人员管理司。

中华人民共和国人事部
2006 年 7 月 4 日

事业单位岗位设置管理试行办法

第一章 总 则

第一条 为深化事业单位人事制度改革，建立健全事业单位岗位设置管理制度，实现事业单位人事管理的科学化、规范化、制度化，制定本办法。

第二条 本办法适用于为了社会公益目的，由国家机关举办或其他组织利用国有资产举办的事业单位。经批准参照公务员法进行管理的事业单位除外。

岗位设置管理中涉及事业单位领导人员的，按照干部人事管理权限的有关规定执行。

第三条 本办法所称岗位是指事业单位根据其社会功能、职责任务和工作需要设置的工作岗位，应具有明确的岗位名称、职责任务、工作标准和任职条件。

第四条 事业单位要按照科学合理、精简效能的原则进行岗位设置，坚持按需设岗、竞聘上岗、按岗聘用、合同管理。

第五条 国家对事业单位岗位设置实行宏观调控，分类指导，分级管理。

国家确定事业单位通用的岗位类别和等级，根据事业单位的功能、规格、规模以及隶属关系等情况，对岗位实行总量、结构比例和最高等级控制。

第六条 政府人事行政部门是事业单位岗位设置管理的综合管理部门，负责事业单位岗位设置的政策指导、宏观调控和监督管理。事业单位主管部门负责所属事业单位岗位设置的工作指导、组织实施和监督管理。

人事部会同有关行业主管部门制定有关行业事业单位岗位设置管理的指导意见。

第七条 事业单位根据岗位设置的政策规定，按照核准的岗位总量、结构比例和最高等级，自主设置本单位的具体工作岗位。

第二章　岗位类别

第八条　事业单位岗位分为管理岗位、专业技术岗位和工勤技能岗位三种类别。

第九条　管理岗位指担负领导职责或管理任务的工作岗位。管理岗位的设置要适应增强单位运转效能、提高工作效率、提升管理水平的需要。

第十条　专业技术岗位指从事专业技术工作，具有相应专业技术水平和能力要求的工作岗位。专业技术岗位的设置要符合专业技术工作的规律和特点，适应发展社会公益事业与提高专业水平的需要。

第十一条　工勤技能岗位指承担技能操作和维护、后勤保障、服务等职责的工作岗位。工勤技能岗位的设置要适应提高操作维护技能，提升服务水平的要求，满足单位业务工作的实际需要。

鼓励事业单位后勤服务社会化，已经实现社会化服务的一般性劳务工作，不再设置相应的工勤技能岗位。

第十二条　根据事业发展和工作需要，经批准，事业单位可设置特设岗位，主要用于聘用急需的高层次人才等特殊需要。

第三章　岗位等级

第十三条　根据岗位性质、职责任务和任职条件，对事业单位管理岗位、专业技术岗位、工勤技能岗位分别划分通用的岗位等级。

第十四条　管理岗位分为 10 个等级，即一至十级职员岗位。

第十五条　专业技术岗位分为 13 个等级，包括高级岗位、中级岗位和初级岗位。高级岗位分 7 个等级，即一至七级；中级岗位分 3 个等级，即八至十级；初级岗位分 3 个等级，即十一至十三级。

第十六条　工勤技能岗位包括技术工岗位和普通工岗位，其中技术工岗位分为 5 个等级，即一至五级。普通工岗位不分等级。

第十七条　特设岗位的等级根据实际需要，按照规定的程序和管理权限确定。

第四章　岗位结构比例及等级确定

第十八条　根据不同类型事业单位的职责任务、工作性质和人员结构特点，实行不同的岗位类别结构比例控制。

第十九条 对事业单位管理岗位、专业技术岗位、工勤技能岗位实行最高等级控制和结构比例控制。

第二十条 管理岗位的最高等级和结构比例根据单位的规格、规模、隶属关系，按照干部人事管理有关规定和权限确定。

第二十一条 专业技术岗位的最高等级和结构比例（包括高级、中级、初级之间的结构比例以及高级、中级、初级内部各等级之间的比例）按照单位的功能、规格、隶属关系和专业技术水平等因素综合确定。

第二十二条 工勤技能岗位的最高等级和结构比例按照岗位等级规范、技能水平和工作需要确定

第二十三条 特设岗位的设置须经主管部门审核后，按程序报地区或设区的市以上政府人事行政部门核准。

第五章　岗位设置程序及权限

第二十四条 事业单位设置岗位按照以下程序进行：

（一）制定岗位设置方案，填写岗位设置审核表；

（二）按程序报主管部门审核、政府人事行政部门核准；

（三）在核准的岗位总量、结构比例和最高等级限额内，制定岗位设置实施方案；

（四）广泛听取职工对岗位设置实施方案的意见；

（五）岗位设置实施方案由单位负责人员集体讨论通过；

（六）组织实施。

第二十五条 国务院直属事业单位的岗位设置方案报人事部核准。国务院各部门所属事业单位的岗位设置方案经主管部门审核后，报人事部备案。

各省、自治区、直辖市政府直属事业单位的岗位设置方案报本地区人事厅（局）核准。各省、自治区、直辖市政府部门所属事业单位的岗位设置方案经主管部门审核后，报本地区人事厅（局）核准。

地（市）、县（市）政府所属事业单位的岗位设置方案经主管部门审核后，按程序报地区或设区的市政府人事行政部门核准。

第二十六条 事业单位的岗位总量、结构比例和最高等级应保持相对稳定。

第二十七条 有下列情形之一的，岗位设置方案可按照第二十五条的权限申请变更：

（一）事业单位出现分立、合并，须对本单位的岗位进行重新设置的；

（二）根据上级或同级机构编制部门的正式文件，增减机构编制的；

（三）按照业务发展和实际情况，为完成工作任务确需变更岗位设置的。

第六章　岗位聘用

第二十八条　事业单位聘用人员，应在岗位有空缺的条件下，按照公开招聘、竞聘上岗的有关规定择优聘用。

第二十九条　事业单位应当与聘用人员签订聘用合同，确定相应的工资待遇。聘用合同期限内调整岗位的，应对聘用合同的相关内容作出相应变更。

第三十条　事业单位应按照管理岗位、专业技术岗位、工勤技能岗位的职责任务和任职条件聘用人员。

第三十一条　专业技术高级、中级和初级岗位的聘用条件应不低于国家规定的基本条件。实行职业资格准入控制的，应符合准入控制的要求。

第三十二条　事业单位人员原则上不得同时在两类岗位上任职，因行业特点确需兼任的，须按人事管理权限审批。

第三十三条　专业技术一级岗位人员的聘用，由事业单位按照行政隶属关系逐级上报，经省、自治区、直辖市或国务院部门审核后报人事部，人事部商有关部门确定。

第七章　监督管理

第三十四条　政府人事行政部门要制定和完善相关政策措施，加强对事业单位岗位设置的指导、监督和管理，定期检查，及时纠正违规行为，确保岗位设置工作有序进行。

第三十五条　事业单位岗位设置实行核准制度，严格按照规定的程序和管理权限进行审核。

第三十六条　经核准的岗位设置方案作为聘用人员、确定岗位等级、调整岗位以及核定工资的依据。

第三十七条　不按规定进行岗位设置和岗位聘用的事业单位，政府人事行政部门及有关部门不予确认岗位等级、不予兑现工资、不予核拨经费。情节严重的，对相关领导和责任人予以通报批评，按照人事管理权限给予相应的纪律处分。

第八章 附 则

第三十八条 使用事业编制的社会团体,除经批准参照公务法进行管理的以外,参照本办法执行。

第三十九条 各省、自治区、直辖市可以根据本办法和有关行业岗位设置的指导意见,结合实际情况,制定本地区事业单位岗位设置管理的实施意见。

第四十条 本办法自下发之日起施行。

附表:1. 事业单位岗位等级表
　　　2. 事业单位岗位设置审核表

附表1:

事业单位岗位等级表

管理岗位
一级
二级
三级
四级
五级
六级
七级
八级
九级
十级

专业技术岗位	
一级	
二级	
三级	
四级	高级
五级	
六级	
七级	
八级	
九级	中级
十级	
十一级	
十二级	初级
十三级	

工勤技能岗位	
技术工	一级
	二级
	三级
	四级
	五级
普通工	

附表 2：

事业单位岗位设置审核表

单位名称（盖章）：　　　　　　　　　　　　　报表日期：

单位岗位总量	类　别	管理岗位		专业技术岗位		工勤技能岗位		特设岗位		
	比例									
	数量									

管理岗位	等级	一	二	三	四	五	六	七	八	九	十
	比例										
	数量										

专业技术岗位	层级	高级						中级		初级			
	比例												
	数量												
	等级	一	二	三	四	五	六	七	八	九	十	十一	十二	十三
	比例													
	数量													

工勤技能岗位	等级	技术工					普通工	主管部门意见		政府人事部门意见	
		一	二	三	四	五					
	比例										
	数量										

人事部关于印发《〈事业单位岗位设置管理试行办法〉实施意见》的通知

（国人部发〔2006〕87号）

各省、自治区、直辖市人事厅（局），新疆生产建设兵团人事局，国务院各部委、各直属机构人事部门：

根据《事业单位岗位设置管理试行办法》（国人部发〔2006〕70号），我们研究制定了《〈事业单位岗位设置管理试行办法〉实施意见》，现印发给你们，请结合本地区、本部门实际认真贯彻实施。

事业单位岗位设置管理是事业单位人事制度改革的重要内容，是一项十分重要的基础性工作。各级政府人事行政部门要从创新人事管理体制、转换用人机制，确保事业单位工作人员收入分配制度改革顺利实施的高度，充分认识这项工作的重要性、紧迫性、复杂性，认真做好事业单位岗位设置的政策指导、宏观调控和监督管理工作。要严格执行事业单位岗位设置管理的政策规定，严格控制岗位结构比例，认真做好组织实施工作。

各地区、各部门人事部门要根据《事业单位岗位设置管理试行办法》和本实施意见，制定本地区、本部门的具体实施意见。在实施中遇到的问题，请及时反馈人事部专业技术人员管理司。

中华人民共和国人事部
2006 年 8 月 31 日

《事业单位岗位设置管理试行办法》实施意见

为贯彻落实《事业单位岗位设置管理试行办法》（以下简称《试行办

法》），做好事业单位岗位设置管理实施工作，提出以下意见：

一、岗位设置管理的实施范围

1. 为了社会公益目的，由国家机关举办或者其他组织利用国有资产举办的事业单位，包括经费来源主要由财政拨款、部分由财政支持以及经费自理的事业单位，都要按照《试行办法》和本实施意见实施岗位设置管理。

2. 事业单位管理人员（职员）、专业技术人员和工勤技能人员，都要纳入岗位设置管理。

岗位设置管理中涉及事业单位领导人员的，按照干部人事管理权限的有关规定执行。

3. 使用事业编制的各类学会、协会、基金会等社会团体工作人员，参照《试行办法》和本实施意见，纳入岗位设置管理。

4. 经批准参照《中华人民共和国公务员法》进行管理的事业单位、社会团体，各类企业所属的事业单位和事业单位所属独立核算的企业，以及由事业单位已经转制为企业的单位，不适用《试行办法》和本实施意见。

二、岗位类别设置

5. 根据事业单位的社会功能、职责任务、工作性质和人员结构特点等因素，综合确定事业单位管理岗位、专业技术岗位、工勤技能岗位（以下简称三类岗位）总量的结构比例。

6. 事业单位三类岗位的结构比例由政府人事行政部门和事业单位主管部门确定，控制标准如下：

（1）主要以专业技术提供社会公益服务的事业单位，应保证专业技术岗位占主体，一般不低于单位岗位总量的70%。

（2）主要承担社会事务管理职责的事业单位，应保证管理岗位占主体，一般应占单位岗位总量的一半以上。

（3）主要承担技能操作维护、服务保障等职责的事业单位，应保证工勤技能岗位占主体，一般应占单位岗位总量的一半以上。

（4）事业单位主体岗位之外的其他两类岗位，应该保持相对合理的结构比例。

（5）鼓励事业单位后勤服务社会化，逐步扩大社会化服务的覆盖面。已经实现社会化服务的一般性劳务工作，不再设置相应的工勤技能岗位。

7. 各省（自治区、直辖市）、国务院各有关部门根据实际情况，按照本实施意见和行业指导意见，制定本地区、本部门事业单位三类岗位结构比例的具体控制标准。

三、岗位等级设置

（一）管理岗位等级设置

8. 管理岗位的最高等级和结构比例根据事业单位的规格、规模、隶属关系，按照干部人事管理有关规定和权限确定。

9. 事业单位现行的部级正职、部级副职、厅级正职、厅级副职、处级正职、处级副职、科级正职、科级副职、科员、办事员依次分别对应管理岗位一到十级职员岗位。

10. 根据事业单位的规格、规模和隶属关系，按照干部人事管理权限设置事业单位各等级管理岗位的职员数量。

（二）专业技术岗位等级设置

11. 专业技术岗位的最高等级和结构比例按照事业单位的功能、规格、隶属关系和专业技术水平等因素，根据现行专业技术职务管理有关规定和行业指导意见确定。

12. 专业技术高级岗位分 7 个等级，即一至七级。高级专业技术职务正高级的岗位包括一至四级，副高级的岗位包括五至七级；中级岗位分 3 个等级，即八至十级；初级岗位分 3 个等级，即十一至十三级，其中十三级是员级岗位。

高级专业技术职务不区分正副高的，暂按现行专业技术职务有关规定执行，具体改革办法结合深化职称制度改革另行研究制定。

13. 专业技术高级、中级、初级岗位之间，以及高级、中级、初级岗位内部不同等级岗位之间的结构比例，根据地区经济、社会事业发展水平和行业特点，以及事业单位的功能、规格、隶属关系和专业技术水平，实行不同的结构比例控制。

专业技术高级、中级、初级岗位之间的结构比例全国总体控制目标为 1：3：6。

高级、中级、初级岗位内部不同等级岗位之间的结构比例全国总体控制目标：二级、三级、四级岗位之间的比例为 1：3：6，五级、六级、七级岗位之间的比例为 2：4：4，八级、九级、十级岗位之间的比例为 3：4：3，十一级、十二级岗位之间的比例为 5：5。

14. 各省（自治区、直辖市）、国务院各有关部门要根据实际情况，在总结事业单位专业技术职务结构比例管理经验的基础上，按照优化结构、合理配置的要求，制定本地区、本部门事业单位专业技术高级、中级、初级岗位之间以及高级、中级、初级岗位内部不同等级岗位之间结构比例控制的标准和办法。各级人事部门及事业单位主管部门要严格控制专业技术岗位结构比例，严格控制高级专业技术岗位的总量，事业单位要严格执行核准的专业技术岗位结构比例。

（三）工勤技能岗位等级设置

15. 工勤技能岗位的最高等级和结构比例按照岗位等级规范、技能水平和工作需要确定。

16. 事业单位中的高级技师、技师、高级工、中级工、初级工，依次分别对应一至五级工勤技能岗位。

17. 工勤技能岗位结构比例，一级、二级、三级岗位的总量占工勤技能岗位总量的比例全国总体控制目标为25%左右，一级、二级岗位的总量占工勤技能岗位总量的比例全国总体控制目标为5%左右。

18. 工勤技能一级、二级岗位主要应在专业技术辅助岗位承担技能操作和维护职责等对技能水平要求较高的领域设置。各地区、各部门要制定政策措施严格控制工勤技能一级、二级岗位的总量。

（四）特设岗位设置

19. 特设岗位是事业单位根据事业发展聘用急需的高层次人才等特殊需要，经批准设置的工作岗位，是事业单位中的非常设岗位。特设岗位的等级根据具体情况确定。

特设岗位不受事业单位岗位总量、最高等级和结构比例限制，在完成工作任务后，按照管理权限予以核销。

20. 特设岗位的设置经主管部门审核后，报设区的市级以上政府人事行政部门核准。

各地区、各部门根据实际情况，制定具体的管理办法。

四、岗位基本条件

（一）各类岗位的基本条件

21. 事业单位管理岗位、专业技术岗位和工勤技能岗位的基本条件，主要根据岗位的职责任务和任职条件确定。事业单位三类岗位的基本任职条件：

（1）遵守宪法和法律；

（2）具有良好的品行；

（3）岗位所需的专业、能力或技能条件；

（4）适应岗位要求的身体条件。

（二）管理岗位基本条件

22. 职员岗位一般应具有中专以上文化程度，其中六级以上职员岗位，一般应具有大学专科以上文化程度，四级以上职员岗位一般应具有大学本科以上文化程度。

23. 各等级职员岗位的基本任职条件：

（1）三级、五级职员岗位，须分别在四级、六级职员岗位上工作两年以上；

（2）四级、六级职员岗位，须分别在五级、七级职员岗位上工作三年以上；

（3）七级、八级职员岗位，须分别在八级、九级职员岗位上工作三年以上。

24. 一级、二级职员岗位按照国家有关规定执行。

（三）专业技术岗位基本条件

25. 专业技术岗位的基本任职条件按照现行专业技术职务评聘的有关规定执行。

26. 实行职业资格准入控制的专业技术岗位的基本条件，应包括准入控制的要求。

27. 各省（自治区、直辖市）、国务院各有关部门以及事业单位在国家规定的专业技术高级、中级、初级岗位基本条件基础上，根据行业指导意见，结合实际情况，制定本地区、本部门以及本单位的具体条件。

28. 专业技术高级、中级、初级岗位内部不同等级岗位的条件，由主管部门和事业单位，按照《试行办法》、本实施意见以及行业指导意见，根据岗位的职责任务、专业技术水平要求等因素综合确定。

（四）工勤技能岗位基本条件

29. 工勤技能岗位基本任职条件：

（1）一级、二级工勤技能岗位，须在本工种下一级岗位工作满五年，并分别通过高级技师、技师技术等级考评；

（2）三级、四级工勤技能岗位，须在本工种下一级岗位工作满五年，并分别通过高级工、中级工技术等级考核；

（3）学徒（培训生）学习期满和工人见习、试用期满，通过初级工技术等级考核后，可确定为五级工勤技能岗位。

五、岗位设置的审核

30. 国务院直属事业单位的岗位设置方案报人事部核准后实施。

国务院各部门所属事业单位的岗位设置方案报主管部门审核汇总后，报人事部备案。

31. 省（自治区、直辖市）政府直属事业单位的岗位设置方案报本地区人事厅（局）核准。

省（自治区、直辖市）政府各部门所属事业单位的岗位设置方案经主管部门审核后，报本地区人事厅（局）核准。

32. 地（市）政府直属事业单位的岗位设置方案报本地（市）政府人事行政部门核准。

地（市）政府各部门所属事业单位的岗位设置方案经主管部门审核后，报本地（市）政府人事行政部门核准。

33. 县（县级市、区）政府直属事业单位的岗位设置方案经县（县级市、区）政府人事行政部门审核后，报地区或设区的市政府人事行政部门核准。

县（县级市、区）政府各部门所属事业单位的岗位设置方案经主管部门、县（县级市、区）政府人事行政部门审核汇总后，报地区或设区的市政府人事行政部门核准。

34. 国务院直属机构中垂直管理的，其事业单位的岗位设置管理实施方案，报人事部备案后，由国务院直属机构组织实施。

实行省以下垂直管理的政府直属机构，其事业单位的岗位设置实施方案，报省（自治区、直辖市）人事厅（局）核准后，由该直属机构组织实施。

六、岗位聘用

35. 事业单位按照《试行办法》和本实施意见、行业指导意见以及核准的岗位设置方案，根据按需设岗、竞聘上岗、按岗聘用的原则，确定具体岗位，明确岗位等级，聘用工作人员，签订聘用合同。

36. 事业单位要严格按照岗位的职责任务和任职条件，按照不低于国家规定的基本条件的要求聘用人员。对确有真才实学，岗位急需且符合破格条件的，可以按照有关规定破格聘用。

37. 尚未实行聘用制度和岗位管理制度的事业单位，应按照《国务院办公厅转发人事部关于在事业单位试行人员聘用制度意见的通知》和《试行办法》、本实施意见及行业指导意见的精神，抓紧进行岗位设置，实行聘用制度，组织岗位聘用。

已经实行聘用制度，签订聘用合同的事业单位，可以根据《试行办法》、本实施意见及行业指导意见的要求，按照核准的岗位设置方案，对本单位现有人员确定不同等级的岗位，并变更合同相应的内容。

38. 政府人事行政部门和事业单位主管部门对事业单位完成岗位设置、组织岗位聘用并签订聘用合同的情况进行认定。对符合政策规定，完成规范的岗位设置和岗位聘用的，根据所聘岗位确定岗位工资待遇。

39. 各级政府人事行政部门、事业单位主管部门和事业单位要根据国家有关规定，使事业单位现有在册的正式工作人员，按照现聘职务或岗位进入相应等级的岗位。

各地区、各部门和事业单位必须严格把握政策，不得违反规定突破现有的职务数额，不得突击聘用人员，不得突击聘用职务。要采取措施严格限制专业技术高级、中级、初级岗位中高等级岗位的设置。

40. 事业单位首次进行岗位设置和岗位聘用，岗位结构比例不得突破现有人员的结构比例。现有人员的结构比例已经超过核准的结构比例的，应通过自然减员、调出、低聘或解聘的办法，逐步达到规定的结构比例。尚未达到核准的结构比例的，要严格控制岗位聘用数量，根据事业发展要求和人员队伍状况等情况逐年逐步到位。

七、专业技术一级岗位

41. 专业技术一级岗位是国家专设的特级岗位。

42. 专业技术一级岗位的任职应具有下列条件之一：

（1）中国科学院院士、中国工程院院士；

（2）在自然科学、工程技术、社会科学领域做出系统的、创造性的成就和重大贡献的专家、学者；

（3）其他为国家做出重大贡献，享有盛誉，业内公认的一流人才。

43. 专业技术一级岗位由国家实行总量控制和管理，按照以下基本程序确定：

（1）按照行政隶属关系，事业单位将符合专业技术一级岗位条件的人选逐级上报至省（自治区、直辖市）政府或国务院主管部门；

（2）省（自治区、直辖市）政府或国务院主管部门对专业技术一级岗位人选进行审核后报人事部；

（3）人事部会同有关部门对各地区、各部门上报的人选进行审核确定。确定专业技术一级岗位的具体办法另行制定。

八、组织实施

44. 各级政府人事行政部门作为事业单位岗位设置管理的综合管理部门，要根据《试行办法》和本实施意见的要求，加强政策指导、宏观调控和监督管理。要充分发挥各有关主管部门的职能作用，严格按照核准的各类岗位结构比例标准，共同做好岗位设置管理的组织实施工作。

45. 事业单位要按照岗位设置管理的有关规定自主设置本单位的各类具体岗位，明确岗位等级。政府人事行政部门和事业单位主管部门要落实单位用人自主权，确保事业单位根据岗位的职责任务和任职条件自主聘用人员。

46. 有行业岗位设置指导意见的，要按照《试行办法》、本实施意见和行业指导意见，做好事业单位岗位设置管理工作；能够参照行业岗位设置指导意见的，经政府人事行政部门同意，参照相近行业指导意见执行；其他事业单位的岗位设置由政府人事行政部门会同事业单位主管部门按照《试行办法》和本实施意见的精神执行。

47. 鼓励有条件的地区、部门和事业单位建立岗位设置管理信息数据库，运用计算机信息化技术，提高事业单位岗位管理的信息化、规范化水平。

48. 各地区、各部门和事业单位在岗位设置和岗位聘用工作中，要严格执行有关政策规定，坚持原则，坚持走群众路线。对违反规定滥用职权、打击报复、以权谋私的，要追究相应责任。对不按《试行办法》和本实施意见进行岗位设置和岗位聘用的事业单位，政府人事行政部门及有关部门不予确认岗位等级、不予兑现工资、不予核拨经费。情节严重的，对相关领导和责任人予以通报批评，按照人事管理权限给予相应的纪律处分。

49. 各省（自治区、直辖市）人事厅（局）、国务院各部委和直属机构人事部门要结合实际，根据《试行办法》、本实施意见和行业指导意见，制定本地区、本部门具体的岗位设置管理实施意见，报人事部备案后组织实施。

50. 本实施意见由人事部负责解释。

领导讲话

周济部长有关中小学教师队伍建设
讲话摘录

　　教育大计，教师为本。教师是教育的第一资源，是实施素质教育的基本保证。教育质量的提高在很大程度上依赖于教师质量的提高。不断推进我国教育事业的改革和发展，办好让人民满意的教育，必须全心全意依靠人民教师队伍，坚定不移建设好人民教师队伍，要着力于吸引更多的优秀人才进入教师队伍，全面提高教师队伍整体素质。

　　当前，我们面临着进行中小学教师队伍结构调整、全面提高教师队伍质量和水平的有利时机。要以农村教师队伍建设为重点，进一步加强中小学教师队伍建设。今后一段时间，农村小学和初中学龄人口将逐年减少，要结合我国中小学教师供求关系的变化和农村中小学布局调整，优化、调整农村教师队伍结构，提高农村教师质量。一要严把新聘教师入口关，全面提升教师教育层次。对农村学校急需补充的新教师，要坚持高标准、高起点、高要求，严格实施公开招聘制度，严格实行教师资格准入制度。要通过有效的办法，吸引更多的优秀青年当教师。构建开放灵活的教师教育体系，切实提高教师教育的质量。二要实行教职工全员聘任制，竞争上岗，择优聘用。通过深化教师人事制度和分配制度改革，建立充满生机和活力的用人机制，把广大教师内在的积极性最广泛、最充分地调动起来。要进一步提高教师的待遇和地位，增强教师职业的吸引力。三要统筹城乡教师资源，大力推进城镇教师支援农村教育。城市、县镇公办学校教师要到农村学校或薄弱学校至少任教一年，并作为晋升高级职务、参评优秀教师、特级教师的必备条件。从 2006 年开始组织大批城镇教师到农村学校支教，在总结经验的基础上逐步形成城镇教师支援农村教育制度，长期坚持下去。从"高校毕业生到农村服务计划"和"大学生志愿服务西部计划"中选派大学生到农村支教，建立"农村教师特设岗位"制度。探索建立固定岗位与流动岗位相结合的有效方式，保证农村学校能够补充到高素质的新教师，进而形成良性循环。四要通过有效的培养培训，使现有教师的素质、能力和水平有一个大的提高。认真实施好中小学教师全员培训计划，加大力度推进教师教育网络联盟计划的实施，充分利用现代远程教育资源和技术手段，大力培训农村中小学教师。五要切实把师德建设放在教师队伍建设的首位，认真研究、探索新形势下加强和改进师德建设的有效途径和方法，倡导"用爱和责任办好教育"，倡导"学为人师、行为世范"，全面提高教师职业道德水平。

要继续坚持用改革的办法解决前进中的问题，以更大的气力推进改革，破除不适应发展需要的体制和机制的束缚，解决制约教育发展的长期性问题和深层次矛盾，加快形成有利于教育事业全面协调可持续发展的体制机制。

不断把教育改革向纵深和微观层面推进，进一步深化学校内部管理体制、人事分配制度的改革。特别是要通过改革把教育系统广大干部和师生员工的积极性充分地调动起来。

——摘自周济部长在教育部 2006 年度工作会议上题为**"学习贯彻科学发展观　总结'十五'教育工作推进'十一五'教育发展"**的讲话（2005 年 12 月 24 日）

农村教育的关键在教师。各级教育行政部门要抓住建立新机制的有利时机，认真分析教师队伍的现状，探索建立不断提高农村教师队伍整体水平的新机制、新办法，努力造就一支与全面实施素质教育相适应的教师队伍。

一是以城镇教师支援农村教育为重点，加大对农村学校的支持力度。要将城镇教师支援农村作为一项带有战略性的措施来抓，完善城镇教师到农村学校任教服务制度，并辅之以相应的政策支持。要继续做好对口支援工作，加大人事制度改革，大力推进和鼓励城镇富余教师到农村学校任教。

二是着眼未来，探索建立农村教师队伍的补充机制。对农村学校急需补充的新教师，要坚持高标准、高起点，保持相对灵活性。新聘任的教师一律先安排到师资紧缺的农村学校任教。探索建立固定编制与流动编制相结合的有效方式，由政府教育行政部门集中掌握一定比例流动编制，聘任大学毕业生到师资紧缺的农村学校任教，保证农村学校能够补充到高素质的新教师。逐步改善农村教师队伍结构，提高队伍素质，形成良性循环。

三是要结合中小学教师供求关系的变化和农村中小学布局调整，加大农村中小学人事制度改革，优化、调整农村教师队伍结构。要严把教师入口关，杜绝不具备教师资格的人员进入教师队伍。实行教职工全员聘任制，竞争上岗，择优聘用。对在职教师要定期开展综合素质和业务能力考评，淘汰不合格教师和超编教师，并妥善做好分流工作。

为切实加强农村中小学教师培训工作，使其制度化，并在经费上给予保障，教育部、财政部规定在农村义务教育经费保障机制改革实施地区，农村中小学校每年要拿出学校公用经费的5%用于教师培训。各级教育行政部门要结合本地实际，制订和落实具体的培训计划，将中小学教师培训经费足额纳入预算。要充分发挥现代远程教育等手段，通过多种形式，采取多种措施，确保教师培训质量。

——摘自周济部长在全国农村义务教育经费保障机制改革工作会上题为"**抓住机遇加强管理　全面提升农村义务教育事业发展水平**"的讲话（2005年12月26日）

从教育系统来说，进一步推进素质教育的关键在深化教育改革。其中，特别是要强化素质教育的责任制度、评价标准、评价方式，形成实施素质教育的激励机制；继续推进课程改革，加大对新课程实施的指导和支持；推进教师选用制度的改革，提高教师队伍特别是农村教师的素质；改革教师的评价制度、奖惩制度，充分调动教师实施素质教育的积极性、创造性；推进考试评价制度的改革，发挥科学的导向作用；促进义务教育的均衡发展，规范中小学的办学行为；推进学校制度的改革和完善，发挥学校在实施素质教育中的主体作用；完善实施素质教育的督导制度，加强对实施素质教育的各项方针政策的监督检查。

——摘自周济部长就素质教育接受《人民日报》专访（2005年12月29日）

进一步普及、提高九年义务教育的质量，决定因素是教师，所以我们一定要全心全意依靠人民教师这支队伍，坚定不移地建设好人民教师这支队伍。这个任务很艰巨。我们这些年下了很大工夫，先把教师工资保证了，创造了一个基本条件，教师也成为社会上受人尊重和羡慕的职业，这个工作还有很长的路要走，但是应该说取得了很大的成绩。下一步，中央和地方各级政府还要加大对农村教育投入，我们农村教师的地位还要进一步巩固。我们教育战线内部要认真进行教师的人事制度改革，教师的质量问题不是光解决一个工资问题就能够解决，它是一个系统工程，是一个深层次的问题。这次教师节，总理去看教师的时候，特别到农村去看教师，对教师的问题给予高度重视。他回忆起他爷爷办小学的情况，说决定教育质量的还是教师。总的来说一个意思，就是要提高教师质量。所以下一阶段要把提高教师质量这项工作当做一个重点任务，作为普及和巩固农村义务教育，提高九年义务教育的根本性问题。

改革总是不容易的，但是改革获得成功之后，能从根本上促进发展，从根本上解决我们的问题，所以我们还是要以改革求发展，以创新求发展。投入是一个很重要、很根本的问题，但不是说投入到位了，我们教育的问题就解决了，我们还是要高举改革的旗帜……长远看，我们所处的初级阶段与群众受教育的高要求，这个基本矛盾还将长期存在，不可能一劳永逸地解决。我们实际上是用非常初级的投入，要争取一个现代化的教育，这个任务非常艰巨。但是为了办人民满意的教育，我们必须做，再难也得做。教育部和山西省、晋中市一起总结经验，继续分析研究问题，同时深入推进教师人事制度改革，你们再先走一步，明年我们要作为工作的重点，在全国进一步推进这项工作。

——摘自周济部长在山西省晋中市调研讲话（2005年9月13日）

　　培养人的关键是教师，办学以人才为本，以教师为主体，就是要全心全意地依靠人民教师这支队伍，坚定不移地建设人民教师这支队伍。教师的素质上去了，积极性提高了，创造性发挥出来了，办学水平才会有大的提高。

——摘自周济部长在《光明日报》上题为"**全面落实科学发展观　办好让人民满意的教育**"的文章（2005年4月8日）

　　以人为本、促进人的全面发展是科学发展观的本质和核心，是教育工作全面落实科学发展观的核心任务。教育以育人为本，以学生为主体；办学以人才为本，以教师为主体。我们要在教育工作的每一个环节贯彻以人为本的方针，办好让人民满意的教育。

　　教育大计，教师为本，办学要以教师为主体。教育质量的高低乃至整个教育事业的成败，从根本上讲，都取决于教师队伍的素质。人才是第一资源，这个论断在教育系统体现得最为明显，最为彻底。我们必须全心全意依靠人民教师这支队伍，必须坚定不移建设人民教师这支队伍。

　　建设一支高素质教师队伍，集聚一批高素质创造性人才，是当前乃至于永恒的一项根本性任务。教师队伍建设要以提高教师素质为中心，高度重视加强师德教育和不断提高教师的地位待遇。经过多年的努力，应该说，教师的社会地位和待遇都已经有了很大的提高，教师正在成为令人羡慕的职业。在教师队伍中涌现出大批优秀人才，许多模范教师的事迹十分感人。这是一支党和人民可以信赖的队伍，是将教育事业不断推向前进的可靠力量。在新的形势下，一定要进一步倡导尊师重教的风尚，维护好教师的形象、教育的形象；同时，继续提高教师的待遇和社会地位，特别是要切实保障农村中小学教师的工资。

　　要依靠改革调动教师的内在积极性，大力实施人才强校战略。要不断推进教育人事制度改革，进一步明确教师的主体地位，完善用人的激励机制和约束机制；不断推进学术自由，鼓励学术创新，深化教学改革；改革和完善教师教育体系，进一步提高教师的素质和能力；采取超常规措施培养高层次人才，加大吸引优秀海外留学人才、引进国外智力资源的步伐。总之，要在教育系统内率先营造有利于人才辈出、人尽其才的用人环境。

切实加强农村教师队伍建设，推进相关人事制度改革。要采取有力措施，力争在几年内使农村教师队伍的素质有较大提高。一是要落实教师编制，用好教师编制，各地不得以教育经费紧张为由，以代课教师替代补充编内教师，影响整个教师队伍稳定和素质提高。二是要完善农村学校教师的考核、聘任制度，坚决清退不合格教师。三是要加强对教师的统筹管理和资源的统一调控，促进教师流动，安排城镇教师到农村任教。四是要构建更加开放灵活和多样化的教师教育体系，推进"全国教师教育网络联盟计划"，把新课程改革、教师资格认证、教师继续教育和中小学远程教育紧密结合起来。要继续组织好全国优秀教师师德报告团的活动，通过多种形式大力宣传优秀教师的先进事迹。
　　——摘自周济部长在教育部 2005 年度工作会议上题为**"用科学发展观统领教育工作全局"**的讲话（2004 年 12 月 19 日）

当前，加强农村教师队伍建设，主要要做好以下几项工作：一是进一步加大改革力度，建立充满活力的农村中小学人事制度。二是促进教师合理流动，要引导和鼓励具有相应教师资格人员到农村中小学任教。对在艰苦、贫困地区乡村长期任教且表现突出的教师给予奖励，建立县镇中小学教师到乡村任教服务期制度；同时要切实保障中小学教师工资按时足额发放，不断改善教师的工作与生活条件。三是大力开展继续教育，在教师队伍中率先构建终身学习体系和学习型组织。教育部已启动实施"教师教育网络联盟计划"，这个计划将充分借助现代远程教育手段，多种远程教育形式并举，大规模开展高水平教师培训，使不同地区教师共享优质教育资源，大幅度提高农村教师队伍素质。要加强中小学教师的年度考核和聘期考核。四是加强教师职业道德建设，让为人师表、教书育人成为每个教师的行为准则。引导广大教师继续发扬艰苦奋斗、无私奉献的精神，以良好的职业道德教育学生，塑造自身素质，努力做到"服务于祖国、奉献于人民"，为新时期我国农村教育事业的发展做出新的贡献。
　　——摘自周济部长在第七届国家督学会议上题为**"大力加强教育督导工作，保障新时期教育改革与发展目标的实现"**的讲话（2003 年 9 月 21 日）

积极稳妥地将中小学人事制度
改革不断引向深入

—— 教育部副部长李卫红在全国中小学
人事制度改革工作座谈会上的讲话

2006 年 6 月 26 日

当前，中小学人事制度改革进入了一个关键时期。经过"十五"期间各地的共同努力，中小学人事制度改革有了较好的基础，已经处在一个新的历史起点上。主要体现在：教职工编制核编到县的任务基本完成；教职工全员聘用制改革和定岗分流工作稳步推进；积极探索建立比较系统、完善的教师人事制度取得了新的进展；制定和完善人事激励政策，积极推动和促进城镇教师支援农村教育工作的开展；中小学校长队伍建设取得明显成效。"十一五"时期，我们要紧紧围绕全面实施素质教育、高质量高水平普及九年义务教育、提高高中教育质量的目标任务，抓住事业单位改革的有利契机，坚持以邓小平理论和"三个代表"重要思想为指导，认真贯彻党的十六大和十六届四中、五中全会精神，全面贯彻落实科学发展观，围绕中心，服务大局，以农村教师队伍建设为重点，以全面实行新任教师公开招聘制度、不断完善以岗位设置管理为基础的聘任制度、大力推进城乡教师交流制度、逐步建立岗位绩效工资制度为主要工作内容，因地制宜，突出重点，统筹兼顾，积极稳妥地全面推进和深化中小学人事制度改革，构建科学规范的教师人事制度体系。

一、以规范岗位设置工作为基础，进一步深化中小学教职工全员聘用制改革

聘用制是事业单位的基本用人制度。实行聘用制改革是人事制度改革的核心内容。这些年，各地在实行聘用制方面取得了很大成绩，积累了有益的经验。但是，从全国来看，这项工作的进展还不够平衡。一些地方对实施聘用制改革的目的和意义认识还不到位，工作进展缓慢；有些地方编制还没有核定到校，聘用制改革缺乏基础；在已经实行了聘用制改革的地方，有些方面还需要进一步完善。聘用制改革的任务还很繁重。即将实施的事业单位收入分配制度改革与聘用制改革密切相联，聘用制改革不到位，收入分配制度改革中的政策就难以执行到位。因此必须加快推进中小学聘用制改革工作的步伐。

研究和实施中小学岗位设置工作，应体现国家关于岗位设置的总体精神和要求，充分反映中小学的实际和教师职业特点，要有利于合理配置人才资源，有利于优化队伍结构，有利于完善竞争激励机制，有利于促进人才队伍建设。应坚持按需设岗、精简高效、分类指导、均衡配置并适当向农村地区倾斜的原则，重点研究解决学校内部不同系列人员之间岗位数量中的比例关系、学校最高岗位等级设置、每个系列各级职务之间及同一级职务中各级岗位之间的结构比例、岗位设置的管理体制、现有人员怎样过渡等问题。

除岗位设置工作外，实施聘用制改革还要做好以下三方面的工作：一是尚未完成编制核定到校和定岗分流工作任务的地区，要尽快将编制核定到校，并稳妥实施定岗分流和全员聘用制改革工作。在编制核定到校的过程中，要坚持向农村地区、边远地区和少数民族地区学校倾斜的原则，保证这些地区学校教育教学编制的基本需要，避免因编制所限出现新的代课人员。同时认真做好编制清理工作，坚决清退在编不在岗和挤占、挪用教师编制的情况。在定岗分流和聘用制改革中，要坚持以人为本，认真制定改革方案，充分听取教职工的意见，完善政策措施，严格规范操作程序，深入做好思想工作，保证改革顺利实施。二是对于已经完成编制核定和定岗分流工作的地区，要认真总结经验，注意分析核编定岗后暴露出的问题，进一步完善有关政策。建立编制动态管理和定期调整机制，充分发挥编制管理在教育人力资源配置中的作用，更好地满足不同学校教育教学工作需要。三是要规范聘用合同管理。随着法制的不断健全，合同管理在聘用制改革过程中的地位越来越重要，也越来越受到用人单位与应聘人员的重视。2005 年底，人事部印发了《关于印发〈事业单位聘用合同（范本）的通知〉》，提供了事业单位聘用合同范本。根据通知精神，各地要按照合同范本的有关内容并结合当地实际情况，确定与教职工签订聘用合同的条款及内容，切实维护单位和教职工双方的合法权益，避免出现人事争议。有条件的地方可以制定既符合国家有关政策，又能体现中小学特点和实际的专门用于中小学的聘用合同，促进教职工聘用工作逐步走上科学化、规范化、法制化的轨道。

二、确保中小学收入分配制度改革平稳顺利实施

事业单位收入分配制度改革直接涉及事业单位广大干部职工的切身利益，社会各界广泛关注。这次改革的目标是建立岗位绩效工资制度。岗位绩效工资由岗位工资、薪级工资、绩效工资和津贴补贴四部分组成，其中岗位工资和薪级工资为基本工资，由国家制定统一标准。绩效工资由国家实行总量调控和政策指导，事业单位在核定的绩效工资总量内，按照规范的程序和要求，自主分配。岗位工资主要体现工作人员所聘岗位的职责和要求，每个岗位等级对应不同的工资标准，实行"一岗一薪、岗变薪变"。薪级工资主要体现工作人员的工作表现和资历，每个薪级也是对应一个工资标准，实行"一级一薪，定期升级"。绩效工资是事业单位分配中的活的部分，主要体现工作人员的实绩和贡献，实现绩效工资以后，取消现行年终一次性奖金，将一个月基本工资的额度以及地区附加津贴纳入绩效工资。事业单位的津贴补贴，分为艰苦边远地区津贴和特殊岗位津贴补贴。

中小学也要按照国家有关文件要求进行相应的收入分配制度改革。由于中小学在事业单位所占比重较大，做好中小学收入分配制度改革，对于做好整个事业单位收入分配制度改革具有全局性的意义。这是一项艰巨而复杂的任务，涉及面广、政策性强。

各地教育人事部门要提高认识，统一思想，从大局出发，充分认识这次中小学收入分配制度改革的必要性、重要性和复杂性，把思想和行动统一到党中央、国务院的决策精神上来，统一到改革方案和实施意见上来。要抓紧摸清教职工队伍及其收入分配状况的底数，全面总结1993年中小学工资改革以来的情况和经验，特别是要系统梳理出当地出台的专门对中小学教师实行的各种特殊津贴政策，认真细致地做好有关准备工作，积极争取和保留中小学教师的特殊待遇政策。中小学收入分配制度改革时间紧、任务重，各地要把这项改革作为今年教育人事工作的重中之重。在改革的有关文件下发后，要认真学习，组织专门力量深入研究，准确把握文件精神实质，积极主动地会同人事、财政部门做好有关工作。实施工作要在当地政府的统一领导下，狠抓落实，精心组织，周密安排，稳步操作，严肃工作纪律，严格掌握政策，认真做好思想工作和有关宣传工作，确保中小学收入分配制度改革顺利实施，切实维护中小学教师的合法利益，把这件好事办好，实事办实。

三、加快推行中小学新任教师公开招聘制度

国务院办公厅转发《人事部关于在事业单位试行人员聘用制度的意见》要求，事业单位凡有空缺岗位，除涉密岗位确需使用其他方法选拔人员的以外，都要试行公开招聘。2005 年 12 月，人事部发布了《事业单位公开招聘人员暂行规定》，教育部人事司也研究起草了中小学新任教师公开招聘的文件，教育部研究将这个文件作为即将召开的教师工作会议的重要文件之一，再做一些调查研究，并与人事部沟通协调，争取共同印发。这里就加快推进新任教师公开招聘工作再强调以下几点。

一要充分认识加快推行中小学新任教师公开招聘制度的重要性和紧迫性。目前，中小学教师工资的刚性保障机制与中小学校选人用人的弱势地位不协调、不对称，由于受一些社会不良风气和各种人情关系因素的影响，使得中小学在用人上难以严格把关，甚至无权把关，只好接受被动用人。解决这个矛盾必须从制度上和机制上去想办法。坚持"凡进必考"原则，实行新任教师公开招聘制度，是深化教师人事制度改革的一项重要举措和制度创新，对于吸引优秀人才从教、杜绝不合格人员进入教师队伍，规范用人行为，创新教师补充机制，提高教师队伍整体素质和水平都有重要意义。二要注意统筹制订新任教师公开招聘的计划。公开招聘新教师要根据岗位需要，在编制限额内，本着从严控制的原则有计划地进行，并在统筹考虑调剂现有教师学校间余缺情况、学科需求结构、生源变化、"支教"以及积极稳妥清退代课人员等各项工作的基础上，制订教师公开招聘计划，切实提高用人效益，防止用人上的盲目性。三要认真组织好新聘教师的考试工作。考试是公开招聘的关键环节。考试的科目、内容和方法要符合教育教学规律与教师职业特点，符合新课程改革和实施素质教育的要求。现在，一些地方在新进教师公开招聘的实际工作中，在考试的组织上与其他事业单位新进人员甚至新录用公务员不作区分，不重视考核应聘者的教育教学知识水平和业务能力，而是着力于"省情"认识、行政能力之类的考试，"考非所学、考非所教"，对于这种情况要加以避免。教育行政部门要认真履行应尽职责，加强与有关部门沟通协调，讲清道理，充分反映中小学和教师工作的特殊性，要通过公开招聘，使那些真正适合做教师的优秀人才能够进入教师队伍。四要拓宽选人视野，努力吸引优秀人才到中小学任教，特别是注意吸引符合条件的高学历人才到中小学任教。对于参加过大学生志愿服务西部计划、农村教师特设岗位计划、有从教经历的志愿者和参加过实习支教的师范院校毕业生，在同等条件下要优先聘用。五要加强组织领导，严格操

作程序，坚持政策规定、程序方法和聘用结果"三公开"，主动接受监督，确保新任教师公开招聘工作公开、公平、公正进行。

四、大力推进教师交流，促进城乡教育均衡发展

大力推进教师交流，是以科学发展观统领中小学人事制度改革的必然要求，是实现教师资源合理配置、调整优化教师队伍结构的迫切需要，是加强农村教师队伍建设、促进城乡教育均衡发展的有效途径，是一项重要而紧迫的任务。近几年来，教师交流工作取得了一定的成效，但还不能满足农村义务教育发展的需要，不能满足城乡教育均衡发展的需要，应继续大力推进。当前，大力推进教师交流工作，要把握以下三点：一是在指导思想上，要以改革创新为动力，以提高教师资源配置效益为核心，以解决中小学教师结构性矛盾为重点，通过统筹规划和政策调控，着力建立起区域内有序交流、合理配置、相互促进、共同提高的中小学教师交流长效机制。二是在实施过程中，要遵循"因地制宜、政府统筹、政策引导、城乡互动"的原则，将推进交流与核编定岗相结合、调整充实与培训提高相结合、立足当前与着眼长远相结合、全面推进与重点突破相结合。三是在交流形式上，重点是做好教师由城镇向农村、由超编学校向缺编学校、由强校向薄弱校的交流与流动，促进教师资源的均衡配置。

推进城镇教师支援农村教育工作是当前的一项重要任务。各地教育人事部门要认真制定和完善有关人事政策，从五个方面积极推动和配合做好这项工作。一是在编制管理上，要完善动态管理与统筹调配使用机制，积极探索用一定的流动编制支持城镇教师到农村支教工作；二是在评定中小学教师专业技术职务时，要把是否有支教经历作为一项重要依据，并适当提高农村教师中级、高级专业技术职务的结构比例；三是在公开招聘新任教师时要向农村倾斜，优先考虑农村中小学对新教师补充的需求；四是在制定地方教师工资福利待遇时要向农村倾斜，稳定农村中小学现有教师队伍，促进吸引优秀人才到农村任教；五是大力宣传支教工作的先进典型，形成城镇教师到农村支教的良好舆论氛围。

五、妥善处理好改革发展稳定的关系，切实做好教师队伍稳定工作

长期以来，在各级党委、政府的领导下和教育行政部门、各级各类学校积

极努力下，中小学教师队伍建设得到了加强，教师的社会地位和待遇水平不断提高，广大教师爱岗敬业，教书育人，教师队伍的思想状况积极、健康、向上，涌现了一大批先进典型人物，为促进教育事业的发展起到了重要作用。

当前，我国正处在一个发展机遇期，也处在一个矛盾凸显期。近期以来，教师队伍特别是中小学教师队伍中，由于多种因素的影响，也出现了一些值得引起高度重视的问题。各级教育行政部门、各级各类学校的领导同志和从事人事工作的同志，要以科学发展观为指导，牢固树立稳定压倒一切的思想，以高度的政治责任感和政治敏锐性，从"讲政治、顾大局"的高度，正确处理好改革发展稳定的关系，切实做好维护、巩固学校和社会的稳定工作。各地要按照教育部党组的要求，在教师队伍当中深入开展社会主义荣辱观教育，引导教师以"学为人师、行为世范"为准则，牢固树立和大力弘扬人民教师的高尚师德，进一步增强法律意识和组织纪律观念，努力做遵纪守法的模范，积极树立教育和教师的良好形象。

各地教育行政部门要进一步明确责任，严格按照中央和本地的有关政策规定，妥善处理好维护教师的切身利益和依法治教的关系，认真分析教师队伍建设中的新情况新问题，从政策和机制上采取措施，把解决实际问题与加强思想政治工作结合起来，努力做好缓解、化解矛盾的工作。对按政策规定应予以解决的问题，要尽快研究落实。在制定出台中小学人事制度改革、经费保障机制改革等涉及教师利益的重大改革方案时，要充分发扬民主，广泛听取教师的意见。要坚决防止因改革政策或操作程序不完善、不规范，在教师聘任和待遇等问题上引发教师心理不平衡、情绪上的不安定。

深化中小学人事制度改革，事关教育改革发展稳定的大局，直接涉及广大教职工的切身利益，直接影响着教师队伍建设。各级教育行政部门要充分认识这项改革的长期性、艰巨性和复杂性，切实加强组织协调，积极争取当地党委和政府的关心重视及有关部门的支持配合，与时俱进、开拓创新、积极稳妥、扎实有序地把中小学人事制度改革不断引向深入，为加强中小学教师队伍建设、促进基础教育事业的改革发展做出新的更大的贡献。

经验交流

积极稳步推进中小学人事制度改革工作

北京市教育委员会
2006 年 6 月

中小学人事制度改革主要是以人员聘用制和岗位管理为重点，以合理配置教育人才资源，优化中小学教职工队伍结构，全面提高教育质量和管理水平为核心，加快用人制度和分配制度改革，建立起符合中小学特点的人事管理运行机制，建设一支高素质、专业化的中小学教师队伍和管理人员队伍。积极稳步推进中小学人事制度改革进程，将对进一步增强办学活力、加强教师队伍建设、提高基础教育质量以及促进基础教育的良性发展起到十分重要的推动作用。通过近几年来的改革探索和实践，北京市中小学人事制度改革主要从加强宣传教育、优化改革环境和创新管理制度三方面入手，通过用人制度改革，着力推进中小学人事制度改革向纵深发展，逐步形成了符合北京市中小学特点的基本改革经验。

一、基本经验

（一）加强组织领导，争取各方支持，为深化中小学人事制度改革营造良好氛围

北京市委教育工委、市教委对教师队伍建设以及中小学人事制度改革非常重视，始终将其作为一项重点工作来抓。领导班子每年都要召开专题研究会，就教师队伍建设问题进行研究。两委还成立了干部人事小组，市委常委、市委教育工委书记亲自挂帅，市教委主任专门负责教师队伍建设工作，并具体落实了责任处室。

为确保中小学校人事制度改革的顺利进行，各区县教委按照北京市教委的要求，也相应成立了人事制度改革工作专门领导小组。市教委要求各区县教委要积极争取中小学人事制度改革所必需的环境条件，特别是要努力争取区县政

府人事、编制、劳动和财政等部门的大力支持。目前多数区县教委通过与区县政府相关职能部门联合发文的形式，相继出台了符合本区县改革实际情况的实施方案和配套政策，形成了中小学人事制度改革的良好管理体制。

（二）加大宣传力度，转变思想观念，为顺利推进人事制度改革奠定思想基础

北京市教委注重加强对区县教委和中小学校相关人员的业务指导，开展人事制度改革政策的专题培训和学习，以提高其业务能力和水平。先后举办了有区县教委人事科长、中小学校长和人事干部 300 余人参加的"中小学人事制度改革有关法律问题专题培训班"。邀请国家人事部有关领导、中国人民大学有关专家、中国政法大学的法律专家、人力资源管理专家对学校人事制度改革中涉及的法律问题和基本政策进行了系统培训，培训班的举办受到了区县教委和中小学校的普遍欢迎。通过系列宣传教育活动，区县教委和中小学校人事干部队伍素质普遍得到了提高，中小学校长的传统用人观念有了转变，各级领导的思想认识得到了统一。

各区县教委加大对广大教职工宣传教育工作的力度，有关职能部门深入到学校一线做宣传动员工作，积极争取广大教职工参与到人事制度改革中来。通过学习、培训和广泛动员，广大干部和教职工的思想观念得到了一定转变，认识得到了提高，聘用合同制工作争取了最大多数教职工的积极参与，为聘用合同制的实施奠定了思想基础，全市中小学普遍呈现出教职工关心、参与、支持改革的良好局面。

（三）创新用人机制，促进合理流动，为优化配置教育人力资源积极进行探索

成功推行新教师人事代理制度。北京市从 2000 年起，按照"新人新办法，老人老办法"的改革思路，对城近郊八区中小学校新接收的大中专毕业生以及毕业研究生进行聘用合同制管理试点探索，其人事档案交由北京市教育系统人才交流服务中心负责代理和提供人事管理服务。毕业生根据学校岗位需要和自身能力受聘于教学岗位或者行政管理岗位，学校与毕业生签订聘用合同，明确双方责任和义务。毕业生如果与用人单位解除聘用合同，可在全市教育系统内流动，初步打破了人员的单位所有制。几年来，中小学教师实行人事代理服务人数逐年递增，截至 2005 年 11 月，已有近 11000 名新教师实行人事代理模式管理。

2002 年 11 月，北京市教委下发了《关于新聘用大中专毕业生实行聘用合同制有关问题的通知》，首次明确提出新教师为北京市教育系统所有，毕业生由初次聘用单位代为双选聘用，并与北京市教育系统人才交流服务中心签订五年服务期协议书。在服务期内，新教师按照与用人单位签订的聘用合同书，履行双方责任和义务，合同期满即可在教育系统内流动，真正实现了教育人才的行业所有。同月，北京市教委下发了《关于远郊区县实行聘用合同制教师有关问题的通知》，将城近郊八区的聘用合同制改革经验以及人事代理服务模式向远郊区县推广。

文件统一了城近郊八区实施聘用合同制的做法，对提前终止合同、解除合同、教职工流动等具体管理和服务程序做了规范和调整，取消了教职工正常流动的"行政工资关系介绍信"。取而代之的是《聘用合同制教职工流动备案表》，简化了手续，方便了聘用制教师流动和中小学校遴选人才。同时，文件要求远郊区县要学习、借鉴城近郊八区"新人新办法"的改革模式。

2002年11月，北京市人民政府办公厅下发了《关于印发〈北京市事业单位聘用合同制试行办法〉的通知》，我市事业单位聘用合同制改革进入了全新时期。按照市人事局的统一部署，我市各区县教育系统全部启动聘用合同制，截至目前，全市教育系统实施聘用合同制工作完成。结合聘用合同制实行岗位聘任制度，学校按照相关规定制定岗位设置方案，按岗进行聘任并签订岗位聘任书。

探索建立吸引优秀人才从教的师资调控机制。随着社会人才市场的逐步建立和完善，盘活教育人才资源，促进教职工队伍结构的优化配置，是摆在我们面前的重要课题。为此，北京市教委就如何变"限制人才流动"为"引导人才流动"，依法建立各项保障制度并保证教师各项待遇的落实，努力提高教师的地位和待遇，使教育行业在人才竞争中处于较高位势等进行了积极的探索。在进一步加强教职工的思想政治教育、加强师德教育的基础上，研究制定和完善配套政策，鼓励教师到边远地区和师资相对薄弱的学校任职、任教。2005年，为加强农村教师队伍建设，我们制定了"绿色耕耘行动计划"，加强对农村教师培训的力度。制定了《北京市城镇教师支援农村计划暂行办法》，每年选派1010名全职教师到农村支教一年。加强教师轮岗、交流工作的力度，认真落实相关的政策规定，努力促进教职工的合理流动。今年，密云县教育工委、教委启动了中小学教师在本区域学校间进行交流的制度，交流教师达312名，占全县教师的7.6%。是北京市首家实行教师交流制度的区县。

随着教师资格制度的实施，积极探讨建立面向社会公开招聘有教师资格的优秀人才来校任教的制度。通过制度的改革和完善，实现教育人力资源的最优化配置。

（四）健全政策规章，规范聘用行为，为依法推进人事制度改革提供政策依据

人事制度改革是一项系统工程，在坚持公开、公正、公平、竞争、择优的竞聘原则、按编聘用原则的同时，各区县还注重人事制度改革的相关配套制度建设，为改革工作提供了相应的政策依据和制度保障。

第一，严格编制管理。每年各区县按照《北京市中小学教职工人员配备标准》核定人员编制。2005年北京市中小学教职工人员编制总体情况是教职工总体不超编，其中小学略有超编、初中基本平编、高中缺编。

第二，建立和健全各项政策法规，制定管理制度，为人事制度改革提供政策依据。各区县教委配合有关职能部门，出台了人事制度改革实施细则、未聘人员安置办法、未聘人员托管、学校分配制度、内部退休人员管理试行规定等配套政策。各区县也十分重视教职工考核的科学、公正和合理性，建立了相应的考核制度。如宣武区推行的"五级"量化考核法已经成功推行四年，基本上做到了考核工作的公开、公平、公正，把考核结果作为同类岗位的竞聘上岗依据，依照岗位分出优劣，按照排序选聘人才，对优化中小学教师队伍起到了关键性作用。

第三，突出了学校改革方案的合法性和聘用程序的规范性。各区县和中小学校，都是从抓好改革方案的出台这一关键环节入手，在国家和本市政策的指导下，一方面抓政策法规建设，另一方面抓监督指导，认真分析学校和教职工在改革中存在的问题和困难，不断修改和完善改革实施方案。与此同时，在聘用合同制的实际操作上，重点保证改革工作公开、公平、公正地进行，所有的岗位设置都是在科学考核的基础上，对教职工平等开放，以保证教职工竞聘的公平性和广泛性。

第四，稳步推进改革进程，多渠道安置未聘人员。聘用合同制促进了人员的合理流动，要保证聘用合同制的顺利进行，未聘人员的有效安置成了实施聘用合同制工作的重中之重。我市通过政策性安置分流了一部分未聘教职工，但更多、更有效的安置方式还是通过多途径、多形式的渠道安置。根据北京市事业单位实行聘用合同制中未聘人员安置的要求，安排未被聘任上岗人员的主要方式是：对于未被聘任上岗的人员，单位要给予半年至一年的待岗期，并提供一次上岗机会；对于距离法定退休年龄五年以内且连续工龄满20年以上的未被聘任上岗的人员，本人提出书面申请，单位同意后，可以实行内部退休；对于工龄满三十年且年龄满四十五岁以上未被聘任上岗的人员，本人提出书面申请，单位同意后，可以保留与单位的人事关系，实行离岗待退。安排未聘教职工的渠道主要包括：学校渠道、区县渠道、行业渠道。

通过多途径、多渠道的安置方式，对分流未聘人员的妥善分流和有效安置起到了积极作用，缓解了学校内部安排岗位的压力，同时也为优秀人才的发展和引进提供了施展才华的舞台和空间，优化了教职工队伍。

二、聘用合同制的对策和思考

聘用合同制是一项综合性较强的系统工程，其影响因素涉及到诸多方面，要积极、稳妥、健康地推进改革进程，必须认真分析、研究，着手解决在实施中存在的突出矛盾和困难，为改革营造良好的环境氛围，从而达到目标。

（一）加大教育投入是聘用合同制顺利推进的有力支撑

1. 逐步建立义务教育阶段教师工资由财政全额拨付的制度，妥善解决现行中小学教师结构工资存在的问题。提高中小学教师特别是远郊区县农村学校教师待遇问题，应当引起全社会的广泛关注，要通过改革工资分配制度，建立有效的人才流动和竞争激励机制，从而激发广大教职工的工作积极性。

2. 校内未聘人员的"掘岗安置"、"离岗待退"等也需要相当的经费支持。目前，不少中小学校长不得不采取"一手抓办学，一手抓经济"的"两手抓"办学思路。不少学校依靠出租出借校舍、捐资助学、校办企业以及招收收费生等筹集资金。多数中小学校有着 2～3 种自筹资金来源渠道，用于补充学校教育经费的不足。因此必须加大投入，保证教育事业的持续健康发展。

（二）加强政策法规建设，完善聘用合同制配套政策

1. 应尽快出台事业单位医疗保险、养老保险实施办法。聘用合同制就是要把"单位人"变成"社会人"，相应的，未聘人员从单位出来以后，要有社会失业保险机构为其提供失业期间的基本生活保障，为其提供生病住院治疗期间的基本医疗费用，为其发放退休养老金等。目前，有关部门应在事业单位失业保险的基础上，抓紧研究，尽快出台养老保险、医疗保险实施政策，着力解决未聘人员"校内下岗校内上"、"学校下岗不分流"的难点问题。

2. 未雨绸缪，认真解决提前内退和离岗待退人员的后顾之忧。北京市人事局在关于安置未聘人员有关问题的通知中，相继提出了提前内退和离岗待退等安置未聘人员办法。但是，结合教育系统实际情况，相关待遇和人事政策尚需尽快明确。对提前内退和离岗待退期间，其人员的考核办法、教龄计算、政策性调资、住房公积金、社会保险以及相关的福利待遇等问题进行细化，明确统一的政策措施，保障他们的合法权益。

3. 转变观念，规范管理，要依法聘用实行合同制管理的教职工。在传统的人事管理制度中，通过"商调函"进行人才调动；在聘用合同制管理中，

"聘用合同书"就成为教职工和聘用学校之间的唯一纽带。因此,学校在规范聘用合同书的签订和管理的同时,要强调教职工流动的前提条件,即聘用合同是否到期,尤其是学校在拟招聘合同制教职工时,一定要强调教职工在其他单位的聘用合同履职年限,只有教职工提前终止或者解除聘用合同以后,聘用学校才能接受其面试和试讲,办理正常的流动手续。

（三）切实加强教师职业道德建设,提高教师的从业自豪感

部分教职工并不认为"教师职业无上光荣"的现实,需要引起我们的高度重视。在一方面切实提高教师待遇、改善教师工作条件的同时,要在全社会重新营造"教育事业是伟大而又崇高的职业"、"教师是人类灵魂的工程师"等尊师重教氛围,通过多种形式的师德教育宣传活动,向社会各界充分展示新时期教师的风采,在全社会形成尊师重教的良好社会风尚。

（四）加强对聘用合同制的指导和监督,保证聘用合同制的依法进行

加强对聘用合同制工作的指导和监督是改革工作健康顺利进行的根本保证。

1. 进一步加强对各单位主要负责人以及人事干部的业务培训。通过多形式、多专题的业务培训,提高其政策执行水平和依法行政能力。在改革的实施和管理中,要真正落实聘用合同制规定的双方权利和义务,对违规者的处罚措施应当不断完善。

2. 要维护聘用合同书的严肃性,切实维护学校和教职工的利益。在教师的引进方面,要充分听取用人单位的意见,及时转变观念,尽可能把用人权还给学校法人,真正实现自主、平等的双向选择用人机制。

按照北京市人事人才工作会议精神,北京市中小学教师职务聘任调研工作列为重点工作,目前已经着手开展。随着事业单位人事制度改革的进一步推开,我们将不断优化环境、加强制度建设,积极探索新的管理方法,力争使我市中小学的人事制度改革工作取得更大的进展。

积极探索中小学人事制度改革
为基本实现上海教育现代化提供保障

上海市教育委员会
2006 年 6 月

　　为贯彻科教兴市战略，基本实现教育现代化，上海市普教系统在中小学人事制度改革方面做了一些积极的探索，近年来主要做了以下几项工作。

一、进一步推进全员聘用合同制

　　上海市普教系统聘用合同制工作起步于 1996 年。根据《上海市事业单位实行聘用合同制暂行办法》精神，我委下发了《关于本市普教系统中小学和其他事业单位试行聘用合同制的实施意见》，从 1996 年至 2000 年，上海市中小学从试点到全面推开，都实行了聘用合同制。

　　2003 年，上海市政府颁发了《上海市事业单位聘用合同办法》、《上海市事业单位聘用合同争议处理办法》，为我们促进、深化全员聘用合同制度提供了政策依据。我们要求各区县教育局在总结过去几年工作的基础上，认真学习文件，把聘用合同制度作为人事制度改革的重中之重，结合普教系统正在进行的教师资格制度的建立、结合教师职务评聘制度的深化改革，使学校的人事管理工作规范化、法制化。

　　实施聘用合同制从根本上打破了计划经济体制下长期形成的国家用工制度，建立了与市场经济相适应的单位"自主用人"与个人"自主择业"、"双向选择"的用工制度，为学校的管理注入了新的生机与活力，取得了明显的成效。主要体现在：

（一）转变观念

　　聘用合同制的实行，最大的进步是学校领导和教职工在观念上发生了巨大的转变，改变了过去事业单位中普遍存在的教职工对于学校的依附关系。大家都认识到，当整个社会从计划经济形态向市场经济形态转型时，原先的个人完全由单位安排的关系必将被舍弃，取而代之的是双方在权利义务方面对应的平等关系。个人不再是原来的"国家人"、"单位人"，而成为"社会人"。这种观念的转变，意味着用工制度实质性变化的开始，也为人事制度改革打下了牢固的基础。

（二）依法治校

聘用合同制充分体现了双向选择的原则，一方面教师根据岗位条件要求自己，根据岗位任务对照自己的工作，通过合同的签订，不仅看到自己的权利，也清楚自己的义务。另一方面，学校领导也在根据岗位要求选择教师的同时，明确自己应该为教师提供的服务和管理的权限。随着聘用合同制的日益深化、规范，学校的管理人员越来越认识到，合同双方的平等关系将不以人的意志为转移地凸显出来，因此，法制意识，是一个校长及其他管理人员所应该具备的基本素质。

（三）因事设岗，优化结构

实行聘用合同制前，学校因人设岗的情况较为普遍。随着聘用合同制的推行，学校领导的用人自主权日益增强，促使学校重视用人成本，对单位岗位进行合理调整，根据任务设岗，按照岗位择优聘用，把不符合条件的人员从教师岗位转到其他合适的岗位，使队伍结构得到优化、合理配置人才资源成为现实。

（四）完善竞争机制，促进人员素质提高

实行聘用合同制后，择优聘任，岗薪挂钩，有效地完善了学校的竞争激励机制，使教职工有忧患意识的同时，也激发了他们的工作热情。在这种合力的影响下，形成了人人感到有压力，人人感到有动力，勤奋努力，积极进取的局面。

二、推行中小学校长职级制

为促进中小学全面实施素质教育，建设一支高素质、善管理、专家型的校长队伍，上海市探索建立了"五级十二等"的校长职级制度。通过科学的评价体系使校长与行政级别脱钩，形成符合中小学特点和校长成长规律的竞争激励机制。

推行校长职级制度实行"三个结合"的要求，一是从培养创新精神和创新人才的高度，把实行校长职级制度同开展素质教育结合起来；二是以高标准、高质量实施九年义务教育和普及高中阶段教育为目标，把推进校长职级制度同加强相对薄弱学校和学校标准化建设结合起来；三是从建设新世纪优秀校长队伍的要求出发，把实行校长职级制度同加快中小学校长后备人才培养工作结合起来。"三个结合"要求的重点和核心，是要把全面实施素质教育的要求和责任落实到校长身上。

注重强调校长在全面实施素质教育中的办学理念和开展素质教育的成效。校长是学校办学的主心骨。没有创新意识和创造能力的校长，就很难造就和培养一支有创新意识和创造能力的教师队伍，从而也难以培养有创新意识的学生。校长职级的评价标准与指标体系十分重视反映校长在办学理念上的特色和创意，以及在教育、教学科研方面的成效和实绩。

注重鼓励、引导校长到薄弱学校任职，促进办好上海的每一所学校。实行校长职级制度后，校长职级的认定不受原来学校级别、规模、类型和性质的限制，为每一个校长提供了平等竞争的机会，也为办学条件相对困难的中小学校长充分发挥才干和能力创造了有利条件，激励更多的校长到相对薄弱学校去勇挑重担，用自己的智慧和才能改变薄弱学校的面貌。

注重在校长队伍建设中形成"岗位能上能下，待遇能高能低，人员能进能出"的竞争激励机制。校长职级制推动了校长队伍的有序流动，促进了校长队伍的改革能动性，不仅为所有校长的成长提供了公平、公正、公开竞争的平台和发展机会，也为一批迅速成熟的校长搭建了新的展示才华的舞台。推行校长职级制度后，各区根据校长年终考核情况，结合学校布局结构的调整，每年都有一部分校长实行换岗流动，极大地激发了校长的竞争意识和争先意识。

推行校长职级制度取得的成效主要有五个方面：一是有利于形成校长由抓"钱"、抓创收转为抓教育、抓管理、抓效益的导向作用；二是有利于形成校长职务能上能下、待遇能高能低、流动能进能出的动态管理机制；三是有利于形成教育行政部门宏观管理、调控与校长逐步行使办学自主权相结合的管理体制；四是有利于形成符合中小学特点和校长成长规律的持续有效的竞争激励机制；五是有利于建立发挥党组织的政治核心作用和工会、教代会参与民主管理监督的制度。

三、专业技术职务制度的改革

由于本市中小学教师数量大，每年通过学校、区县教育局两层筛选后，集中上报到市高评委评审的人数至少有 1300 ~ 1400 人，评审专家主要通过书面材料来评审。上世纪八九十年代，这种集中评审方法对于刚建立起专业技术职务系列的中小学教师队伍的建设发挥了很好的作用，但随着本市中小学教师队伍专业素质发展和人事制度改革的不断深化，随着素质教育对教师教育教学能力的要求越来越高和教育均衡化发展中体现教师区域化特色的要求越来越强烈，改革评审方式，建立起符合现代用人制度的教师职务评聘体系越来越紧迫。

2003学年，上海市在徐汇区、松江区先行进行了中学高级教师评聘工作试点。2004年，在总结试点工作经验的基础上，上海市中学教师高级职务任职资格评审权全面下放到各区县。

评审权下放后，评聘机构设为两级，一级是学校（学校只是评价，不具有否决权），另一级是高评委，高评委建在区县和上海市教育评估院，区县高评委负责语文等申报人数较多的学科评审，上海市教育评估院负责其他规模较小学科的评审。市教委不再直接承担评审任务。

评审权限下放区县后，并不意味着质量的降低，为保证中学高级教师队伍质量并使全市大体平衡，为保证今后中学高级教师职务评聘工作规范有序地进行，我们和上海市人事局共同制定了相应的配套实施文件：

（一）《上海市人事局关于印发〈上海市中学教师高级专业技术职务任职资格评审委员会组织办法（试行）〉的通知》和《上海市人事局关于印发〈上海市普教系统教师职务结构比例和岗位设置的意见〉的通知》两个文件，对高评委委员的人选条件做了明确规定，并要求在组建时考虑到学科、学校类别的代表性，高评委的执行委员中外区专家应不少于35%，学科评议组成员中，外区专家不少于40%。对于教师职务结构比例一经核定必须严格执行，鼓励教师向郊区流动，向师资力量薄弱的学校流动，向农村学校流动。

（二）《上海市教育委员会关于做好中学高级教师评聘工作的通知》包含了两个附件，《上海市教育委员会关于上海市中学高级教师职务评聘机构和评聘程序的规定（试行）》和《上海市教育委员会关于上海市中学高级教师职务评聘条件的意见（试行）》，强调了规范程序、教师任职中的师德和教育教学能力。

评审权下放后，中小学教师职务的评聘工作实行师德一票否决制，要求教师积极贯彻党和国家的教育方针，热爱教育事业，热爱学生，为人师表，严于律己，有团队合作精神并具有进取精神。

做好教育教学能力的评价也是今后教师职务评聘工作的一个重要方面。评聘程序上要求在评审过程中评审专家对每一个申报人都必须随堂听课。评审中，学科组专家深入课堂，听申报人的随堂课，课后对申报人进行面试。这种考察和评价方式，突出师德修养和教育教学能力，对整个中学高级教师评审是一种引导，对整个教师队伍的发展也是引导。这样的评审，对中青年教师的专业发展有很强的导向作用。

在评审程序上，随堂听课和面试答辩的环节，起到了注重实绩、聚焦课堂的积极效应，对教师的专业发展起了良好的导向作用，加强了学科组专家与被评审对象面对面的沟通，被评审对象从专家对课堂教学的点评中明确了自己的努力方向，因而深受被评审对象和基层学校领导的欢迎。

长宁区教育局在介绍他们的体会时说，中学教师高级职务任职资格评审权下放的目的是为了完善中小学教师职务聘任制，加快中小学人事制度的改革，促进教师专业化发展，全面建立符合本市中小学特点的教师管理制度，其意义是深远的。在评审中，做到"高度重视，组织到位；严格程序，规范到位；坚持标准，责任到位；尊重民主，监督到位"。长宁区组建的高评委有2/3是上海市的特级教师，有4/5的专家担任过市高评委学科评议工作，他们的政策水平、素质修养、工作态度，是保证评审质量的前提。

金山区教育局表示，评审事权的下放，并非降低要求，而是要求我们更加注重教学实绩，注重教育教学能力，提高评审工作的质量。只有坚持评审标准才能确保评审结果的公正公平。金山区在评审过程中，严格执行市评审标准。对于没有初级中学经历的区重点中学11名申报者，取消了他们的申报资格，凡上海市教育评估院组织的笔试和论文鉴定成绩为D等的，没有一人在评审中通过。

以区县为单位组建高评委，开展中学高级教师评审工作，绝不是一个单纯的高级教师评审权的下放问题，而是涉及到如何探索一条使高级教师评审工作既坚持标准，又符合评价教师以教育教学能力为主的改革之路，从而使高级教师评审工作更有利于中小学教师的专业发展。通过这次中学高级教师评审工作的政策导向，使广大教师更加关注自己的师德修养水平，关注自己的课堂教学质量，关注自己的教育教学研究能力，关注自己所任教的学生的健康成长，从而进一步提高自己教书育人的质量和水平。因此，评审工作已远远超出了它本身的意义，对于推进中小学"二期课改"、促进教师专业化发展和基础教育均衡化发展，具有十分重要的意义。

四、建立良性分配激励机制

上海共有18个区1个县，中小学财政由区级政府管理。各区在分配方面也都进行了有效的改革。各区县在普遍提高各校教职工平均奖金基础上，建立起适合本地区教育的分配激励机制。各校根据各自的分配方案拉开教师奖金差距，体现多劳多得、优劳优酬的激励作用。如卢湾区把教育工作者津贴从每月30元提高到50元，班主任津贴从每月20元提高到200元、大幅度提高新进教师待遇的同时实行优秀教师特殊津贴制度，自 2003 年 7 月起设立优秀教师特殊津贴，即区青年学科带头人 300 元/月、区学科带头人 500 元/月、特级教师 600 元/月、主持名师工作室的名师 800 元/月；被区政府命名为教育功臣的教师每人奖励 5 万元，获教育功臣提名奖的教师每人奖励 2 万元。虹口区曲阳二中把奖励分 7 个方面 20 个小点，根据考核结果，奖金拿得最高的一位老师得到了 2900 多元，最低的一位教工只得了 89 元，起到了激励先进的作用。

各区县的做法不尽相同，归纳起来主要体现了：1. 与深化聘用合同制相衔接，一方面待遇与岗位直接挂钩，岗变薪变；另一方面加强聘后管理与考核，既体现岗位差异，又注重个人业绩，待遇与工作表现、绩效挂钩。2. 向工作任务满、承担责任重、做出成绩和贡献的人员倾斜，特别是向工作在教育教学一线的教师倾斜。

五、关于编制核定工作

《国务院办公厅转发中央编办、教育部、财政部关于制定中小学教职工编制标准意见的通知》（国办发〔2001〕74 号）、《教育部关于贯彻〈国务院办公厅转发中央编办、教育部、财政部关于制定中小学教职工编制标准意见的通知〉的实施意见》（教人〔2002〕8 号）文件下发以来，我委组织专题调研，经过了多次从上至下、从下到上的反复论证，以构建与上海基础教育现代化发展目标和全面实施以创新与实践为主要特征的素质教育发展要求相适应的学校编制管理制度，全面提高教育质量和办学效益的原则，结合上海中小学教育发展的实际，拟订了《关于制定上海市中小学教职工编制标准的意见》报送上海市编制办公室。目前市编办还未批复，我委正和市编办积极磋商。

要基本实现教育的现代化，人事制度改革是基础，我们充分认识到人事制度改革的重要性和艰难性，也看到了作为教育综合改革试验区为我们提供了难得的机遇。时不我待，我们一定抓住机遇，积极探索，拓展空间，朝着教育现代化的目标跨越。

理顺体制　健全机制　强化培训
切实加强中小学校长队伍建设

重庆市教育委员会
2006 年 6 月

　　我市辖 40 个区县（自治县、市），幅员面积 8.24 万平方公里，总人口 3042.9 万，现有各级各类学校 1.65 万所（含村小和校点在内），在校生 580.8 万，教职工 32.67 万，其中，中小学校长 3819 人。按照教育部的部署，结合我市事业单位人事制度改革的总体安排，以建设高素质教师队伍和管理人员队伍为重点，围绕打造一支品德优、业务精、作风好、专业化、和谐发展的中小学校长队伍这一目标，理顺体制，健全机制，强化培训，切实加强中小学校长队伍建设，取得明显成效。现重点就我市加强中小学校长队伍建设作三方面的介绍。

一、具体做法

（一）理顺管理体制

　　长期以来，在我市中小学校级干部任免管理上，存在着多个部门交叉、管理体制不顺、管理职能不明等现象。就中小学校级干部而言，有的由区县组织部管理和任免，有的由区县宣传部管理和任免，个别的由乡（镇）一级政府管理和任免，教育行政部门缺乏应有的管理职能，管人与管事脱节。为理顺中小学校长管理体制，我委根据《国务院关于基础教育改革和发展的决定》和市委《关于加快实施科教兴渝战略的决定》，向市委、市人民政府提出建立区县教育工委和进一步完善区县教育管理体制的建议。区县教育工委作为区县党委的派出机构，主管辖区内教育系统党的工作，与同级教育行政部门实行一套班子、两块牌子。2001 年，市委办公厅、市政府办公厅出台进一步完善区县（自治县、市）教育管理体制的意见。

　　我市按照《中共重庆市委办公厅　重庆市人民政府办公厅关于进一步完善

区县（自治县、市）教育管理体制的意见》（渝委办发〔2001〕56号），理顺中小学校长管理体制。首先，明确管理权限。省（市）级重点中学的正、副校长（正、副书记）和区县级重点中学的校长（书记）由区县（自治县、市）党委任免，其余中小学校长（副校长）由区县教委（教育局）任免，学校党支部书记（副书记）由区县教育工委任免。其次，规范任免程序。区县（自治县、市）党委任免的学校领导干部，由区县（自治县、市）委教育工委提名，组织部会同教育工委考察后，报区县（自治县、市）党委审批。其他学校的领导干部由区县（自治县、市）委教育工委和教育行政部门考察任免。乡镇中小学校长的任免要征求乡镇党委的意见。

（二）建立竞争机制

为建立"人员能进能出，职务能上能下，待遇能升能降"的新型用人机制，自2001年以来，我市稳步推行中小学校长竞争上岗，实行公开招聘。把一大批德才兼备、懂业务、善管理的优秀人才选聘到中小学领导岗位上来，提高了中小学校长队伍的整体素质，深化了中小学人事制度改革，调动了中小学校长的办学积极性，推动了我市教育事业的改革和发展。目前，我市40个区县（自治县、市）中，有31个区县（自治县、市）实行中小学校长竞争上岗、公开选拔。忠县99所中小学的校长自2003年开始全部实行竞争上岗；涪陵区118所中小学的校长自2004年开始全部实行竞争上岗。渝中区、南岸区、沙坪坝区实行"老人老办法，新人新办法"，对新任中小学校长实行公开招聘。

我市公开招聘中小学校长的主要程序是：（1）宣传发动，公布职位。在报刊、电视、互联网等媒体上公布招聘的岗位及条件，认真组织推荐，鼓励群众举荐，支持个人自荐。（2）公开报名，资格审查。应聘者持所在单位审核盖章的《事业单位（学校）领导班子成员竞争上岗报名表》、身份证、毕业证、专业技术职务聘任证、年度考核结果等有效证件，到教委组织人事科报名。（3）组织考试，公布成绩。组织应聘者进行考试和面试，并张榜公布考试面试成绩。（4）组织考察，拟定人选。根据考试、面试成绩，按1∶2的比例确定考察对象，实行考察预告，组织综合考察。根据考试、面试成绩及综合考察情况，提出拟定人选，报任免机关研究。（5）任前公示，实行聘任。对经研究同意的拟聘人员，公示5天，接受监督。对公示结果不影响聘任的，按中小学校长的管理权限进行聘任，聘期3年，试用1年。

区县教育行政部门与中小学校长签订任期目标考核责任书和年度目标考核责任书，对中小学校长进行年度考核。教育人事组织部门会同督导室组成考核小组，采取听校长述职、查看办学业绩、进行民主测评、走访教师和群众等形式，考核校长。我市有的区县对全县中小学校长单独考核，单独下达优秀指标；有的区县对学校的领导班子单独考核，单独下达优秀指标，这样，更易于校长与校长之间，校领导与校领导之间的竞争，逐步形成良好的校长队伍建设的竞争激励机制。

同时，为表彰奖励优秀校长，加强中小学骨干校长队伍建设，从 2002 年开始，实施中小学骨干校长队伍建设"321 工程"。目前，全市已评选市级中小学骨干校长 57 名，现正在进行第三批市级中小学骨干校长的评选工作。

（三）强化培训工作

一是提高培训认识。我们认为加强中小学校长培训工作，是加强党的执政能力建设、构建和谐社会的迫切需要，是落实党中央《干部教育培训工作条例（试行）》、大规模培训干部重要战略部署的迫切需要，是深入推进基础教育新课程改革、农村义务教育经费保障体制改革、全面推进素质教育的迫切需要，也是中小学校长专业化发展的自身需要。

二是加强基地建设。"十五"期间，我市在充分发挥市级培训基地示范带头作用的同时，通过开展教师进修学校办学水平评估验收工作，重点加强县级中小学校长培训基地建设。2001 年，市政府办公厅印发《关于开展教师进修校办学水平评估验收工作的通知》（渝办〔2001〕31 号），我委严格按照《重庆市教师进修学校建设评估标准》对各区县进行评估验收，有力地促进了各级校长培训基地的建设。目前，32 个区县通过评估验收，4 个区教师进修校经市政府批准成立教师进修学院。

三是明确培训职责。为适应新形势下干训工作改革与发展的需要，我市在大力加强校长培训基地建设的同时，明确划分各级培训机构的职责。重庆教育学院干训中心主要承担高中（中等职业学校）校长、教育行政干部培训工作，同时负责各级培训机构的指导工作。重庆三峡学院、重庆文理学院、涪陵师范学院三所师范院校干训中心主要承担相应地区初中校长培训工作。各区县（自治县、市）教师进修学校教师培训中心主要承担本地小学校长培训工作。

四是改进培训内容与方式。增强培训的针对性，注重培训的实效性。政治理论培训做到与时俱进，把"三个代表"重要思想、保持共产党员先进性、加强和改进未成年人思想道德建设、社会主义荣辱观等作为重点。政策及业务培训做到适应教育改革发展需要，及时更新培训内容，把基础教育课程改革、校园文化建设、规范学校管理、深化人事制度改革、农村义务教育经费保障体制改革、学校安全稳定工作等作为培训重点。在培训方式上，实现以干训教师为中心向以培训学员为中心的转变，由干训教师定课向参训学员点课的转变，改革传统的培训方式，开展"参与式"培训和"诊断式"培训。

五是开展骨干培训。我市以加强中小学校长能力建设为核心，以骨干校长培训为重点，围绕增强六种意识，实现五个提升，开展中小学校长培训工作。六种意识，即：服务经济社会发展的大局意识，锐意进取的改革意识，与时俱进的创新意识，科学规范的管理意识，以人为本的质量意识，依法治校的法制意识。五个提升，即：实施素质教育能力和水平的提升，中小学校长领军人物的提升，专业精神的提升，原创改革能力的提升，自主管理和自主发展能力的提升。"十五"期间，培训中小学校长 13850 人次。

二、主要经验

（一）坚持邓小平理论和"三个代表"重要思想，坚持科学发展观，以中小学人事制度改革为契机，理顺中小学校长管理体制，是建设高素质中小学校长队伍的根本保证。

（二）以能力建设为核心，加强中小学校长培训工作，加强各级骨干校长队伍建设，是建立一支素质高、业务精、作风好、专业化、和谐发展的中小学校长队伍的重要任务。

（三）建立健全竞争激励机制，积极推行中小学校长竞争上岗，把懂业务、善管理的优秀人才选拔到校长岗位上来，是深化中小学人事制度改革的关键环节。

三、"十一五"期间校长队伍建设的主要思路

"十一五"期间，为建设长江上游教育中心和西部教育高地，我市将进一步深化人事制度改革，大力加强中小学校长队伍建设，打造高素质教师队伍，促进教育事业快速、健康发展。

（一）建立加强中小学校长队伍建设的长效机制

加强中小学校长队伍建设是一项长期的重要任务。"十一五"期间，主要从五个方面创新机制，加强中小学校长队伍建设。一是创新中小学校长考核评价机制；二是创新中小学校长选拔任用机制；三是创新中小学校长合理流动机制；四是创新中小学校长培训机制；五是创新中小学校长培训经费投入保障机制。

（二）继续加强中小学校长培训工作

"十一五"期间，高度重视培训者培训，切实加强各级中小学校长培训机构干训师资队伍建设。面对新形势、新任务和新要求，中小学校长培训工作将

在三个方面有新的突破。

一是归口管理，健全档案。市、县两级校长培训机构或县级主管校长培训工作的教育行政部门，建立中小学校长培训档案，对中小学校长培训工作做到底细清楚，有案可查。

二是总体规划，分期实施。进一步规范现有的各类培训，启动高层次"名校长"培训工程。市、县两级培训机构，每年年初提出中小学校长培训年度规划，由市、县两级主管中小学校长培训的教育行政部门统筹协调后，由市、县两级教育行政部门分别给市、县两级中小学校长培训机构或区县教委（教育局）下达全年培训任务。

三是理顺关系，探索新路。处理好项目培训与常规培训的关系，任职资格培训、提高培训、高级研修培训之间的关系，探索任职资格培训、提高培训、高级研修培训与教育管理硕士研究生培训相衔接的路子。

（三）高度重视农村中小学校长队伍建设

与城市中小学校长相比，农村中小学校长培训机会较少，最需要培训；参加培训的困难最多，最不容易参加培训。"十一五"期间，将大力加强农村中小学校长队伍建设，并实行倾斜政策。

一是培训班次倾斜。凡是参加培训不交费或少交费的班次，让农村中小学校长参加。市级增设农村中小学校长高级研修培训班，为其参加高级研修、扩大视野增加机会。

二是培训经费倾斜。在中小学校长培训经费总额中，划出一部分，专门用于农村中小学校长培训工作，帮助农村中小学校长解决培训费和差旅费。同时，拓展中小学校长培训的合作渠道，多方筹措农村中小学校长培训经费。继续加强县级中小学校长培训基地建设，特别是培训机构师资队伍建设，为农村中小学校长提供良好的学习培训环境。

深化中小学人事制度改革
促进基础教育事业全面发展

山西省教育厅
2003 年 11 月

山西省地处黄河中游，是我国中西部地区的一个内陆农业省，面积 16 万平方公里，3/4 的地区为山区和丘陵，辖 119 个县（市、区），人口 3200 多万。全省现有中小学校 36301 所，在校生 582.8 万人，教职工 33.6 万人。其中有 92.9% 的中小学和 63.7% 的在校生及 78.7% 的教职工分布在农村。

近些年来，随着基础教育管理体制改革的逐步深入，传统的中小学人事制度的弊端日益凸显出来，制约了基础教育的发展。改革与基础教育发展要求不相适应的中小学人事管理体制，解决中小学校用人机制不活，教师队伍城乡分布不合理、结构性矛盾突出等问题，优化教育资源配置，激发内部活力，调动学校和广大教职工的积极性和主动性，就成为我省基础教育改革创新的工作重点和重大课题。特别是当前，党中央确定了全面建设小康社会的奋斗目标，全国农村教育工作会议提出了切实加强农村教育工作，促进"三农"问题解决，推进农村小康建设和城乡协调发展的要求，这些都迫切需要加快中小学人事制度改革的步伐，进一步加强教师队伍建设，推动基础教育的改革和发展。

一、统筹规划，突出重点，全面推行中小学教职工聘用制

中小学人事制度改革是关系基础教育全局的系统工程。我们从加快山西经济建设、推动社会全面发展的高度，始终认为不断推进中小学人事制度改革，实行制度创新，是坚定不移地实施科教兴省战略的需要，是大力实施人才战略的需要，是教育服务于经济建设的需要，也是基础教育自身发展的内在要求。我省按照强化领导、精心组织、典型引路、分类指导、全面推进的总体思路，在广泛深入调查研究的基础上，结合实际，形成了中小学人事制度改革的总体方案和一系列配套文件，重点抓了以下几方面的工作。

1. 制定实施细则，提供政策依据

为了保证我省中小学人事制度改革的顺利实施，我厅组织有关人员多次深入基层，深入学校，广泛征求各方面的意见，研究制定了《山西省中小学校内部管理体制改革意见》、《山西省中小学教职工聘任暂行办法》和《山西省中小学校待聘人员管理暂行办法》，为全省中小学核编定员、结构调整提供了政策依据。在全省教育科技创新大会上，省委、省政府出台了《关于深化改革，全面推进素质教育，大力振兴教育事业的决定》，把中小学人事制度改革确定为教育改革的重点。2003 年，省政府办公厅又印发了《山西省中小学教职工编制标准及实施意见的通知》，省教育厅、人事厅、财政厅、编办、劳动和社会保障厅联合制定了《山西省中小学教职工人员定岗分流安置意见》。这一系列决定、措施、办法的出台，前后承接，形成了我省较为系统全面的推进人事制度改革、加强教师队伍建设的政策规定，为全面开展我省中小学人事制度改革，提供了坚强的组织领导和政策保证。

2. 推广典型经验，探索改革模式

中小学人事制度改革涉及到广大中小学教职工的切身利益，难度大、政策性强，关系到社会稳定，必须采取试点先行、典型引路的办法，稳步推动改革的顺利进行。我们选择近年来积极探索和尝试中小学人事制度改革的不同类型的地市、县区作为省里改革的试点，加强了对试点地区的督查和指导，及时总结经验并予以推广。河曲县委、县政府针对城镇平川学校教师超编、贫困山区合格师资严重不足的实际，采取教师上山轮岗支教，师专学生顶岗实习，将当年师范院校毕业生全部分配到山区任教，择优录用非师范院校毕业生到山区任教等办法，解决了贫困山区教师不足的矛盾，270 名代课教师全部辞退，创造了宝贵的经验。我们在河曲县召开了全省中小学师资队伍建设经验交流现场会，总结推广河曲县的经验。晋中市紧紧围绕科教强市的战略目标，认真落实"以县为主"的农村义务教育管理体制，先后制定了 10 个配套文件，60 多条改革政策，稳步扎实地进行中小学人事制度改革。他们以核编定岗为基础，以考核考试为依据，以思想政治工作作保证，全面推行教职工聘任制，在短短半年时间内取得突破性进展，获得了比较丰富和成熟的经验，引起了社会各界和省内众多新闻媒体的广泛关注。我们在具体指导、认真总结的基础上，在晋中市召开了带有现场会性质的全省中小学内部管理体制改革工作会议，对全省的中小学内部管理体制改革进行了全面部署。这次会议成为我省全面推进中小学内部管理体制改革的动员会、研讨会，为进一步推进全省的改革提供了一套较为完整系统并可直接借鉴的操作办法和成功经验。晋中会议之后，我省的中小学人事制度改革在全省范围内全面铺开。省政府、省教育厅还多次召开改革汇

报会和座谈会，及时研究解决改革中出现的突出问题，对改革工作进行具体指导。随后全省 11 个地市 119 个县区都进行了比较深入扎实的改革，并取得了阶段性成效。今年，为全面贯彻落实党的十六大精神，认真实施国家和省的编制标准意见，切实推进我省基础教育的改革和发展，在总结前几年中小学内部管理体制改革工作的基础上，省政府又专题召开全省中小学人事制度改革工作会议，安排和部署了今后一个时期中小学人事制度改革工作。

3. 突破重点难点，整体推进改革

在改革中，全省各市地坚持正确的政策导向，采取核编定岗、严格考核、择优聘任等办法，合理分流中小学教职工；通过抓重点、破难点，确保改革稳步实施，整体推进。

（1）核编定岗，调整布局，清退不合格人员。各地（市）、县（市、区）根据省政府关于中小学编制管理的有关规定，对所辖中小学校严格核编定岗，确保专任教师达到规定比例。通过核编整顿，清退代课教师和临时工勤人员，加大中小学校布局调整力度，实行规模办学。在保证农村适龄儿童"普九"的基础上，对 20 人以下"单师校"，逐步取消校级建制，撤校设班。撤销 7 人以下"单师校"，就近并入当地中心校管理。在人口居住分散的山区、丘陵小村实行"小学高段集中，就近合班"和大力发展寄宿制小学的办法，扩大班容量，减少复式层次，提高师生比例，改变自然村设班班容量过小、教师资源浪费现象。仅临汾市就撤销"单师校"256 所，组建寄宿制小学 116 所。和顺县瓦房乡建起了一所全乡小学生全部寄宿的小学。

（2）考核考试，择优聘任。为保证中小学人事制度改革公开、公平、公正进行，各地市都制定了比较完善的考核标准，对不同类型人员按照不同办法进行考核。考核工作按照"严格考核程序，量化考核标准，强化考核管理，注重考核质量"四方面的要求，全面考核教职工的德能勤绩。为有效地避免教职工考核中人为因素的影响，保证考核的客观性、准确性、科学性，我省 11 个市地中有 8 个市地采取了考核考试相结合的办法，即以考核成绩的 60% 与考试成绩的 40% 相加合计作为教职工聘任的依据。考试科目依据现行的《高中新课程计划》和《九年义务教育全日制小学、初中课程计划》设置；根据"教什么，考什么"的原则，考试内容确定为各学段、各学科的教学大纲、教材、教法；考试组织实行异地封闭命题，县市交叉监考。为加强考试管理，各市地签订目标责任书，加大违纪处罚力度，确保了考试质量。晋中市规定，考核考试成绩达到基本称职以上的，参与竞争上岗；考试成绩不合格的教师，将其列为待聘对象，并视情况区别对待，参加培训或转岗。晋城市规定教师考核考试总成绩为优秀等次的，可优先在本校聘任；称职等次的，具有参加聘任的资格；基本称职等次的，实行降聘或缓聘；不称职等次的，不得参加聘任。无论是超编学校还是缺编学校，都要按 1%～3% 的比例实行交流，凡在交流比例之内的要转岗或到缺编的山区学校应聘上岗。

（3）公开公正，竞争上岗，实行全员聘用制。各市地、县区按照"按需设岗、平等竞争、择优聘任、合同管理"的原则，根据当地的实际情况制定聘任标准，积极推行中小学校长和教职工全员聘用制。校长的选拔聘任多数采取了严格考核、择优聘任的办法，一些地方还试行了公开选拔、竞争上岗，扩大教职工、社区和学生家长的参与面，努力探索干部选拔任用的新机制。教职工聘任坚持改革政策、改革方案、聘任岗位、聘任分数、聘任结果五公开，严格按照考试考核结果，竞争上岗，择优聘任，学校与教职工签订聘任合同，明确双方的权利和义务，实行合同管理。在聘任工作的组织上采取先城市后农村山区、先超编学校后缺编学校、先教师后职工、先中学后小学的顺序；个人则按照竞争上岗，自己找岗，推荐上岗，自动落岗的步骤进行，全省中小学比较顺利地实施了全员聘用制。

二、实事求是，广开思路，多渠道分流安置超编落聘人员

1. 用政策引导富余教职工的分流

按照《山西省中小学教职工编制标准及实施意见》测算，我省要精简分流教职工近 5 万人，因此减员分流是这次改革的重点难点工作。要保证改革顺利进行同时又有利于发展、稳定的大局，有利于基础教育的长远发展，有利于维护广大教职工的切身利益，就必须制定切合实际、负责合理的分流安置意见。我们根据国务院办公厅〔2001〕74 号文件关于"中小学教职工分流可参照机关工作人员的分流政策执行"的精神，在总结实行《山西省中小学校待聘人员管理暂行办法》经验和广泛调查研究的基础上，经过与省人事厅、财政厅、编办、劳动和社会保障厅多方协调并报请省政府同意，印发了《山西省中小学教职工人员定岗分流安置意见》（以下简称《意见》）。《意见》明确了五个方面的分流措施：一是考核合格的落聘人员，可通过自主择校、双向选择的办法，以县统筹到缺编空岗的学校应聘；仍未能应聘的予以分流，分流人员要与原学校脱离关系，由教育行政部门统一管理。二是对不具备教师资格的人员，凡属于代课人员坚决予以辞退，正式职工参与职员岗位竞争。三是工作年限满 30 年或男满 55 周岁、女满 50 周岁（女工人满 45 周岁）且工作年限满 20 年的教职工，本人提出申请，学校同意，经有关部门批准，可以提前离岗，享受离岗待遇。四是鼓励未聘教职工辞去公职，自谋职业，可享受一次性补助

费3万元至5万元；鼓励未聘教职工到企业和非公有制单位工作和承包、租赁校办企业及学校后勤实体，并享受工商税务优惠。五是鼓励未聘教职工自费参加学历教育及出国学习，对取得较高学历的优先聘用。我们要求改革中要注意把中小学教职工分流工作与优化教师队伍结构和提高教师队伍的整体素质紧密结合起来，下大力气解决教师队伍城乡分布失衡，学科结构和学段分布不合理等问题，运用政策导向，引导教职工合理有序地流动，切实解决农村、边远贫困地区和山区教师短缺和素质不高的问题，促进城乡教育均衡发展。

2. 用制度保障城乡教师的合理流动

为推动我省中小学教职工的合理流动，各县市教育行政部门根据本地实际情况普遍实行了中青年教师轮岗支教制度，新分配大中专毕业生山区任教服务期制度，合格民办教师山区定岗选招制度。城镇中小学中青年教师在边远农村和山区任教不满3年的，应履行轮岗支教义务，否则不予聘任或晋升专业技术职务。按缺编情况，师范教育类大中专毕业生分配到农村边远山区中小学任教，签订服务合同，服务期一般为5年。对教育教学能力强，做出一定成绩和考试、考核合格的1982年到1986年在编民办教师，优先选招为公办教师，并与其签约到边远山区缺编学校上岗，服务期为8年。这些措施有力地促进了全省城乡中小学教师的合理流动。忻府区198名民办教师全部定向选招到山区学校任教。阳泉市郊区自改革以来，已有130名教师到边远山区轮岗支教。吕梁地区每年的师范类毕业生一律分配到农村、山区任教，年龄在45岁以下，在农村学校或薄弱学校任教不满3年的城区学校教师，有计划地安排到农村或薄弱学校扶贫帮教。全省每年选派2000余名在职教师到农村支教，有效地缓解了山区师资力量的不足，受到当地群众和师生的欢迎。在他们的带动下，山区教师的教育观念和教学水平有了很大改变。

3. 耐心做好分流的具体实施工作

对未聘的教职工各地主要通过转换岗位、培训上岗、校内退养、跨行业流动、辞退等办法进行分流。首先实行自主择校的办法，先让落聘教职工自己到缺编空岗学校应聘，凡自己找不到岗位的考核称职的教师，再由县（市、区）教育部门统一安排到农村或山区缺编空岗学校工作，不服从安排的转入教育人才市场。在改革中，各市地都成立了教育人才市场，采取召开供需见面会、聘任洽谈会等形式给分流人员竞聘上岗提供方便；建立了政策咨询站、信访接待室及改革仲裁机构，为教职工提供政策咨询服务，调解各种矛盾和纠纷。各地十分重视做好落聘教职工的思想政治工作，对他们不歧视，不嫌弃，真心实意地关心他们，晓之以理，动之以情，指出他们的努力方向，组织他们参加业务培训，为他们参加新一轮竞聘创造条件。由于工作比较细致、到位，全省基本上没有出现因改革而上访告状的事件，保证了学校正常的教育教学秩序和社会的稳定。

三、创新机制，整合资源，中小学人事制度改革初见成效

改革促发展，管理出效益。通过中小学人事制度改革，全省中小学教师队伍结构不断优化，整体素质有了明显提高，特别是农村中小学教师队伍建设得到加强。改革引入了竞争激励机制，增强了办学活力，促进了基础教育的全面发展，产生了良好的社会效益。具体表现在以下几个方面：

1. 创新了中小学用人机制，学校内部管理更加民主科学。通过改革，全省分流超编教职工、辞退不合格教职工、教师转聘职工岗位、降低学段聘任、校内退养、辞职、自谋职业等，直接涉及教职工 8 万多人，占全省教职工总数的 1/4。在中小学初步形成了干部和教师能上能下、待遇能高能低、人员能进能出，双向选择、择优聘任、优胜劣汰的用人机制。更为可喜的是，广大教职工的思想观念有了很大转变，奋发向上的责任感、教不好学生就会被淘汰的危机感大大增强，"今天工作不努力，明天努力找工作"已成为广大教职工的共识。一个人人讲学习、比素质、求提高的比、学、赶、超的热潮正在各级学校兴起。在这次改革过程中，各学校充分发挥了党组织的政治核心和教代会的民主监督作用，加大宣传力度，自上而下、自下而上反反复复地讨论修改改革方案，既让广大教职工领会改革精神，又使方案更加科学合理，切实做到了公开、公平、公正，避免了"暗箱"操作。改革增强了广大教职工民主管理的意识，促进了学校管理的民主化。教职工聘任制和校内结构工资制的推行，开始真正解决了干多干少一个样、干好干坏一个样、干与不干一个样、干了干不了一个样的问题。学校内部管理进一步规范，内部活力大大增强。

2. 优化了中小学教师队伍，教育资源得到合理配置。截至目前，全省通过改革共精减教职工 22363 人，其中，清退 1987 年以后临时代课人员 20218人，辞退不合格教师 2145 人，教职工队伍大大消肿。全省从城镇学校分流到农村学校 3701 人；从农村学校分流到山区学校 5056 人；全省地、县、乡教育行政干部和教研人员返回和分流到中小学任教的 943 人。4503 所过去从来没有过公办教师的农村山区学校，现在有了公办教师。进一步缓解了教师队伍的结构性矛盾，提高了整体素质，加强了薄弱学校的建设，初步形成城镇教师向农村、平川农村教师向山区流动的良性循环。昔阳县 146 所没有公办教师的"单师校"，这次改革全部辞退了临时代课人员，聘任了公办教师。全省还降低学段聘任 3707 人，学科之间调整 13910 人，从而使学段之间、学科之间教

师结构不合理的状况得到了改善。通过实施校长负责制，全省累计调整选聘中小学校长 5177 人，占校长总数的 12.3%；全省中小学校长队伍的平均年龄为 41.2 岁，比改革前下降了 4 岁，学历层次大幅度提高，中小学校长队伍更趋知识化和年轻化。新的编制标准实行后，教职工与学生之间的比例将更趋合理，中小学教师队伍的整体素质会不断提高，教育资源配置更加优化。

3. 中小学人事制度改革促进了学校布局调整，提高了办学效益。据不完全统计，通过布局调整，全省累计撤并 7 人以下"单师校"2344 所，新建寄宿制小学 320 所。中小学校数由改革前的 42088 所减少到 36301 所，促进了教育资源的合理配置和办学效益的提高。人事制度改革促进了中小学布局调整，布局调整为人事制度改革创造了更加有利的条件，农村教育资源配置不断优化，初步形成了合理的办学规模，教育质量和办学效益明显提高，为农村教育注入了生机和活力。

4. 提高了全省"普九"水平，改革得到社会广泛认同。改革激活了用人机制，强化了内部管理，调动了全省广大中小学教职工教书育人的积极性。通过布局调整和减员分流，学校人浮于事的问题基本得到解决，教育教学质量和管理水平明显提高，改革得到社会的广泛认同。各级办学单位从参与改革和改革后取得的良好效益中看到了教育发展的巨大潜力与希望，极大地调动了全省各级党政领导和人民群众重视支持教育，努力改善中小学办学条件的积极性，为全省基础教育事业的长远发展注入了新的活力。据不完全统计，2001 年以来，全省各基层办学单位和社会力量用于改善中小学办学条件的投资达到了 5 亿多元，不仅提高了全省普及九年义务教育的水平，而且极大地促进了边远贫困农村未"普九"地区的工作。

我省中小学人事制度改革虽然取得了一定成绩，但我们知道，这些仅是初步的阶段性的成果，改革发展不平衡的问题，以及改革中的一些深层次问题，仍然需要继续深入地探索研究和不懈努力。我们要认真学习兄弟省市中小学人事制度改革的经验，与时俱进，锐意进取，不断创新，为全面实施素质教育、推动山西省教育事业的改革和发展做出新的贡献。

深化中小学教师专业技术职务
"评聘结合"改革　不断探索
中小学用人机制的新路子

吉林省教育厅
2006 年 6 月

从 2004 年开始，在国家教育部和人事部的部署和指导下，我省针对中小学教师岗位特点，开展了教师专业技术职务"评聘结合"改革试点工作。这次改革，取消了任职资格评审，实行评聘完全结合，通过以"一评三考"等为主要内容的综合考核确定教师专业技术职务，强化了学校责任和教师岗位聘任，引入竞争激励机制和合同管理，在转换中小学教师任用机制上迈进了一大步。这次改革，确立了正确的用人导向，探索出了新的用人机制，调动了学校加强师资建设的积极性，重新分配和调整了教师资源，社会反响很好。下面，我们主要从 6 个方面进行汇报。

一、典型示范，以点带面

"评聘结合"改革要求把专业技术职务管理的重心放在学校，切实保证学校用人自主权的落实，这与以往的主管部门分级管理方式有很大区别。为保证改革平稳、有序的推进，我们在充分调研的基础上，根据国家人事部和教育部的批复精神，与人事厅密切协作，联合制定下发了《关于在四平市中小学教师系列开展专业技术职务评聘结合改革试点工作的意见》，要求各级教育行政部门和学校领导在改革中既要坚持高标准、严要求，加强领导，积极推进，又要结合实际，稳步实施，充分考虑到社会和广大中小学教师的承受能力，要求各级教育行政部门和学校领导在教师专业技术职务评聘中既要深化改革，又要保证学校的正常教学秩序。在改革步骤上，采取了试点先行、以点带面、逐步推进的办法，选择了在基础教育较好的四平地区进行改革试点。

2004 年 10 月，我们在四平地区的伊通县召开了中小学教师职务"评聘结合"改革试点动员大会，改革试点正式启动。教育部人事司和人事部专技司有关负责同志参加了会议并指出"中小学教师专业技术职务'评聘结合'试点改革是推进中小学人事制度改革的一项新举措"，这不仅提高了我们对改革意义的认识，而且还极大地优化了改革的环境，使我们感受到了国家部委的大力支持，有力地保障了试点工作的顺利完成。试点工作结束后，2005 年 1 月至 3 月，四平地区所辖的其他县、区的中小学校也积极跟进，全部进行了"评聘结合"改革。整个试点工作没有出现任何不稳定因素，成效明显。

在四平地区改革结束后，人事部、教育部领导分别来四平、伊通进行调研，对"评聘结合"改革试点工作给予了充分肯定并提出了指导性意见。2005 年 9 月 16 日在四平市联合召开有 18 个省、自治区、直辖市的教育、人事部门负责同志参加的全国中小学教师职务"评聘结合"改革试点工作现场会。教育部、人事部领导出席了会议。省政府领导讲话。人事部领导在会上讲到，"本次会议从国家部委的重视程度、从会议的规格和范围上讲，这在历史上属首次"。

此次会议积极评价了我省的中小学教师专业技术职务"评聘结合"改革新模式，教育部领导在会上强调指出，四平市的"评聘结合"改革"有力地促进了教师队伍建设和基础教育的改革发展"，"符合中小学教育教学规律，也符合国家关于教师职务制度改革的方向"，在深化中小学人事制度改革方面"起到了很好的示范带动作用"。

此次会议为我省积极总结"四平经验"提供了思路，为进一步探索中小学教师的用人机制指明了方向，为各级教育行政部门进一步扩大改革试点成果增加了信心和勇气，为我省广大中小学教师开拓了广阔的舞台。为引导我省"评聘结合"改革向纵深发展，我们在积极总结"四平经验"的基础上，经请示我省政府同意，又相继于 2005 年对白山、通化地区，于 2006 年对长春、吉林和松原地区的中小学校进行扩大试点。目前，我省 9 个地区已有 6 个地区进行了改革工作，进展情况平稳，正按既定目标推进。

二、严格核编，科学设岗

"评聘结合"改革的基础工作是核编定岗。

首先，我们要求各地教育行政部门将教师编制核定到校，再按《吉林省事业单位专业技术岗位设置办法》要求，本着"精简、高效、合理"的原则，按分级分类管理的办法，核定教师专业技术岗位数额，最后计算出各单位的空余岗位数和聘任岗位数。在确定中学（含职业中学、职业中专）专业技术岗位结构比例时，我们将中学分四类分别进行核定；在确定小学专业技术岗位结构比例时，我们将小学也分四类分别进行核定。具体结构比例见下表。

中学（含职业中学、职业中专）专业技术岗位结构比例

类别	单位	结构比例（%）	
		高级	中级
一类	省级重点中学、国家和省级重点职业高中、教师进修学校	30	50
二类	市（州）级重点中学和重点职业高中	25	45
三类	一般职业高中、职业中专、规模较大的中学（24 个教学班以上）	20	45
四类	普通中学	15	40

小学专业技术岗位结构比例

类别	单位	结构比例（%）	
		高级	中级
一类	市（州）重点小学	5	50
二类	县（市、区）重点小学	3	50
三类	县（市、区）普通小学和乡镇中心小学	1	45
四类	乡镇普通小学	不设	40

其次，我们要求在满足教育教学工作需要的前提下，从严设岗并要预留一定比例的空岗，用于增强教师的竞争意识。

再次，我们要求各单位的岗位和空岗要公开，要面向社会招聘，解决学校间岗位不均衡的问题，鼓励教师在校际间、区域间进行流动，鼓励满岗和超岗学校中不能竞聘的教师向空岗单位流动，鼓励优秀教师向农村学校、向薄弱学校流动，鼓励落聘人员到其他学校竞聘。

第四，我们调整了中小学的高级教师岗位比例，在农村学校和薄弱学校增加了高级岗位数额，既给这些学校的教师增加了晋升机会，稳定了教师队伍，又使强校的落聘教师有可能补充到这些学校来，有利于调整教师结构。

三、聘前考核，聘后管理

"评聘结合"改革破除了延续多年的专业技术职务终身制，破解了"有职称无能力，有能力无职称"的专业技术职务评聘的不正常状况，这次改革所强调的是师德、教育教学能力和工作实绩，注重的是本单位和本服务区域对教师的评价，只要是金子，总会在改革中放光，不会出现有能力评不上的现象。因此，职务考核结果的真实性和科学性就成为岗位聘任和管理的重要依据。我们要求在考核内容和方式上要符合教师的职业属性和岗位特点，做到岗位要求与聘任条件相统一，根据岗位要求，量化标准细则，实施综合考核。县级教育部门统一组织考核或统一考核标准，使考核结果在本区域内各学校能够通用。随着新的职务聘任制度的建立，我们要求考核工作要制度化、常规化，应逐渐成为学校的日常工作。

聘后管理注重动态聘任，强化聘后管理制度建设。逐步建立和推行专业技术职务聘任制度是用人制度上的一项深刻变革，要求我们从职称和任职资格评审概念中解脱出来，将重点放在聘任上，放在聘后考核与管理上。我们以中小学教师专业技术职称试点改革为契机，在总结各地经验的基础上，在加强定编、定岗、定职责和考绩的基础上，加快了教师职务聘任的政策法规建设，优化教师专业技术职务"评聘结合"改革的内部环境。

四、发扬民主，加强监管

首先，充分发扬民主，民主才能体现公平。我们认真贯彻"公开、平等、竞争、择优"的原则，推行择优聘任、聘期管理的办法，做到岗位数额公开、政策规定公开、评聘程序公开、岗位要求公开、申报人员的参审材料公开和评聘结果公开。其次，我们要求各级教育行政部门充分发挥职能监督作用，对评聘委员会要严格履行授权、组建、审批、定期审查制度，实行对评聘结果质量验收。再次，我们要求各地区教育行政部门要规范评聘程序及运作办法，形成有效的监督。最后，加强监管力度，逐步建立健全教师权益保障机制。"评聘结合"改革将聘任权交给了学校，交给了学校聘委会，这种聘任权决定了教师的职务和待遇，因此必须合理定位校长和学校聘委会的工作责任，教师的合法权益要受到保障，学校的自主聘任权要受到监管。因此，在积极发挥学校教职工代表大会监督作用的同时，也要发挥政府部门的职能监督作用，积极建立教师申诉制度、专业技术岗位聘任的督查制度和复议制度，给予教师本人陈述、申辩及行政复议的权利。

五、提高认识，加强领导

在教育部和人事部的统一指导下，我们做了五方面工作。首先是领导重视，组织、领导到位。各级政府都站在了人才兴国、提高执政能力的高度，将职能部门的行为转化成政府行为，各级政府统一把握当地改革工作，人事、教育等部门协同配合，各负其责，为改革顺利进行提供了强有力的组织保障。其次在改革过程中，针对部分人存在的传统的"论资排辈"、"大锅饭"、"怕丢权失利"、"求稳怕乱"、"相互观望"等思想，我们坚持以"三个代表"重要思想为指导，积极引导各地区教育行政部门广泛深入开展宣传和思想政治工作，做到接待上访热情周到、政策解答耐心细致，积极引导社会各界充分认识"评聘结合"改革的最大受益者是广大教师，改革是为有能力、有水平、重师德修养的教师提供了发展自我、实现自身价值、获得业内认可的舞台，有利于提高我省的教育教学水平。广泛深入的宣传工作赢得了广大教师对改革的理解和支持，并积极参与到改革中，为改革奠定了扎实的舆论基础。再次是目的明确，指导思想到位，各级政府坚持落实单位用人自主权不动摇，遇到问题不后退，用改革的精神和方法去解决改革中出现的问题，为深化职称改革奠定了方向。第四是通力合作，协调配合到位。各级职能部门各司其职、各负其责，一切从有利于促进改革发展的实际出发，协调一致、密切合作，做到了上下级纵向"合心"，各部门横向"合拍"，形成了强大工作合力；最终是群众支持，工作程序到位，各级政府在工作中严格工作程序，细化工作步骤，一步一公开，不留死角，不落步骤，确保每个环节都走群众路线，得到了广大教师的理解、拥护和支持。第五是加强对教师的人文关怀，特别是对未聘教师，尽量帮助他们寻找新的岗位，使教师职务聘任与推进交流相结合，推进教师由城镇向农村，由超编学校向缺编学校，由强校向弱校合理流动，并积极发挥政府职能监督作用，督促各单位岗位公示、岗位标准公示、竞聘过程公示，防止农村学校和薄弱学校排斥外来优秀人员竞聘的倾向，也防止出现高级岗位滥竽充数的现象。

这次改革是对校长执政治校能力的一次考验。完成这样一项改革，学校领导没有力度是不行的。特别是领导班子弱的学校，校长弱的学校，班子不团结的学校，我们要求其上级部门采取坚决措施，先行解决好班子问题，再进行改革实施工作。要求校长和聘委会要公平公正，坚持群众路线，增加操作的透明度，绝不允许偏亲向己，徇私舞弊。

六、创新机制，推进改革

调动了学校加强教师队伍建设的积极性，实现了政府职能的转变。职称工作是人才资源开发的一项基础性工作。从 1986 年实行专业技术职务聘任制以来，职称工作就成为教育、人事部门的一项十分重要的工作。随着市场经济体制的建立和完善，特别是随着行政管理体制改革的深化，职称管理越来越要求政府行政部门由直接管理转向宏观调控，由政策执行转向职能监督。

由于学校最了解每个教师，在教师职务升降方面有更大的发言权、处置权，在用人方面会更加符合实际、更加客观公正，在处理校内矛盾方面也会更加主动。教师专业技术职务"评聘结合"改革顺应时势，将用人权交给学校，由用人单位自主聘任，使学校用人与治事相统一，学校的责任感相应加大，抓教师队伍建设自觉性、主动性相应增强，转变了行政部门对学校人事管理的方式，使行政部门摆脱了纷繁事务的困扰，促进了人事工作由计划向市场、由微观向宏观、由管理向服务的转变，有利于教育事业的发展和社会的进步，这是行政部门职能转变、简政放权、优化服务的重要举措。

我省中小学教师系列专业技术职务"评聘结合"改革试点已取得明显的效果，但如何解决改革中遇到的新问题，如何巩固扩大改革成果，推动我省"评聘结合"改革在全省范围内平稳顺利的展开，我们正在进行深入的思考。在下一步推进改革的过程中，一是不断完善政策，及时同事业单位人事制度综合配套改革接轨；二是加强职称改革的监管力度，逐步建立健全教师权益保障机制；三是加大资源配置力度，确保教师队伍结构不断优化；四是进一步完善考核指标体系和具体办法，完善教师的业绩评价制度；五是实行动态聘任，强化聘后管理制度的建设。随着首批聘任教师合同期满后的重新竞聘，还会出现许多新问题，我们有信心也有决心，用改革的方法解决好改革过程中出现的问题，使"评聘结合"改革的政策不断完善，更好地调动广大教师的工作积极性，促进我省教师队伍整体素质和教育教学质量的不断提高。

坚定信心 稳步推进 确保中小学
人事制度改革任务顺利完成

黑龙江省教育厅
2004 年 12 月

黑龙江省地处祖国东北边陲，是农业大省、老工业基地。全省面积 46 万平方公里，辖 13 个市（地），67 个县（市），人口 3800 万。全省现有中小学 14119 所，在校生 487 万人，教职工 39 万人。其中，农村中小学 11572 所，在校生 258 万人，教职工 20.7 万人。

近年来，在省委、省政府的正确领导下，我们认真贯彻落实人事部、教育部关于深化中小学人事制度改革精神，紧密结合黑龙江省实际情况，本着"先试点，后推广，积极运作，稳步推进"的精神，有计划、有步骤地进行了中小学人事制度改革。

一、主要做法

（一）扎实做好前期准备工作是推进改革顺利实施的基础

中小学人事制度改革是一项系统工程，涉及广大教职工的切身利益，事关基础教育改革、发展和稳定的大局，因此，必须从实际情况出发，扎扎实实地做好各项准备工作。

1. 深入调研，摸清底数，制定方案。我们先后派出一些调研组，深入部分县（市）及部分中小学，对管理体制、中小学机构编制、学校网点布局、聘任办法、城乡对口支教、教师工资发放等重大问题进行实地调研，了解和掌握全省教师队伍结构、素质和生源变化情况。先后以省政府办公厅名义制定了《黑龙江省中小学机构编制管理实施办法》、《黑龙江省中小学人员分流工作意见》，会同省委组织部、省人事厅、省编办制定了《黑龙江省深化中小学人事制度改革若干意见》、《黑龙江省中小学校长选拔聘任工作试行办法》、《黑龙江省中小学教师聘用办法》这五个相关文件，从而为推进中小学人事制度改革提供了比较全面的政策依据。

2. 抓好试点，总结经验。省政府把中小学人事制度改革作为全省税费改革的三大重点任务之一，确定了富锦、双城、讷河、兰西4个县（市）为改革试点县。从2004年初开始至8月末，4个试点县（市）中小学人事制度改革取得了明显效果。在校长和教师聘任、分流安置富余人员、建立竞争激励机制、完善考核办法等方面取得了成功经验，为全省中小学人事制度改革提供了可以借鉴的经验。

3. 召开电视电话会议，全面启动改革。2004年7月，召开了全省中小学人事制度改革工作电视电话会议。会后，各地市（县）相继成立了中小学人事制度改革工作领导小组，积极行动，稳步推进各项改革任务的落实。一是传达学习，思想发动。各地相继召开会议，传达省里会议精神，对重大问题进行宣传解释，为改革的顺利实施做好思想准备。二是基础调研，核算编制。各地根据省定编制标准，经过调研、协商，将编制核算到县。其中，90%的县（市）已把编制核定到校。三是反复酝酿，制定方案。各地在调查研究、征求意见、反复酝酿的基础上，制定了改革实施方案及相关配套实施细则。四是分步实施，稳步推进。试点地区及多数先行一步的市县都坚持先竞聘后分流的原则，有条不紊地进行了改革。目前，全省已有18个市县完成了中小学人事制度改革，占全省22.5%。12月17日，召开了全省中小学人事制度改革推进工作视频会议，会议总结前段改革试点工作经验，分析改革中遇到的问题，进一步部署改革全面实施阶段的有关工作，确保寒假前完成改革任务。

（二）坚持实事求是、因地制宜地执行政策，是推进改革顺利实施的前提

各地在核定编制过程中因情况不同出现超编、缺编等各种矛盾，尤其是边远、边境和贫困农村地区矛盾会更加突出。因此，我们要求各地在实施过程中，结合实际情况，逐校按班核查实际需求，从保障各地基础教育发展的最基本需要出发，核定编制，落实到校。

各市县教育行政部门在核算编制时，结合本地实际情况，单独或会同编委、财政部门，对中小学人员编制、内设机构及领导职数进行了认真核定，根据教学规律和教学要求安排班额和配备教师，科学、满负荷地安排中小学教师工作量，严格控制中小学教师和行政后勤人员的比例，科学规范设置中小学内设机构，增强了编制设置的合理性和有效性。如，穆棱市根据所属三类边远地区实际，在省下达的编制数基础上增加编制494名，少数民族学校和合并学校增加了机动编制，较好地解决了省定编制不足问题。

（三）坚持先竞聘后分流，妥善安置分流人员，保证骨干教师不流失，是推进改革顺利实施的关键环节

在实施过程中，坚持先核编后竞聘再分流的原则，在认真细致地做好竞聘上岗工作的基础上，对未被聘用人员，采用多种形式，按分流政策妥善安置。省制定的分流政策规定，"中小学教师男满 55 周岁、女满 50 周岁（乡（镇）、农村小学教师男满 52 周岁、女满 48 周岁），工勤人员男满 52 周岁、女满 47 周岁，或连续工龄满 28 年以上人员，本人自愿，经组织批准后可提前办理退休手续，也可提前离岗休养"。各地按照省制定的中小学人员分流意见安排，从实际情况出发，适当把握分流的年龄、工龄标准，既分流安置了超编人员，改善了结构，提高了素质，又把符合分流条件但是学校业务骨干的教职工留下来，保证这部分骨干教师能够继续从事教学第一线工作。

（四）严格搞好"双聘"工作，完善考核制度，是推进改革顺利实施的核心内容

各试点地区和已经进行了校长选聘、教师竞聘工作的地区，坚持公平、公正、公开的原则，严格程序，规范操作，民主监督，使上述"双聘"工作有条不紊地进行。校长聘任基本程序是：（1）公布空缺岗位；（2）公开报名；（3）资格审查；（4）演讲面试答辩或笔试；（5）民主推荐；（6）组织考察；（7）任职公示；（8）办理聘任手续。教师聘用程序是：（1）公布聘用岗位、名额、职责、条件、待遇、办法；（2）应聘人员申请；（3）资格初审；（4）考试考核，提出拟聘名单；（5）学校领导集体讨论，确定拟聘用人选；（6）公示拟聘用结果；（7）签订聘用合同。青冈县在校长聘任中严格程序，依法聘任。一是科学确定聘任人选。根据竞聘人员业务考试、面试答辩、测评考核三项成绩总和，从高分到低分排出顺序，按 1：1 比例确定拟聘人员，报领导小组审核。二是严格公示竞聘人选。采用电视公示和张榜公示的方法，接受社会监督。三是依法签订合同，下发聘书。富锦市在教师竞聘中，实施了"四定二新一监督"的办法，定编、定岗位、定机构、定工作量，考核内容新（在德、能、勤、绩的基础上增加廉政的内容）、民主测评方法新，接受群众监督。

推行聘任制后，各地非常重视校长、教师的考核工作，相继制定了各具特点的校长、教师的考核方案。如萝北县，对校长、教师考核实行分层管理，在全县推行教师"一评三考"（师德评价制度；专业素质考试、教学过程考核、教学实绩考核）的考核管理办法。鸡西市对教师队伍考核实行量化考核，分级管理，并注重考核结果的运用。针对教师工作的特点，实行对教师进行多角度、多侧面、全方位的考核，公正、客观、准确地评价教师。各学校把考核结

果作为教师聘任、岗位调整、评优晋级等方面的重要依据，对于考核基本合格、不合格的人员分别进行诫勉谈话、缓聘或待岗提高，甚至解聘，为下一步改革后的校长、教师考核工作奠定了基础。

二、初步成效

从试点县（市）和已完成改革任务的地区情况来看，通过中小学人事制度改革，取得了明显的效果。

（一）进一步完善了中小学人事制度管理体制。基本实现了县级教育行政部门归口管理中小学校长，实行了选拔与任用、选拔与考核、选拔与培训、选拔与交流的"四结合"，基本理顺了教育行政部门与组织部门，以及与乡镇党委政府的关系。理顺了中小学教师的管理体制，教育行政部门履行了中小学教师资格认定、职务评聘、培养培训、流动调配、工资待遇等管理职能。基本实现了人权、事权的统一。目前，全省有53个县（市）中小学校长的管理权限归口到教育行政部门，占全省79%；有63个县（市）理顺了教师管理体制，占全省95%；有53个县（市）撤销了乡镇教育办，占全省79%。

（二）形成了新的用人机制，学校管理水平进一步提高。通过推行全员聘用制，初步形成了"人员能进能出、职务能上能下、待遇能高能低"的用人机制。教职工聘任制和绩效工资的实施，使教职工的责任感、危机感大大增强。校长负责制的实施，极大地调动了校长的积极性，学校各方面工作进一步走上了科学化、规范化的轨道，有力地促进了学校管理水平的提高。

（三）教育资源配置趋向合理，缓解了农村、边远地区教师紧缺的矛盾。随着学校内设机构、编制人员的精简，精干了教师队伍，缓解了教职工总量超编、局部缺编的矛盾。同时，促进了城乡教师流动，对口支教工作有新的进展，部分分流教职工向农村中小学流动，使城镇教师超编、农村教师缺编的突出矛盾得到明显缓解。据统计，4个试点县共分流教师2525人，占教职工总数的11.5%，其中，由城镇向农村流动335人，占分流教师总数的13.5%。

（四）教师队伍整体素质进一步提高。一部分教师通过考试考核合格，获得资格证书重新上岗，清退了一部分临时代课和不合格教师，使教师队伍整体素质明显提高。学历达标率，小学教师提高了3个百分点，初中教师提高了4个百分点，高中教师提高了7个百分点。

三、存在问题

（一）编制核定矛盾较突出。矛盾的焦点主要集中在农村学校特别是边远、边境、少数民族地区的微型学校编制的核定上。有些边境县（市）地处高寒，村屯分散，自然条件比较恶劣，农村小学合并教学网点的难度越来越大，百人以下学校、复式班教学仍普遍存在。与普通中小学教师编制相比，职业高中、特教学校由于生源较少、专业门类多、学科特殊设置等原因，教师编制更加偏紧。"双语"授课的朝鲜族、蒙古族学校由于课程设置多一学科，学生数不断萎缩，困难尤其突出。个别地区核编时采用的学生基数与实际学生数差距较大，造成缺编。企办学校归入地方后，给核编工作带来了新的矛盾，各县集中办学的寄宿制学校，后勤管理编制不足。

（二）人员分流压力大。按照省定编制，一些地区精简比例过大。一些县市的农村中小学教职工将有1/5分流出教师队伍，个别县市分流比例更高。有些地区按照省里制定的年龄、工龄分流政策采取"一刀切"的方法，先分流后竞聘，出现了"空编"的新矛盾，甚至造成了部分骨干教师流失。部分县（市、区）分流人员安置困难，安置渠道不畅，压力较大。

（三）无教师资格证顶岗人员占一定比例。一部分未取得教师资格证人员通过考试合格后重新上岗，但仍有部分无证顶岗人员。这部分人员如果全部分流，新教师补充有困难，教学将受到影响。

四、下一步打算

按照省政府确定的寒假前完成中小学人事制度改革任务的目标。时间紧，任务重，要解决的矛盾、要做的工作还很多。我们将在保证改革平稳推进的基础上，确保按期完成改革任务。

（一）妥善解决少数边远地区编制偏紧问题

我省下达给各县编制数是依据2001年的中小学在校学生数核定的，至今已过去三年了。由于学生数变化及原核定编制与实际情况差距较大，我们要求各县按照省下达的编制数，实事求是地重新核定编制。对暂时难以撤销的教学网点及由此引发的编制不足问题，本着"保证教学需要、实行单点从严审批"原则，由县（市）教育行政部门会同当地编制、财政部门核定申报，市地相关部门审批，分别报省编办、财政、教育部门备案，省直有关部门将对上报备案的编制进行核准。

（二）结合实际情况，创造性地执行分流政策，妥善安置超编人员

在分流问题上，坚持把握宗旨，按照程序做好工作，适当调整。把握宗旨，就是精简人员，优化机构，建立竞争激励机制；按照程序，就是先竞聘上岗，后按政策分流超编人员，不超编的学校不能分流；做好工作，就是要个人申请，组织批准，做好耐心细致的政策解释和思想工作；适当调整，就是各地要根据实际情况，按照政策，掌握好教龄和工龄段，确保分流政策的有效实施。要进一步拓宽分流安置渠道，加强对待岗人员的业务培训，鼓励分流人员向企事业单位流动或自谋职业，鼓励分流人员到农村边远地区中小学支教。

（三）完善制度建设，提高中小学教师队伍整体水平

采取有力措施，推进教师资格准入制度的实施，大幅降低没有教师资格人员的比例。进一步优化改善教师职务结构，特别是对县域高中、边远农村中小学要加大高、中级教师职务的人员比例。进一步建立事权、人权相统一的新的用人管理机制。研究制定在中小学实行校长职级制的切实可行的政策措施，要建立完善教师和校长的考核办法，形成竞聘和聘任的长效机制，在制度创新中不断增强教育和教师队伍的生机和活力。

（四）进一步完善与聘用制相适应，符合中小学特点的分配制度改革

在深入进行中小学人事制度改革的同时，进一步完善分配制度改革。首先要进一步提高教师工资保障水平，确保教师工资按时足额发放。教师工资足额发放有差距的地区，要积极创造条件，争取在这方面有新的改善。根据试点地区经验，中小学校可以实行工资总额动态包干的办法，进一步搞活学校内部的分配激励机制。实行向一线骨干教师倾斜的分配政策，对在教育教学改革、管理、科研等方面做出突出贡献的教职工要给予相应奖励，建立起充分体现按劳付酬、多劳多得、以岗定薪、岗变薪变的分配激励机制。切实落实对边远、贫困地区中小学教师的工资奖励优惠政策，吸引人才向农村中小学流动。

积极探索　锐意创新
扎实推进中小学人事制度改革

江苏省教育厅
2006 年 6 月

"十五"期间，江苏各类教育都得到了较快发展，办学条件、教育质量、办学水平和办学效益大幅提高。但是，长期以来，在计划经济体制下形成的中小学教师队伍管理体制不顺、运行机制不活的弊端，越来越不能适应市场经济体制下教育改革与发展的需要，制约和阻碍了教育事业的发展。解放思想、转变观念、深化中小学人事制度改革，建立一支适应我省教育发展需要的高素质、专业化的教师队伍十分迫切。在教育部的指导下，我省中小学人事制度改革围绕提高教师队伍的整体素质、激发教师队伍活力这个中心，坚持以中小学校长的选任机制和教职工全员聘用制为重点，积极探索，不断总结，扎实推进，取得了一定的成效。

一、加强机构编制管理，努力提高办学效益

我省对中小学编制管理工作一直十分重视。1999 年，省编办、省教育厅、省财政厅制定了江苏省中小学机构编制的标准，开展了全省中小学的机构编制核定工作。2002 年《国务院办公厅转发中央编办、教育部、财政部关于制定中小学教职工编制标准意见的通知》下发后，我们立即组织调研，结合我省实际，本着保证基础教育发展的需要、与经济发展水平和财政承受能力相适应、精简高效、因地制宜、区别对待的原则，制定了我省中小学教职工编制的实施意见。在坚持基本编制标准的前提下，针对我省教育发展实际，对承担示范、实施双语教学任务，实行小班化教学或寄宿制，以及教师脱产进修等因素，适当核增3% ~9%不等的专任教师编制，确保各地中小学教育教学工作的需要。针对苏南各乡镇办学条件较好，普遍达到教育现代化乡镇要求的状况，规定其乡镇中心小学执行县镇小学的定编标准。

在编制的管理上，实行动态管理，坚持"核编到县"。由县级教育部门根据教育事业发展规划，提出本地区中小学人员编制方案，机构编制管理部门会同财政部门核定人员编制，教育部门在核定的编制总额内，按照班额、生源等情况具体分配各校人员编制。建立中小学编制定期调整制度，根据教育事业发展规划、生源变化和学校布局调整情况，每两年调整一次。今年底将开展第二轮的核编工作。

根据今年初的统计，全省中小学核定教职工总编制 624240 人，实有在编教职工 619555 人，缺编 4685 人。其中，小学核定教职工编制 271611 人，实有在编教职工 294546 人，超编 21935 人；初中核定编制 217556 人，实有在编教职工 206620 人，缺编 10936 人；高中核定编制 135073 人，实有在编教职工 118389 人，缺编 16684 人。

从核编的情况看，我省中小学教职工整体上缺编不多，但结构性的矛盾比较突出。一是学段性矛盾比较突出，由于受适龄入学儿童减少的影响，小学普遍超编，初中、高中缺编。二是学科结构性矛盾比较突出，由于教育教学要求和课程的调整，特别是中小学实行新的课程标准后，信息技术、英语及艺术教育的教师缺编较突出。三是地域性矛盾比较突出，城镇及经济发达地区基本满编或超编，经济欠发达地区及农村偏远学校缺编人数较多。

针对教师结构性的矛盾，积极采取措施，做好超编教师的分流工作。一是通过精减临时代课人员，腾出岗位，安置超编人员。几年来，全省共清退代课教师 23000 多人，其中仅徐州市就清退代课 7000 余人。二是积极引导超编人员向农村及偏远学校分流，既妥善安置了分流人员，又解决了农村和偏远学校教师紧缺的矛盾。全省共 11800 人从城镇交流到农村中小学任教。三是通过制定政策，引导年老体弱的教师离岗休养。参照机关机构改革的做法，对男年满 57 周岁、女满 52 周岁，或因病不能坚持正常工作的，办理离岗退养手续，腾出编制。几年来，全省办理提前离岗休养、病退手续的人员达 19100 余人，其中仅南通市办理离岗休养、病退手续的就达 5400 余人。通过改革，初步缓解了中小学教师结构性的矛盾，提高了中小学教师队伍的整体素质，优化了教师资源的配置。

二、积极推进校长选任制度改革，提高学校的管理水平

校长是学校的灵魂。校长的能力和管理水平对学校的发展起着决定性的作用。近年来，我省积极推行中小学校长公开选拔、竞争上岗制度，面向校内外选聘具有创新思维、创新能力的优秀管理人才充实中小学校长队伍。以南通市

为例，该市在全市所有县区中全面推行校长选任制度，所有乡镇初中、中心小学、村小和职业中学的校长均实行民主选任。主要程序和做法：一是群众推荐。根据校长候选条件和素质要求，通过教育行政部门推荐、群众举荐、个人自荐等办法，产生第一轮候选人。二是组织考察。由县教育行政部门对候选人从政治思想、道德品质、进取心、事业心、创新意识、决策能力等方面进行综合考核，了解他们对学校发展的设想、教育改革的见解、教学管理的举措等。三是候选公示。在推选前将候选人的情况向全校教职工公示 1 周，让广大教职工更深入地了解候选人的情况，接受教职工的监督，提高推选工作的透明度，保证客观公正。四是公开推选。介绍候选人的简历、候选人发表竞选演说、选拔考核小组和教师代表投票推选、公示推选结果等。五是签约聘任。由县教育行政部门对新当选的校长进行聘任，明确聘任期限和任期目标。六是任职考核。对新任校长实行 1 年的试用考察制度，定期进行考核，对不能履行岗位职责的及时进行调整。

通过民主推选校长，把组织考察和群众意愿紧密结合起来，充分体现了民主集中制的原则，有效地发挥了群众监督机制的作用，全面考虑了校长候选人的素质，真正把有教育理论素养、有领导艺术才能、群众基础较好、素质全面的干部选拔到校长岗位上来。南通市实行的公开推选中小学校长的做法在全省很有代表性。泰州市在推进校长任用改革工作中，还在 4 所省重点中学和实验小学进行了中小学校长直选的试点，反响较好。徐州市在近两年推行中小学校长公开竞聘制度过程中，充分发扬民主，坚持公开竞聘程序，规范操作过程，扩大教职工参与权、监督权。该市 2700 多所中小学实行了校长选任制度，占全市中小学总数的 90％以上。通过竞聘，4000 多名学校中层干部和普通教师通过竞聘走上了学校领导的岗位，原来的校级领导中，有 860 多人落聘，其中校长 200 多名，副校长 660 多名。苏州市在中小学校长公开选拔过程中，强调"四公开"，即公开选拔条件、公开选拔职数、公开选拔程序、公开选拔结果，实施方案的制定、笔试和面试成绩、组织考察人选及最终确定的人选均通过网络在全市范围内公示，充分提高选拔工作的透明度。

通过实行中小学校长选任制度的改革，打破了"少数人选人"和"从少数人中选人"的传统做法，克服了论资排辈的倾向，搞活了校长的选任机制，一批事业心强、管理能力突出的青年教师走上了校级领导岗位，优化了校长队伍的素质和结构，提高了学校的管理水平。

三、全面推行教职工聘用制度，搞活学校的用人机制

目前全省13个省辖市已普遍开展了教职工全员聘用制工作。在严格定岗、定编、定责的基础上，本着公开、公平、公正的原则，面向校内外招聘上岗教师。其主要做法，一是核编定岗。根据学校的规模、层次，核定编制，设置岗位。二是双向选择。遵循平等自愿、协商一致原则，学校根据需要选择教师，教师根据本人情况选择应聘岗位，可以在本校应聘也可以选择到其他学校应聘。三是择优聘任。学校从德、能、勤、绩等方面全面考核应聘教师，重点考核职业道德和工作实绩，对师德方面有问题的实行一票否决。在实际操作过程中，各地充分考虑学校教学工作的连续性、稳定性，保持大稳定、小调整，兼顾各方利益。五是依法立约。学校与教职工依法签订聘约，并经主管部门鉴证，保证合同的公平、合法、有效。

在推行全员聘用制过程中，各地的做法既大致相同又各具特色。无锡市在推进中小学全员聘用制过程中，坚持职位公开、条件公开、机会均等、双向选择、竞争上岗、合约管理。对富余人员和不胜任岗位工作的，通过实行试聘、待聘、转岗、内部退养、系统内交流、调出系统等办法进行分流。对新进教师实行人事代理，缴纳社会保险，合同期满后，如不续聘，直接进入社会人才市场，与教育系统脱离关系。泰州市在实施教职工全员聘用制中注意做到"三个结合"，一是将实施全员聘用制与岗位调整相结合，将因不能胜任教学工作而落聘的人员调整到教学辅助或后勤管理服务岗位；二是将全员聘用制与业绩考核相结合，将工作态度、工作表现、工作实绩及继续教育情况作为是否聘用的重要依据；三是将全员聘用制与录用精简相结合。苏州市在推行中小学全员聘用制工作中，注重加强聘期考核，实行领导考核与同事评议相结合、平时考核与年度考核相结合、考核工作实绩与考核工作态度相结合，并把考核结果作为续聘、解聘与调整岗位的依据。连云港市还结合全员聘用制的实施，面向社会公开招聘了184名具备教师资格的人员补充到农村中小学教师队伍中。

通过推行全员聘用制，打破了教师的铁饭碗，使教师有了岗位的危机意识，工作的积极性明显提高，敬业精神和责任感明显增强。同时，拓宽了教师的来源渠道，优化了教职工队伍的结构和素质，形成了科学合理的教育人才配置机制。

四、切实把住教师队伍入口关，确保新进教师的质量

中小学缺编补充教师面向社会公开招聘，实行"凡进必考"，坚持从具备教师资格的人员中择优选聘，确保新进教师质量。通过公布岗位需求计划、组织招聘活动、用人单位初选、组织笔试面试、综合素质考核等环节，保证了新进教师的质量，推动了师范院校的教育教学改革，拓宽了教师队伍补充的渠道。无锡、苏州、南京、泰州、扬州等市从 2003 年开始对新补充的应届毕业生均通过考试考核选拔聘用。其主要做法是：一是公布需求岗位。通过报刊、网络等媒介向社会公布市直及各县区学校的用人需求。二是公开报名。向社会公布公开招考教师的报名时间、报名地点、报名方式、需备材料等，通知省内各师范院校学生就业管理服务部门，组织网上报名。三是现场确认报名。通知网上报名人员带本人推荐表、高校学习成绩单及相关证书到指定地点核对信息，领取准考证。四是组织命题。组织各学科特级教师命题，考察教师基本素质及专业知识，注重考察基本素质和职业潜能，考察其运用知识的能力和水平。五是统一考试，对应聘人员组织全市统一的笔试，并根据笔试成绩，按岗位数的 3 倍确定进入面试考核人员。六是用人单位进行面试考核，通过说课、专业知识考核及教师基本功考察等环节，确定最终人选。七是公示录用结果，接受社会监督。八是办理聘用手续，签订聘用合同。

从近 3 年公开招考教师的实践看，效果较好。南京市 2004 年面向社会招聘市区中小学教师 397 个，报名参加应聘考试的人数达到 1800 多人；2005年，该市计划录用中小学教师 418 人，报名人数达 2908 人；2006 年该市计划招聘 428 人，招名人数达 4302 人，其中仅硕士研究生就达 490 人。据调查，学校普遍反映通过考试聘用的教师素质较好，专业基础扎实，教育教学态度认真，对来之不易的岗位非常珍惜。

五、不断深化分配制度改革，突出教师的岗位绩效

分配制度改革是学校人事制度改革的重要方面，也是推进学校用人制度改革不断深入的重要保障。在操作中，一是把国家工资中的津贴部分与学校创收用于分配部分并轨，根据教师的教育教学工作考核情况发放，将教职工的工资分配与岗位职责、贡献挂钩，鼓励教师深入课堂，不断钻研业务，提高教学质量和科研水平。二是结合省政府关于事业单位多元化分配制度改革的要求，确定了部分条件较好的中小学作为我省中小学校多元化分配制度改革的试点单

位，加强督促指导，不断总结改革经验，为全省中小学分配制度改革进一步深入起到示范作用。三是积极推进岗位工资制度改革。在实行全员聘用合同制的基础上，完善按劳分配为主体、多种分配形式并存的分配制度。积极探索符合中小学特点的形式多样、自主灵活的分配机制。鼓励并提倡学校实行档案工资与实际收入相分离，实行按岗取薪、按劳取酬，向骨干教师倾斜，向教学一线倾斜，向农村学校倾斜。苏州市在中小学分配制度改革中，注意扩大学校内部分配的自主权，鼓励学校结合自身特点，建立自主灵活、形式多样的多元分配机制，拉开教师与职工、骨干教师与一般教师、一线教师与非一线教师、关键岗位与一般岗位的收入分配差距。泰州市在中小学分配制度改革中，坚持向教学一线教师倾斜，合理拉开差距，加强课堂考核，鼓励教师多上课、上好课，同一职务教师，因教学质量优劣每年校内岗位津贴差别达到 1 万多元。徐州市从 2005 年起，市财政每年拿出 500 万元，设立育人专项资金，为全市优秀骨干教师和在农村学校工作的中小学高级教师发放津贴，每人每年 8000 元到1.5 万元不等。南通市在中小学分配制度改革中设立高中骨干教师奖励基金，对有突出贡献的教师给予 3 万元至 5 万元重奖。通过分配制度改革，让"好教师香起来，一般教师忙起来，差教师慌起来"。

六、加强城镇教师支援农村教育工作，促进教育均衡发展

我省对农村中小学教师待遇问题一直非常关心。为鼓励教师长期扎根农村教书育人，1997 年省人事厅、财政厅、省教委联合出台了《关于农村中小学教师浮动职务工资等有关问题的通知》，规定凡到县镇以下农村中小学、成人中初等学校从事教育教学工作的中专以上毕业生，直接享受定级工资，并上浮一档职务工资；调离农村学校教育教学岗位的，其浮动的职务工资不再享受。在农村任教累计满 25 年、且退休前连续在农村任教满 5 年并在农村学校退休的教师，其上浮的职务工资可计入退休费基数。连续在乡镇以下学校任教满 8年的中专以上毕业生，再上浮一档职务工资。

2005 年 6 月，省委、省政府召开了全省教育工作会议，印发了《关于加快建设教育强省率先基本实现教育现代化的决定》，出台了进一步鼓励和吸引教师到农村学校任教的政策。一是增加师范院校省政府奖学金资助名额，鼓励优秀学生报考师范院校。二是"十一五"期间，每年选拔 3000 名优秀本科生到苏北农村乡镇以下学校任教。对这部分教师，除按农村中小学教师享受相关待遇外，省财政每人每年还给予 4600 元的生活补贴，每人连续补助 3 年。三是全省计划每年从城镇选派 1 万名骨干教师到苏北农村中小学支教，任教时间

一年。对这部分教师在晋职、评优中给予优先。四是按教育部统一部署，从应届师范本科毕业生中选聘农村中小学师资，列入教育硕士培养计划。通过以上努力，不断优化农村中小学教师队伍的整体素质，提高农村中小学的教育教学水平，促进教育的均衡发展。

虽然，我省在中小学人事制度改革方面进行了一些探索，取得了一些成绩，但与国家对中小学人事制度改革的要求相比，与兄弟省市的成功实践相比，还有很大的差距，要做的工作还很多。改革中还存在许多亟待解决的问题：中小学人事分配制度改革缺乏整体规划；改革的力度不大，改革的主动性不够；操作过程还不够规范，有的地方操作方法简单化；改革的外部环境不够理想，社会保障的措施没有跟上，改革中落聘人员分流出口不畅，中小学校长还沿袭着传统的级别，推进教职工全员聘用制过程中受到的制约较多等。

七、今后的工作打算

我厅已将中小学人事制度改革作为 2006 年重点工作。针对我省中小学人事制度改革的实际，今年将出台江苏省中小学人事制度改革方案，在总结目前中小学人事制度改革经验的基础上，抓好典型，以典型引路，全面推进中小学人事制度改革，力争取得突破性进展。

一是进一步落实中小学教职工编制动态管理机制，根据教育事业发展的需要适时调整中小学教职工编制。积极向省机构编制部门反映，争取按事业发展需要，适时调整中小学编制标准。充分考虑推行素质教育、实行新的课程标准、推行小班化的需要等。同时，为进一步推进城镇教师支援农村教育工作，商请省机构编制和财政部门，申请全省核增 1 万名中小学教师流动编制，用于解决城镇教师支援农村教育的编制问题。

二是进一步完善校长选任制，改革中小学校长的选拔任用办法。严格中小学校长任职条件和资格，改革和完善中小学校长的选拔任用办法。按照公开、平等、竞争、择优的原则，推行中小学校长公开招聘、竞争上岗制度。严格中小学校长选拔程序，规范竞争上岗的操作办法，公开选任过程的各个环节，充分发扬民主，扩大教职工的参与、选择与监督权利。力争用 3 年左右时间取消中小学校长行政级别，实行职级制。建立校长任期目标管理制度，对校长履行岗位职责和任期目标完成的情况，进行年度和任期考核，考核结果作为校长奖惩、任免或续聘的重要依据。

三是进一步推行教职工全员聘用制，改革中小学用人制度。按照按需设岗、公开招聘、平等竞争、择优聘用、严格考核、合同管理的原则，精心组织、周密安排、规范操作，全面推行全员聘用制度。进一步完善教师职务聘任制，强化教师岗位管理和聘任考核，打破中小学教师实际存在的教师职务终身制。全面实施教师资格制度，对未取得教师资格的人员在今年年底前调整出教师队伍。全面推行中小学新进教师的准入制度，实行"凡进必考"，规范考试考核程序，酝酿实行全省统一的招聘录用考试，确保新进教师质量。

四是不断完善分配制度，建立与聘任制度相适应的激励机制。完善中小学教职工职务等级工资制度，坚持教师工资统一发放的基础上，逐步扩大学校在教师报酬分配上的自主权，建立与聘任制相适应的工资保障和激励机制，将教职工的收入与其岗位职责、工作数量和工作业绩挂钩，真正做到岗薪相宜、岗变薪变。进一步发挥工资、岗位津贴的导向作用。实行向骨干教师倾斜、向农村偏远学校倾斜的政策，对在教学、管理等方面做出显著成绩和突出贡献的人员给予优厚待遇或相应奖励。

五是逐步建立合理流动机制，调整优化教职工队伍结构。通过调整岗位、进修培训、吸引具有教师资格的优秀人才到中小学任教等途径，逐步解决中小学教师队伍学段、区域、学科结构不合理等结构性失衡问题。坚决调整分流不合格教师。引导超编学校教师到薄弱学校或经济薄弱地区学校任教；吸收具有教师资格的非师范类高等学校毕业生和向社会公开招聘具有教师资格的人员到中小学任教。建立城镇中小学教师到乡村和边远地区任教服务期制度。鼓励和组织城镇、城市、强校教师到农村和薄弱学校任教，逐步实现教师交流定期化、制度化。针对我省经济社会发展不平衡的现状，采取有效措施，鼓励教师到苏北经济欠发达地区的农村中小学任教，并在评优、职务晋升、工资待遇等方面给予倾斜。

六是切实规范代课教师管理。农村中小学缺编聘用代课教师，必须由县级教育行政部门面向社会，从具备教师资格的人员中公开招聘，招聘结果面向社会公示，确保选聘代课教师的质量。使用代课教师必须签订聘用合同，合同期限一般不超过1年，合同期满后，依法终止劳动关系。加强代课教师权益的保障工作。依法为代课教师交纳有关社会保险，保证代课教师的工资水平不低于当地劳动部门公布的最低工资标准，并随着经济和社会的发展不断提高，逐步实现同工同酬，维护代课教师的合法权益。

理顺体制　创新机制
扎实推进中小学人事制度改革

山东省教育厅
2006 年 6 月

1998 年以来，我省中小学人事制度改革逐步展开，特别是第三次全国教育工作会议以后，为贯彻落实《中共中央国务院关于深化教育改革全面推进素质教育的决定》和《国务院关于基础教育改革与发展的决定》精神，进一步加大了中小学人事制度改革的力度。在改革实践中，我们注重坚持以转变观念为先导，以实行教师全员聘用制、教师职务聘任制和校长聘任负责制为主线，以改革用人制度和分配制度为重点，建立"人员能进能出，职务能上能下，待遇能高能低"的竞争激励机制，改革取得了很好的效果，为全面推进基础教育的改革和发展奠定了基础。

一、主要做法

（一）理顺中小学人事管理体制，营造改革的良好环境

2002 以来，根据《国务院办公厅关于完善农村义务教育管理体制的通知》精神，省政府和各市政府及时召开会议，下发了文件，采取积极措施，推进"以县为主"农村义务教育管理体制的落实。从 2004 年开始，省政府每年都要对各市教育工作进行年度综合督导评估，在督导评估中，县以上教育行政部门依法管理中小学校长、教师工作是检查的重点内容之一。我省各地在对党政领导政绩考核中，都把落实以县为主农村义务教育管理体制、教师工资发放工作情况作为十分重要的考核内容，并且作为今后提拔使用的重要依据。如潍坊市出台的《关于将县市区教育工作情况纳入县市区党政领导政绩考核内容的通知》中明确规定：没有落实以县为主农村义务教育管理体制、教师工资发放没有实行县级财政统一发放的县市区，考核结果一律为"不合格"。

随着以县为主农村义务教育管理体制的逐步落实，我省多数县（市、区）

将农村中小学教师和校长的人事管理权上收到县，对农村中小学教师工资的保障能力有了很大增强。到 2005 年底，全省 139 个县（市、区）中有 106 个县（市、区）教师工资发放已经实现或基本实现了"以县为主"，建立了较稳定的保障机制。同时，菏泽、威海、烟台等市撤销了乡镇教委，乡镇的教育工作由镇长或分管镇长负责，教育教学管理工作由乡镇中心学校校长负责，减少了管理层次，增加了教学一线人员，节省了教育经费开支，提高了管理效能。

（二）加强核编定岗工作，促进教育人力资源合理配置

根据国务院办公厅转发中央编办、教育部、财政部《关于制定中小学教职工编制标准的意见》，2002 年，省编办、省教育厅、省财政厅对全省中小学教职工编制情况进行了调研，在此基础上，制定印发了《关于调整中小学教职工编制标准的意见的通知》（鲁政发〔2002〕44 号）。调整后的中小学编制标准由以校为单位按班额核定，调整为以县级为单位按教职工与学生之比核定。同时规定，中小学的管理工作一般由教师兼职，后勤服务工作应逐步实行社会化。确需配备职员、教学辅助人员的，按职位分类和因事设岗、专兼结合、一人多岗的原则合理核定，其占教职工的比例，高中不超过 15%、初中不超过 12%、小学不超过 9%。对于承担示范、实验、双语教学任务的中小学，举办民族教学班或寄宿制的中小学，乡镇中心小学，偏远山区、湖区、海岛等人口稀少且教学点较多地区的中小学，以及安排教师脱产进修、病产假等因素需要增加教师的中小学，各市政府可根据当地经济、教育事业发展情况，按照从严从紧的原则适当增加专任教师编制。

为做好核编工作，召开了全省中小学教职工编制工作会议，对中小学编制工作进行了全面部署。各县市按照要求，坚持精简、高效的原则，对所属中小学的编制进行了重新测算和调整。2003 年 2 月，三部门对全省 17 市上报的中小学教职工核编方案逐县（市、区）进行了认真审核。全省新核定中小学教职工编制 739145 人，比原有中小学教职工减少 84284 人。核编工作，为进一步优化教师队伍结构、合理配置教育人力资源奠定了基础。按照新的编制方案，全省初中、高中专任教师分别增加 6107 人及 3169 人，职员、教辅人员及工勤人员分别减少 6644 人及 8919 人。

为保证核编定岗和人员分流工作的顺利进行，我省规定，中小学教职工分流可参照当地机关工作人员的分流政策执行，具体分流办法由各市根据实际情况确定。如潍坊市按照有关文件规定，对符合同级党政机关机构改革人员分流政策的，经本人同意，学校批准，可提前离岗，不占编制，到规定的退休年龄时再办理正式退休手续。淄博、泰安、德州等市对年龄较大的（教师一般为男 55 周岁，女 50 周岁）的教职工，如本人不愿参加竞聘，可提前离岗，列入

编外。

据统计，从 2002 年到 2005 年，全省中小学系统辞退不具备教师资格人员 222 人，清理代课教师 6529 人，清理在编不在岗人员 1294 人，精减压缩非教学人员 4168 人；分流教职工 64534 人，其中提前离岗 50078 人；从超编学校交流至其他学校 5000 多人。

（三）深化用人制度改革，增强学校内部活力

我省各地在进行人事制度改革的过程中，积极探索用人机制的改革，尝试改革中小学原有的用人制度，实行教职工全员聘用制、教师职务聘任制、校长选聘制及考核评价制度，取得了初步成效。

教职工全员聘用制实现了用人制度的创新。人才资源的优化配置需要通过流动实现，人与单位过分的依附关系，既不利于单位合理用人，也不利于人才合理使用。为了改变这一状况，我省的部分市如济南、青岛、枣庄、潍坊、莱芜、德州、滨州等市，陆续开展了以教职工全员聘用制为主要内容的中小学人事制度改革。

青岛市在 1999 年就对市教委直属学校部分人员实行了聘用合同制试点。学校与教职工在"平等自愿，协商一致"的基础上依法签订聘用合同，确定劳动关系，明确双方的权利和义务，变国家用人制度为学校自主用人制度。目前已在全市各个县（市、区）逐步推开教职工聘用合同制。

滨州市在总结"三制改革"和"五定四制改革"的基础上，于 2001 年全面开展了以"一评三制"（综合考核评价、校长选聘负责制、教职工全员聘用制和校内岗位津贴等级制）为主要内容的新一轮中小学人事制度改革，初步形成了教师队伍公平竞争、有序流动、有效激励的用人新机制。

济南市实行了"双聘"制（教职工全员聘用合同制和岗位聘任合同制），在改革中，他们按照"公平、平等、竞争、择优"的原则和德才兼备的用人标准，严格学校编制管理，科学合理设置岗位，实行双向选择、公开竞争，以岗择人、择优聘任，打破了"铁饭碗"、"铁交椅"，实现了对教职工由"身份管理"向"岗位管理"的转变；在此基础上，各单位依据新编制，制定设岗方案，在严格考核的基础上，通过各种形式组织教职工竞争上岗，同时进行专业技术职务的聘任，并签订岗位聘任合同。

为了保证全员聘用、聘任合同制的顺利实施，各地对因学校编制、岗位数额限制而未能聘任的教职工，出台了分流政策或通过教育人才交流中心进行了妥善安置。青岛市为了拓宽富余人员安置渠道，建立了教育人才分市场，优化人才资源配置，对富余人员实行了校内转岗、退养、病退、校内待岗、歇岗待聘、调出教育系统、辞职等措施。

校长聘任制建立了教育干部队伍优化新机制。各地都在积极推进中小学校长聘任制，逐步改革中小学校长单一的委任制。德州市根据不同情况，采取直接聘任、招标聘任、推选聘任和考任等多种形式选拔中小学校长。枣庄市从1999年开始，对中小学校长全部实行竞争上岗，聘期3年。并规定，任期内学校工作连续两年考核等次居区（市）、乡镇末位的校长须自行辞职。在受聘期间，不履行职责、不胜任本职工作或出现违法违纪等重大问题的，上级教育主管部门及时予以解聘。

潍坊市在实行校长选聘制的基础上，市委、市政府制定下发了《关于推行中小学校长职级制度的实施意见》，规定凡教育行政部门所属的全日制中小学校，一律取消行政级别，全部由县市区及以上教育行政部门归口管理。校长实行职级制度，现任校长的行政级别继续保留，实行档案管理；新任校长，只有职级，不再有行政级别。校长的产生全部实行竞争上岗或面向社会公开招考，由教育行政部门聘任。副校长一般由校长提名，经教育行政部门审核后由学校聘任。根据有关章程、规定，学校党委（总支、支部）书记由教育行政部门党委任命，群团组织负责人由学校党组织提名，按规定程序产生。

从2002年到2005年初，全省中小学共选聘校长10896人，落聘校长1555人；未聘（落聘）教师16241人。教职工全员聘用制、校长选拔聘用制，转换了学校用人机制，改变了长期以来中小学用人制度存在的教师、校长职务终身制，解决了人员能进能出、岗位能上能下、职务能高能低的问题，初步形成了优胜劣汰，优秀人才脱颖而出的竞争激励机制，激发了教职工和校长的积极性和创造性，优化了教育资源配置。

（四）深化分配制度改革，调动教职工的积极性

我省各地普遍重视中小学工资分配制度改革，目前全省大部分市和中小学，都不同程度的建立了与聘任制相适应的教师工资分配激励机制。其主要做法是实行结构工资制。

如青岛市将教师工资分为固定工资（除津贴部分的国家政策性工资）和部分活的工资（津贴部分和学校自有资金贴入部分）。具体做法是将30%津贴部分足额留出浮动，并把学校部分自有资金以补贴的形式纳入工资总额活的部分中，共同组成待分配资金。把待分配资金的70%～80%，按教职工工作量的大小进行分配，以体现"多劳多得"，把其余20%～30%，按教职工工作成绩、工作考核情况发放，以体现"优劳优酬"。

滨州市则实行等级分配制，这一分配制度是通过校内岗位津贴的办法来实现的。岗位津贴由工资构成中30%活的部分的一定比例和学校勤工俭学收入中可支配的部分共同组成。津贴等级的划分与岗位、任务、业绩、贡献相结

合，不依技术职务、身份或资历为依据。岗位津贴由学校根据教职工工作岗位和完成目标责任的考核情况按等级分配，每学期或每学年兑现一次。

我省各地开展的中小学分配制度改革尽管在具体形式上不尽相同，但其实质都是坚持"以岗定酬、按劳取酬、质优高酬"的原则，打破了分配制度上的平均主义。通过改革，拉开了工资分配档次，极大地调动了教职工的积极性，为学校工作注入了活力。

二、存在的主要问题

（一）新的编制标准不能完全适应基础教育改革发展的需要。新的编制标准太紧、太严，编制改革过多地从减轻财政负担的角度考虑，导致编制标准适应性差，在一定程度上脱离教育特别是农村小学教育的实际需要，影响到教育教学工作的进行。

（二）中小学教师队伍的整体水平还不理想。中小学教师特别是农村教师素质整体上偏低，观念陈旧，知识面狭窄，教育教学方式方法落后。仍存在着结构性矛盾，农村小学教师年龄偏大，而新教师又难以及时充实到教师队伍中。

（三）中小学校长管理与任用制度尚未得到全面落实。对校长的管理依然实行校长职位与行政级别挂钩，校长职级制、聘任制未得到落实；中小学校长的归口管理问题没有得到根本解决。

三、下一步打算

（一）开展调研，立足教育工作的实际需要，进一步调整中小学教职工编制标准，认真做好中小学校核编和日常编制管理工作。建立教师交流制度，引导教师队伍合理流动，鼓励教师由超编学校向缺编学校流动，城镇学校向农村学校流动，重点学校向薄弱学校流动，促进教育人才资源的合理配置。

（二）改进中小学校长选拔任用及管理办法，进一步完善校长负责制。逐步采取在本系统或面向全社会公开招聘、平等竞争、严格考核、择优聘任的办法选拔任用中小学校长。总结潍坊市实行校长职级制度的经验，研究和探索新的校长管理制度。加强对校长履行岗位职责和任期目标完成情况的监督与考核。积极创造条件，规范并推进校长的收入分配制度改革，形成有效的激励机制。

（三）结合事业单位改革，全面引入竞争机制，在中小学全面建立和推行聘用制度，实行按需设岗，按岗聘用，公开竞争，合同管理。学习和借鉴吉林省的经验，在潍坊市进行中小学评聘结合改革试点。进一步改革中小学分配制度，搞活学校内部分配，充分发挥薪酬激励作用，稳定骨干教师队伍，吸引优秀人才到中小学任教。

（四）根据建设社会主义新农村的要求，加强城镇教师到农村支教工作的力度，促进城乡教育均衡发展。

实施"农村教师资助行动计划"
加强农村教师队伍建设

湖北省教育厅
2004 年 12 月

全国基础教育工作会议以来,我省以合理配置教育资源、优化教师结构、提高办学效益为核心,以建设一支数量充足、质量优良、结构合理的中小学教师和校长队伍为目标,在中小学人事制度改革上着重抓了三项工作:一是加快核定教师编制。在国家标准下发 9 天后,我省就以省政府名义出台了编制标准的实施办法,随后加大了逐县核编的工作力度,同时规范中小学的岗位设置。二是大力推行教师全员聘用。主要是规范聘用合同,严格聘用条件,加强聘期考核,实现契约管理。三是调整校长管理体制。通过改革校长选拔任用方式,加大校长体制调整力度。尽管我省中小学人事制度改革取得了初步成效,但是广大农村师资队伍建设还不能适应农村义务教育发展的需要,特别本科层次教师缺乏的问题仍然比较突出。为此,我们启动了"农村教师资助行动计划"(以下简称"行动计划"),每年选派一批大学毕业生到农村学校任教,以加强农村教师队伍建设。我们的做法是:

一、立足省情需要,明确工作目标

(一)实施"行动计划",优化农村教师队伍结构。实施"行动计划",选派高校毕业生到农村中学任教,将有利于优化教师队伍结构,促进师资力量的均衡分布,提高教师队伍整体素质,缩小城乡教育差距,促进教育改革和发展,办好人民满意的教育。

(二)实施"行动计划",推动人事制度改革步伐。实施"行动计划",以优化师资、合理配置人力资源为目标,通过岗位设定、选聘解聘、契约管理等环节在真正意义上的制定与实施,逐步探索建立新形势下与社会主义市场经济体制相适应的能进能出、富有活力的教师管理制度。

（三）实施"行动计划"，加强基层人才资源储备。鼓励并吸引优秀大学生充实到农村基层去，3 年服务期满后，资教生可以根据本人意愿和组织需要继续留在当地，服务于科教文卫等各项事业，传播新文化、新知识、新观念，为促进农村的改革与发展做出更大的贡献。

（四）实施"行动计划"，拓宽高校学生就业渠道。通过选拔高校毕业生到乡镇学校任教，进一步加强各高校与县市教育部门之间关于毕业生就业信息的沟通交流，促进高校毕业生就业工作，为毕业生开辟新的就业渠道，有利于毕业生到基层建功立业，成材成功。

（五）实施"行动计划"，资助经济困难学生生活。资助贫困生是政府部门责无旁贷的义务。省教育厅通过政策倾斜，鼓励贫困生参加"农村教师资助行动计划"，并为他们偿还国家助学贷款提供一定的经费支持，一定程度上可减轻贫困生的家庭经济负担。

二、加强组织领导，制定激励机制

实施"行动计划"，领导重视是关键，政策激励是前提。我厅紧密结合省情，出台政策，加强引导。

（一）党组高度重视。省教育厅党组高度重视，思想高度统一。在经费紧张的情况下，调整支出结构，决定每年调剂出 500 万元专款，用于"行动计划"。教育厅主要领导多次听取工作专班汇报，做出工作部署。根据党组会议精神，分管厅领导多次召集职能处室深入调研，专题研究，反复论证，就"行动计划"的启动实施进行周密部署，精心安排。并及时召开分管市州长、在鄂 31 所高校分管就业工作的领导和职能处室负责人动员大会。厅领导到会作动员讲话：要求各地各高校统一思想，形成共识。把实施这一计划作为深化人事制度改革、实现教育资源优化配置的一项重要举措，作为拓宽就业渠道、引导毕业生到基层建功立业的重要途径，加强领导，精心组织。要求各地尽快上报需求计划，各高校尽快将有关精神传达到毕业生，并细致地做好思想工作，营造正确的就业导向。

（二）出台优惠政策。为强化政策宏观引导力度，省教育厅出台了六项优惠政策：一是经县（市）教育行政部门考核合格的，每人每年奖励 5000 元，按年发放。对借有国家助学贷款的毕业生，此奖励款优先用于偿还贷款。二是选派任教的毕业生可提前定级，不实行试用期。其工资由县（市）按照国家规定的标准列入财政预算，按月足额发放。三是毕业生来自具有推荐免试研究生资格的高等学校、符合推荐免试资格的，可先取得研究生入学资格、办理注册手续，服务期满后再回校攻读硕士研究生。四是服务期满，经考核合格并经过一定选拔程序，可攻读教育硕士专业学位。五是根据自愿的原则，毕业生的户口档案关系可保留在原就读高等学校或省高校毕业生就业指导中心，也可直接转入县（市），免收户口档案托管服务费。六是对非师范专业的毕业生，免收教师资格申请认定费。六项优惠政策的出台，对毕业生到基层工作起到了激励作用。

三、强化工作措施，推进人事改革

省教育厅以实施"行动计划"为契机，实行真正意义上的聘用制，并将聘任制改革贯穿到"农村教师资助行动计划"每一个环节中，严格程序，精心组织。

（一）确定岗位需求。该"行动计划"首先在全省贫困县（市、区）试点，明年推广到全省各缺编县（市、区）。29个贫困县（市、区）的党委、政府和教育行政部门从本地教师编制和教师队伍建设的实际出发，克服财力不足等多种困难，按照本地编制实际和学科结构性需求向省教育厅积极申报教师岗位需求1226人。同时，在鄂普通本科高等学校领导及时成立工作专班，召开毕业生动员大会，深入宣传"行动计划"的目的和意义、相关政策和要求，引导毕业生树立正确的择业观。在短短10天时间里，虽然任务重、要求高，面临正在派遣毕业生导致的人手不足等困难，28所高等学校仍严格按照条件、程序，选拔455人参加报名。省教育厅通过全面统筹、深入研究，最终确定教师岗位300个。

（二）严格选聘把关。为了确保新进教师的质量，省教育厅规定参加"行动计划"的人员，必须是全日制普通高等学校本科及以上学历、获学士及以上学位，思想政治素质好、热爱教育工作、身体健康的应届毕业生。品学兼优的贫困毕业生和来自贫困县（市）的毕业生优先考虑。为了严把教师入口关，教育厅制定了周密的选聘办法，在各地市呈报需求计划1226人，全省28所高校报名人数455人的基础上，按照科学合理、精简效能的原则设定教学岗位，通过院系推荐、个别谈话、组织考核等多个环节，以双向选择、择优录用的原则，公开遴选录用306人参加"行动计划"。

（三）实现契约管理。省教育厅向各地方教育行政部门提供了协议书统一格式，各地结合本地教育管理的一系列政策规定，参照制定了具体的服务协议书，明确了教育行政管理部门（甲方）和毕业资教生（乙方）双方的权利与义务，对资教内容、教学要求、工资结算、监督管理以及禁止行为等都做了详细规定。双方按 3 年期签订了资教服务协议。甲方按照省教育厅有关文件精神负责乙方的日常管理及年度考核；乙方服务期满后，自主择业。如果愿意长期任教，按照规定办理派遣手续。乙方因师德、健康等方面原因不宜继续任教的，由甲方决定解除协议，乙方自主择业。这种契约化管理模式，实现了真正意义上的能进能出。

（四）加强岗前培训。为使资教生尽快适应教育教学工作，省教育厅集中开办"农村教师资助行动计划"岗前培训班，聘请了一大批富有教育教学经验的教育专家、特级教师、省级骨干教师和乡镇中学的教师，进行教育学、心理学课程、教学设计与教案等教育教学基本规范和教师职业道德规范培训。培训期间，路钢厅长专门抽出时间与学员恳谈，用很多在基层、在艰苦的地方取得成功的人士的事迹，激励他们在广大农村建功立业。厅领导也专程前往与学员进行座谈，鼓励他们明确责任，坚持选择，不断提高教育水平和能力，做一名合格的人民教师。培训结束后，省教育厅隆重举行了"农村教师资助行动计划"岗前培训结业典礼暨欢送大会。全体资教生在会上进行了庄严的教师职业宣誓。省委领导亲自为大学生送行，并希望他们成为群众满意的人民教师。

四、加强跟踪管理，实现全程培养

为确保资教生能够安心工作，不断进步，适应教学实践各个阶段的要求，为确保资教工作稳步推进，适应教育改革与发展的需要，教育厅加大对资教生跟踪管理力度，并实现全程培养。一是建立资教工作责任人制度。确定地方教育行政部门领导和校长为第一和直接责任人，要求责任人及时掌握资教生思想动态和工作进展情况，主动关心生活待遇、传授工作经验，解决他们的后顾之忧，促进他们的健康成长，确保他们在新岗位上能安心工作、不断进步。二是建立资教生档案动态数据库，形成省厅与地方、省厅与资教生、地方与资教生之间的多方情况反馈机制。三是建立"农村教师资助行动计划"网站，编发《资教通讯》，为资教生在基层及时了解教育公共信息、共享优质教育资源提供信息载体。

由于"农村教师资助行动计划"定位准确，决策科学，措施有力，使该项行动影响广泛、成效明显：

资教行动得到了新闻媒体的广泛关注与高度评价。新华社、人民日报等 13 家新闻媒体先后进行 26 次宣传报道。《湖北日报》专门刊发评论员文章，从实践"三个代表"，落实科学发展观的角度高度评价该项"行动计划"。

　　资教生得到了地方学校和广大农民的热烈欢迎。资教生充实了农村学校教学力量，提升了农村教师在基层群众心目中的形象，地方学校和广大农民群众对资教生热烈欢迎并寄予了殷切厚望。大冶四中因资教生的到来生源大增。大冶四中的教导主任激动地说："'农村教师资助行动计划'将是大冶四中东山再起的希望"；神农架林区下谷乡中学处地险僻，村民们祖祖辈辈没看到一个大学本科毕业的教师。中南财经政法大学毕业生范献龙等4名大学生的到来，使家长们高兴万分："孩子们读书有福气啊，这么好的消息，生怕不是真的"。"农村教师资助行动计划"使学校和群众看到了农村教育希望的光芒。

　　资教生的人生价值在农村教师岗位上得以充分体现。资教生在服务基层的过程中个人才能得以充分施展。湖北民族学院毕业生杨海英被选派到郧西县偏远闭塞的涧池镇资教。她在教育孩子们的过程中，从孩子们求知的眼神中找到了实现自身价值的喜悦。当大学同学为她找到月薪数千元的新岗位时，她说：不，我将永远无悔并坚守着这个选择！三峡大学毕业生刘维城被选派到远安县最偏僻的望家乡中学任教，由于品德优良、综合素质好，被破格提拔为该校团总支书记，并组织了当地有史以来第一次校园联欢晚会。精彩的晚会使当地的孩子们对这位年轻的刘老师无比好奇与崇敬，这也使刘维城意识到了自己所从事的工作将是多么平凡而又伟大，进一步坚定了他资教的信念。

　　实施"农村教师资助行动计划"，责任重大，意义深远。今后，我们还将着力从以下几个方面强化该项工作的实施力度。一是建立资教生巡讲制度。准备在2005年年初，挑选部分在基层工作勤奋、实绩突出的优秀资教生组成资教生事迹报告团到各大高校进行巡回演讲，大力宣传资教生的先进事迹，鼓励并引导更多的大学生把目光投向农村广阔的土地。二是加大选聘力度并拓宽派遣范围，2005年拟选拔500～800名优秀大学毕业生加入到资教生队伍，在全省范围内推广该项"行动计划"。三是建立资教生在岗培训制度。利用暑期对资教生进行集中培训，为他们更新知识、掌握新技能提供有效平台，不断提高他们的业务水平和教学能力。总之，我们将继续完善机制，创造条件，改善环境，强化措施，通过以上一系列工作的有效开展，为进一步深化人事制度改革、优化人力资源配置做出我们应尽的贡献。

适应新形势　进行新探索
深入推进中小学人事制度改革

湖南省教育厅
2006 年 6 月

　　我省中小学人事制度改革经过多年的探索，已经积累了不少经验，对存在的问题也有了较深的了解。面对新的形势，为进一步深入推进改革，在总结过去经验的基础上，我省更突出地对改革中带有制度性、根本性、长期性的深层次问题理性思考，以求总体上宏观把握，政策上全面配套，操作上区域推进，使中小学人事制度改革积极稳妥地向纵深发展。基于这种考虑，我省中小学人事制度改革的基本思路和探索的方向：一是优化结构，整体盘活教师资源，促进不同地区、城镇和乡村教师资源的合理、均衡配置，以确保教育公平。调整编制标准，使农村教师在数量上能满足基础教育发展的需求；加大城乡教师的轮换交流力度，使农村教师队伍的整体素质和教育教学能力得到提升；通过以收入分配倾斜为主的鼓励政策，稳定农村教师队伍。二是完善教师聘任制度，优化制度环境，强化岗位聘任，加强岗位管理。通过竞争、择优与职业保护相结合的政策，坚持公开招聘、资格准入确保教师的基本素质，建立整体稳定、适当流动的用人制度。三是建立健全教师管理服务机制。理顺教师管理体制，完善教师管理制度，逐步实现教师制度化、科学化、规范管理。按照公平与效益兼顾的分配激励原则，健全完善教师工资、津补贴发放制度和内部分配制度，建立健全教师考核、奖惩制度，鼓励教师立足岗位，创造业绩；总结推广各地养老保险的经验，建立中小学教师社会保险制度，解除教师的后顾之忧。四是改革校长选拔方式，实行校长负责制，优化校长素质，确立学校管理模式和运行秩序；健全教代会制度，加强校内民主管理和监督，推进现代学校自主管理。

　　几年来，我们按照这一思路，坚持整体设计、宏观指导、政策保障、规范操作、狠抓落实，使中小学人事制度改革积极稳妥地向前发展，取得了成效，并维护了社会稳定。

一、实行编制动态管理，促进教师资源合理配置

自 2003 年开始，我省全面实施第一轮中小学教职工核编定岗分流工作，2005 年年底已基本完成了核编到校的任务。全省 134 个县级单位共核定中小学教职工编制 557926，比 2003 年核减 4.83%。在当时的政策环境下，我们为了缓解农村教师资源配置的压力，针对湖南广大农村湖区、库区和山区人员分散且学校布点多的实际情况，为农村尤其是边远地区、山区学校安排了 3% 的附加编制（共 1.6 万），其次是规定在校学生数不足 23 人的教学点单独核定 1 名教师编制，有效缓解了农村教师编制偏紧的状况。

经过几年的实践，随着教育事业的发展和形势的变化，又出现了一些新的矛盾。在首轮核编定岗工作中，很多地方由于分流压力大，再加上财政承受能力差，多年没有新进教师，致使教师队伍结构不合理、资源配置不均衡的矛盾突出。一是普通高中教师严重短缺。目前全省普通高中教师尚缺 1.9 万人，随着高中规模的扩大，这一缺口会更大。二是英语、计算机和音乐、美术等学科的教师普遍短缺，不少乡镇教师"跑学"，一些学校无法开设外语、计算机课程。三是乡村教师年龄老化、优秀年轻教师短缺。不少乡镇甚至没有一个高级教师；一些县农村小学教师 50 岁以上的占 45% 以上，形成了"爷爷奶奶教小学"的局面，导致小学教师队伍在年龄结构上出现明显"断层"现象。这些问题，如得不到很好地解决，将影响农村基础教育事业的健康发展。要解决这些问题，编制是很重要的调控手段，必须通过动态的编制管理，实现教师资源的合理配置。为此，今年我省开始启动第二轮编制核定工作。为了做好这一工作，我厅与省编办联合进行了调研。通过调研，我们了解到：如果按照 2003 年省定编制标准核定，全省要减少初中和小学教师 6 万多人，减幅达 11%，且大部分在农村。这样一来，农村地区，特别是山区、湖区、教学点和寄宿制学校教师配置的矛盾将会更加突出。为了解决这一矛盾，省编制、教育、财政部门已经进行认真研究，要下决心提高农村编制标准，以促进城乡教师配置的相对均衡。具体方案有两个：一是调整编制标准，使县镇、农村实行与城市一样的编制标准；二是继续执行原来的编制标准，同时较大比例地提高附加编，通过附加编的调控来解决农村教育对教师的需求。这样，教师编制就不会减少很多。

二、通过政策导向，支持和鼓励教师长期在农村任教

湖南是个农业大省，当前农村教师队伍建设的突出问题是待遇偏低，逆向流动的现象比较突出。就湖南而言，教师的基本工资已全部实现由县级财政统发，通过银行按月发放到教师个人账户上，这部分待遇对城乡教师都没有差别。农村教师收入待遇低主要问题是：需要学校自筹资金解决的课时津贴、班主任津贴和其他生活补贴等，有的虽然有政策性规定，但地方财政没有专项预算或没有足额预算，由于学校自筹资金的能力不同，往往导致学校之间尤其是城乡学校之间差距明显。从了解的情况看，全省大多数农村教师的月收入水平平均在 700 元到 1000 元，而城镇教师大约在 1500 元到 2000 元的水平。正是由于制度和体制等方面的深层次原因，导致农村教师长期待遇偏低，并因此农村教师队伍不稳定，逆向流动的现象也相当突出。针对这些问题，我们在推进中小学人事制度改革工作中，采取了如下一些措施。

一是改革教师职务评聘办法，增加农村教师职务比例。近些年来，坚持按中小学教师总数增加 2.5% 的岗位职数，专项用于评聘乡镇以下中小学教师的中级职务。从 2005 年开始，对在农村工作满 20 年的乡镇及以下、达到任职年限的中小学教师，保证他们在 3 年内分期分批获得参评中小学中级教师职务任职资格的机会；对还没有中学高级教师的农村中学，至少安排 1 名符合任职年限的教师申报中学高级教师任职资格，解决部分农村初中无高级教师的问题。根据 2005 年度的统计，我省农村初中教师中级职务比例高出全国 7.7 个百分点，农村小学教师中级职务比例高出全国 10 个百分点。此外，在教师职务评聘和特级教师评审时，坚持突出教书育人的能力水平、师德建设和工作实绩。对于长期在农村中小学工作的专任教师，重点考察其师德表现和教书育人的能力及实绩，淡化论文的要求。

二是从扩大城乡交流入手，加大城镇教师支援农村学校的力度。主要是在县市区范围内实行城乡学校之间"校对校"任职交流和挂职培训，由城镇学校选派教师到农村学校任教 1 年，并选派骨干教师和学科带头人"送课、送教下乡"，指导农村教师开展课堂教学、教研教改和教学管理等。同时，全省要求新参加工作的教师必须先到农村学校任教 1 年以上。不少地方还以县为单位，组织城镇学校与农村学校有计划地进行教师交流，交流时间与聘任合同同步，至少 3 年。全省已有 8000 多名城镇教师通过交流到乡村任教。此外，从上个世纪 90 年代末开始，我省组织民族贫困地区的中小学校长到教育发达地区挂职学习，至今已有 500 多名校长参加了这项培训，对促进农村学校校长队

伍建设发挥了重要作用。

三是从完善激励与保障制度入手，稳定农村教师队伍。从 2003 年开始，湖南专门设立了乡村优秀教师奖，对在县城以下农村学校从教 15 年以上的优秀教师给予奖励。湘西自治州等一些地方还建立了农村教师岗位津贴制度，对在乡村任教的教师每月发放 100 元不等的岗位津贴。同时加快教师社会保障制度建设，目前全省 14 个市州，已有 12 个试行教师养老保险，凡中小学编内人员由地方财政统筹交纳保险金的 24%，个人交纳保险金的 3% 从工资中扣除，教师退休后按原退休金标准计算养老金并由社保部门负责发放。

三、巩固和逐步完善中小学全员聘任制

我们认为，中小学人事制度改革的重点是建立"公平、竞争、激励、保护"相结合的用人机制。没有竞争和激励，队伍缺乏活力，不可能优化；没有保护，教师没有职业安全感，很难形成一支相对稳定的高素质教师队伍。在首轮核编定岗工作中，全省已整体推进中小学教职工全员聘任制。在这一基础上，如何巩固成果，使聘任制更加完善，我们做了进一步的探索，重点要处理好以下几个关系。

首先，以合同为纽带，处理好身份管理和岗位管理的关系。我们采取"整体推进、过渡入轨、规范管理、逐步完善"的工作方针，省里通过有关文件和会议，对聘任范围、聘任程序、续聘、解聘、辞聘等具体问题提出了明确要求。聘任制的关键是合同，它是双方权利和义务的约定，一旦签订，便有法律效力。抓住了合同管理，聘任制就能落到实处。为此，我厅还根据中小学教师的职业特点，根据有关法规，制定了中小学教师聘任合同参考文本，规范教师聘任合同的管理，严格履行合同规定的双方的权责，落实双方的义务和保障双方的利益，防止合同管理流于形式。同时，我们还规定，教师一般签订 3 年期合同，对于骨干教师，可以签订长期合同。合同到期，再依据合同约定和有关规定办理续签手续或其他手续。目前，从我省的情况看，虽然中小学教师聘任的动态制度环境没有完全配套，教师的静态身份管理没有完全打破，能进能出的问题还没有完全解决，新的用人机制尚未真正建立，但教师聘任制的实行，已经初步寻找到动静之间的结合点。只要不违反合同，经过考核合格的教师得以保留；出现需解聘、辞退等约定条件，便依照合同办理。

第二，处理好岗位竞争和教师职业保护的关系。聘任制的推行，就意味着竞争上岗，但这种竞争是规范有序的，在竞争的同时，也要维护教师的合法权益，使教师树立起职业安全感和自豪感。当然，这种保护是人本的、依法的。

我省在这方面主要采取了以下一些措施：一是在核编定岗、教师聘任中，教师从教达到 10 年以上，只要本人愿意，且没有违法、违纪、犯罪行为，学校必须聘任。在聘任合同文本中，明确了教师的权利，规定了校方单方面辞退教师的具体条件。同时对达到一定工作年限或到了规定年龄的分流人员，可以申请提前退休或提前离岗，并享受一定的优惠待遇。二是对原已取得国家职工身份的"老人"中的落聘人员，由教育行政部门实行调剂安置，引导他们合理分流，根据他们的特点，到非教学岗位或其他缺编学校工作，并办理相应的聘任手续。三是普遍建立了教师申诉和人事仲裁制度，畅通渠道，依法保护教师的合法权益。

第三，处理好学校行政和教代会的关系。在教师聘任工作中，既要尊重学校的自主用人权，又要防止侵害教职工的合法权益。我们强调要充分发挥教代会的作用，加强民主建设，对讨论决定聘任、续聘、解聘教师和其他工作人员等重大问题时，校长通过校务会议或校长办公会等方式研究确定。为了监督和防止这一权力的滥用，我们还通过文件的形式明确了教代会的权限：讨论学校章程的制定和修改，审议学校重大决策和重大事项；讨论通过直接涉及教职工利益的有关制度并监督执行；可以就有关问题对校长提出质询；可以向有关部门提出对校长的奖励、处分、解聘和罢免的建议。通过加强教代会的作用，反映教师心声和要求，保障和维护教师合法权益。在教师聘任中，实施方案必须经过教代会讨论通过，然后公布实施，做到公开、公平、规范有序。

四、建立和逐步完善教师服务管理机制

随着中小学人事制度改革的深化，建立完备的教师服务管理机制显得尤其突出和重要，它不仅是政府转变职能的需要，同时也是中小学人事制度改革能否深入的支持和保障。几年来，我们围绕这一问题，做了一些探索。

一是完善落实县级以上教育行政部门主管本地教师工作，学校自主进行教师管理的体制。2004 年，省委、省政府《关于进一步加强农村教育工作的决定》明确规定："县级以上教育行政部门在编制部门核定的编制数额内，依法负责履行中小学教师资格认定、招聘录用、职务评聘、培养培训、调配交流、档案管理和考核奖惩等管理职能。"目前，全省大多数地方都能按照这一规定落实，基本避免了教师人事多头管理、互相扯皮的现象。同时，省委组织部和省教育厅发文明确，学校"按有关规定拟定校内机构设置方案，聘任校内机构负责人，聘任、续聘、解聘教师和其他工作人员，对教职员工实施考核和奖惩"。从制度上保证了学校自主管理教师。

二是建立公开公平的教师从业服务制度。我省已全面实行教师资格准入制度，同时启动面向社会，公开认定教师资格工作。探索建立新任教师的公开招聘制度，目前，我省大部分地区已经实行新任教师公开招聘，一般都由市、县教育行政部门组织，制定实施方案，向社会公开发布信息，组织考试考核和试教，对新录用人员签订聘任合同，依合同管理。在总结各地经验的基础上，省里将制定相关文件，对新任教师招聘工作从制度上进行规范。

三是公开选拔中小学校长。2005年，我厅和省委组织部联合下发了《关于加强普通中小学校长队伍管理的意见》，明确实行校长聘任制，并要求逐步采取在本系统或面向社会公开招聘、平等竞争、严格考核、择优聘任的办法选拔任用中小学校长，同时对聘任程序、聘任合同管理、校长任期制做出规定。通过上述三个"公开"，我们搭建了一个教师从业的服务平台，构建了竞争择优选任教师、校长的制度环境。

四是探索建立财政对教师工资福利的支持保障机制。从2002年起，我省以县市为单位，实行教师工资财政统发，再没有产生新的教师工资拖欠。在此基础上，吉首等县市实行由财政按编制核拨人员经费，教育局负责工资统发的办法，为分配制度改革创造了条件；长沙市财政对学校缺编实行每人每年1.5万元至2万元的财政补贴，鼓励学校在满足基本需要的前提下精减人员，并根据不同岗位采取不同的用人方式；常德市等地通过公共财政建立教师特殊岗位津贴，为省市级骨干教师每月发放200元至300元的岗位津贴，这些都对加强教师队伍建设起到了很好的推动作用。

总之，我省中小学人事制度改革按照设定的总体思路，坚持制度化、科学化、规范化的改革方向，做了一些探索，也还存在不少问题，今后我们将在部里的指导下，学习和借鉴兄弟省市区的经验，继续深化中小学人事制度改革，更好地服务和推进教育事业的改革和发展。

创新机制　激活人力
稳步推进中小学人事制度改革

四川省教育厅
2006 年 6 月

"十五"期间，四川省中小学人事制度改革，按照"创新用人机制，激活人力资源，优化队伍结构，提升教师素质，促进教育发展"这一思路，以服务教育教学为出发点，以创新教育人事管理机制、激活人力资源为着力点，全面推进中小学人事制度改革，初步实现了中小学教师由身份管理向聘用管理和岗位管理转变、学校干部由任命制向聘任制转变，为培育结构合理、素质优良、富有活力的中小学教师队伍和干部队伍发掘了不竭动力，有力推动了全省基础教育事业的持续健康发展。

一、四川省中小学人事制度改革的主要进展

作为人口 8600 万、山区高原占总面积 76％以上、辖 181 个县（市、区）、中小学教职工近 80 万人的教育大省，全面推进以聘用（任）制为核心的基础教育人事制度改革，可谓一项庞大的攻坚工程。

按照国家人事部、教育部和省政府人事制度改革的有关文件精神，5 年来，省教育厅会同有关部门制定了《深化全省中小学人事制度改革的实施意见》、《关于进一步加强农村义务教育教师队伍建设和管理的实施意见》、《中小学校长聘任管理办法》、《进一步加强农村中小学教师队伍建设的管理意见》等文件，为全省中小学人事制度改革提供了有力指导。2004 年，各市、州在试点的基础上，按照"先入轨、后完善、积极稳妥"的原则，全面启动了中小学全员聘用制改革，力求破除教师职务终身制和单位所有制，形成"按需设岗，双向选择，择优聘用，优胜劣汰"，促进优秀人才充分发挥潜能的用人新机制；2005 年初，全省中小学人事制度改革经验交流会召开后，我省中小学人事制度改革进一步走向纵深。几年来，各地在改革探索中重点抓好了以下

环节：

1. 理顺管理体制，加强对中小学全员聘用制改革的领导，加大宣传力度，注重指导教职工认真学习政策、提高认识、转变观念、积极参与、支持改革。

2. 坚持"公开、公正、公平"原则，严格聘用程序：公布岗位，明确条件；按岗申报，资格审查；考核考察，择优聘用；张榜公示，签订合同和合同管理。

3. 根据岗位职责确定考核内容，加强对受聘人员职业道德、工作绩效的考核。探索社区、家长、学生和组织综合评价教职工的办法，将考核结果作为分配、奖惩、晋职、续聘、解聘、辞退教职工的重要依据。

4. 引导教师有序流动，精心做好教职工思想工作，做到"改革无情、操作有情"。通过调整岗位、进修培训等途径分流富余人员；建立教师交流轮岗制度，组织超编学校教师到缺编农村学校、薄弱学校任教。

5. 建立人事争议调解制度，加强对教育行政部门和中小学教师聘用过程中人事争议问题的调解，依法保障教职工和学校的合法权益。

6. 按照"多劳多得、优劳优酬"原则，加大学校分配制度改革的力度。

目前，全省县城以上中小学、一半以上的农村中小学实施了教职工全员聘用制；部分中小学校长实行了聘任制和公推公选制，"公开招聘、平等竞争、择优聘任"成为产生中小学校长的主要方式。全省中小学人事制度改革正向正常化、规范化推进。

二、我省中小学人事制度改革的基本做法及体会

1. 科学核定教师编制，是中小学人事制度改革的前提和基础

建立科学合理的教职工编制标准，是推行中小学人事制度改革的基本保证。2002年我省制定下发了中小学教职工编制标准（试行），就学校编制核定原则、部门职责、领导职数和机构数、编制标准、教职工结构比例、附加编制、动态管理、人员分流等提出了指导意见，并于2003年核定下达了全省中小学教职工编制数额。经各级共同努力，在2004年暑假前将教职工编制分解落实到校。从全省情况看，由于历史的原因以及社会经济发展的不平衡等原因，致使不同地域、不同学校超编和缺编同时存在，省有关部门在调研的基础上，为保证学校教育教学的基本需要，根据各地学生变化情况和对教师数量的实际需要，于2005年年底，对部分地区的教职工编制进行了必要的调增。合理的编制核定，对全面推行以聘用（任）制度改革为核心的人事制度改革奠定了良好基础。

6 年前，我省井研县教育长期积累的一些矛盾凸显出来，教育质量严重滑坡。井研县委、县政府认为，教师配置不合理、结构性矛盾突出、积极性不高是教育质量下滑的重要原因，必须通过人事制度改革精简和优化配置教师。井研县把科学核定教职工编制作为中小学人事制度改革的前提和基础，他们在摸清、核实教职工队伍数据后，根据上级规定和本县实际，制定了中小学教职工编制平均系数和学校精简比例。然后结合学校布局调整清理、整顿编制，撤并村小 34 所减少编制 97 人；撤销 6 个学区教办减少编制 53 人；归并 27 所成人文化技术学校，组建乡镇成人文化中心，合并中师、进修校、电大分校组建成教中心，由此减少教职工编制 219 人；清退代课教师 109 人，最后全县精减教师 869 人，从而彻底改变了井研县教育严重超编、人浮于事的现象，全县教师队伍得到优化，教育质量开始回升。为我省全面推行和实施人事制度改革起了催化剂作用，并提供了有益经验。

2. 拓宽富余人员分流渠道，是确保人事制度改革成功的关键

在全员聘用制改革中，我省制定了待聘、未聘人员分流的具体政策：其一，有条件的地方可参照当地机关工作人员分流政策，对学校超编人员实行提前退休和带薪脱产学习。其二，工作满 30 年或男 55 岁、女 50 岁且工作 20 年以上者，经批准，可在单位内"离岗待退"，待到法定退休年龄时办理退休手续，享受退休待遇；离岗待退期间发给国家规定的基本工资和非生产性补贴，工龄连续计算。其三，中小学教职工辞去公职，由同级财政一次性发给辞职费，每满 1 年发给本人 1 个月、最高不超过 36 个月的基本工资。其四，对不服从工作安排或拒聘人员，给予 3 个月至 6 个月的自主择业期。其五，对超编且无岗位安置或愿意应聘而未聘的人员，给予 6 个月至 12 个月待岗期。

分流过程中，在坚持"三敢三不"（敢于坚持原则，敢于碰硬，敢于动真格；不留情面，不讲关系，不留漏洞）的同时，积极争取党委、政府支持，以优惠政策、有情操作、多渠道分流富余人员：严格到龄退休，教龄男 30 年、女 25 年以上者实行全额工资退休（农村教师）；"在编不在岗"人员限期回校应聘，逾期者辞退，未聘者推荐他校应聘；将有发展潜力又不愿待岗、30 岁以下的落聘人员选送高校读书，保留其基本工资；辞退违反师德、违纪或教学质量低劣人员。

3. 促进教师有序流动，是优化配置教师资源的必由之路

教职工核编定岗和清退代课教师后，乡村学校教师紧缺的矛盾更为突出，有的甚至到了"开不了课"的程度，而城区和交通便利的学校依然"相对拥挤"。对此，各地遵循"因地制宜，实事求是"、"分层推进，分步实施"、"突出重点，注重实效"等原则，探索了促进教师平衡流动的多种途径，有效整合、均衡配置了教师资源。

一是城区教师向乡村流动。以"对口支援"办法安排超编学校落聘教职工到薄弱学校任教；2000 年以后新聘教师逐年安排交流轮换到乡村学校；城区教师到乡村学校任教 1 年以上，才有资格晋升高级专业技术职务；交流教师年度考核纳入流入学校，其编制和工资关系保留原校，在评优选模、职务晋升、职称评定等方面享有优先待遇；选派思想素质好、业务能力强、有发展潜力的农村中青年骨干教师到县城学校学习。动员部分青年骨干教师以"挂职锻炼"方式，交流到乡村学校工作；从条件较好的学校，选派有培养潜质的骨干教师到薄弱学校挂职任副校长，干好了正式提拔，干不好回原单位，开拓了一条干部培养通道，为校长公选和聘任制改革奠定了干部基础。

二是中心校教师轮岗村小。针对普遍存在的"村小师资薄弱，中心校教师相对富余而派不下去"的现象，我省部分地区实施了中心校教师轮岗村小制度，即中心校 45 岁以下教师都要签订协议，轮岗村小 1 年后经中心校考评达标才能返回。这样，就有一批中心校教师长期轮流服务在村小，形成了村镇教师平衡流动和优化配置的良性局面。

三是以推进城乡教育一体化为主线，建立公平竞争和有序流动的用人机制。2004 年，成都市武侯区首次公开招聘 74 名教师充实到农村学校，并从城区学校提拔 15 名校级干部到农村小学任职；同时确定 5 所窗口学校对口扶持薄弱学校，派出 76 名教师支教农村学校。初步形成了城区教师到农村学校、超编学校教师向缺编学校有序流动的格局。为实现城乡教育一体化，进行了有益的尝试。

教师流动机制的建立，有效缓解了城镇学校教师超编和农村薄弱学校教师紧缺的矛盾；轮岗教师既把新观念、新信息、新教法、新技能带到了农村，自身也得到了锻炼；同时促进了区域内教师资源的均衡配置和城乡教育的协调发展。

4. 合理的效益分配机制，是增强队伍活力、促进教师发展的助推器

我省部分地方通过完善教职工年度工作考核办法，指导学校客观、公正地评价教职工工作绩效，并将考评结果作为教职工评优、晋职、津贴发放的重要依据。加大考核结果的应用力度，在职称评定上，对符合晋升中高级专业技术职务条件者量化考核后择优推荐；在津贴发放上，制定了中小学教职工津贴分配方案，将 30% 的活工资、学校部分节余经费与教职工工作绩效挂钩，拉开差距，做到"奖勤罚懒、奖优罚劣"。

5. 构建中小学人事管理长效机制，是盘活教育人力资源的重要保障

从制度上入手，构建教育人事管理长效机制。我厅会同省人事厅、省编办、省财政厅联合制发了《关于进一步加强农村义务教育教师队伍建设和管理的实施意见》，进一步规范和理顺了政府相关部门在教师队伍管理方面的具体职责、职能。在此基础上，各地又做了积极探索。

一是健全中小学教职工代表大会制度、校务公开制度、集体议事决策制度，并将其执行效果作为校长督导评估的重要内容。

二是制定教职工管理办法和监督机制，规范、强化教职工岗位管理，实施严禁体罚或变相体罚、严禁乱收费、严禁乱发资料物品、严禁参与赌博等为主要内容的"教师禁令"，推出"师德承诺制"和师德师风"一票否决制"。

三是建立教师评价制度，凉山州出台了《中小学教师工作评价方案》，要求学校考评教师必须做到这样几点：考核工作制度化，做到不随意、不脱节、不怕麻烦、不走过场；考核内容全面化，注重德、能、勤、绩全面考核；考核标准规范化，突出导向性、层次性和可行性，等等。不少地方还在考核过程中做到了"四公开一监督"：考核标准公开、考核办法公开、考核程序公开、考核结果公开，全面接受教职工监督。

四是构建促进教师发展制度，不少县级教育行政都制定了中小学学科带头人、中青年骨干教师和教坛新秀培养选拔管理办法，构建了中小学教师队伍梯队和人才信息管理库。

6. 推行校长公推公选和聘任制，是建设高素质学校干部队伍的必然要求

推行中小学校长公推公选和聘任制，我省出台了中小学校长聘任管理办法（试行），就校长责权利、聘任条件、聘任程序，以及聘任合同的订立、履行、考核、变更、终止、解除等做了明确规定。各地初步改变了单纯由教育行政主管部门任命学校干部的传统方式，建立了校长公推公选、公开招考和中层干部竞争上岗制度。

不少地方成立了党委、政府主要领导为组长的校长公推公选领导小组，部署、落实改革过程的各个重要环节：一是精心组织，严把"十关"：报名初审关、资格审查关、笔试关、阅卷计分关、考核测评关、面试答辩关、录取审批关、谈话教育关、跟踪调查关等。二是人大、政协、纪检部门全程监督，公开政策，公示候选人员，公布举报电话，积极受理和查证投诉。三是强化校长管理考核，对试用期满的中小学校长全面考核，对群众满意率低的予以解聘。

构建以聘任制为核心的干部队伍长效管理机制，不少地方制定了《中小学干部选拔聘任管理办法》，在明确学校干部任职条件、产生程序、惩戒和激励办法基础上，推行"三制"：

第一，构建学校干部"选拔聘用制"。拓宽选聘渠道，对工作能力强、业绩突出、群众认可率高的校长，通过更新机制由"任用制"向"聘任制"平稳过渡；对部分安于现状、能力不强、群众认可率低的校长予以撤换，并"公开招聘"新任校长。副校长由校长提名，按照考察预告、组织考察、组织审定、任前公示程序选拔；中层干部由学校推荐，教育局行文提名，校长聘任；"民主推荐、组织考察"建立后备干部信息库。

第二，实施干部"任期目标责任制"。把校长岗位职责同学校发展和提高办学效益结合起来，抓住聘期目标任务这个核心，建立校长聘期目标责任制，根据其办学宗旨、培养目标、规模、层次提出发展目标：一是普遍性要求；二是学校结合自身特点制定中、长期规划；三是会同学校研制校长聘期目标任务；四是把目标任务完成情况作为校长聘期考核的重要内容，制定《校长工作督导评估方案》，明确校长履行决策、建制、用人等职能和要求，每年通过民主测评、组织考核确认干部工作绩效，作为依法变更、解除或终止聘任的重要依据。

第三，实行干部"问责追究制"。在加强干部任期目标责任监督评估的同时，实行教育教学质量末位告诫制、安全责任事故和经济责任问责追究制。严格追究因管理不善导致教学质量差、安全责任事故、经费收支出问题的干部责任，促进了干部队伍结构优化和管理水平提升。

建立校长年度考核、聘期届中考核、届满考核等制度，同时建立干部实绩档案、干部廉政档案，初步形成了培训、考核、奖惩和续聘、辞聘、解聘的管理机制，促进了校长工作积极性、主动性和创造性的发挥，激发了学校办学活力。

校长"公推公选"和聘用制改革创新了用人机制，加快了人才流动，促进了人才向教育聚集、教育人才优化配置、教育人力资源向人才资本转变，提高了学校干部队伍素质。干部任职管理由任命制变为竞争制、终身制变为任期制，从根本上改变了"少数人选人，在少数人中选人"的传统做法。通过竞聘机制，大批政治素质过硬、业务水平优良、勇于改革创新、善于管理、年富力强的同志走上了管理岗位，激发了干部的进取精神和责任感、使命感，对办好学校、净化教风、调动教职工的积极主动性和创造性发挥了重要作用。

反思以聘用制为核心的全省中小学人事制度改革实践，可以获得这样一些启示：

1. 加强领导，争取支持，是搞好中小学人事制度改革的基本前提。人事制度改革政策性强、涉及面广、难度大，尤其需要各级党、政领导高度重视和有关部门的大力支持。

2. 广泛宣传，转变观念，是搞好中小学人事制度改革的思想基础。人事制度改革攸关教职工的切身利益，关系到教育改革、发展和稳定的大局，是对传统教育观念、教育模式的巨大冲击，必须严格执行政策和有关法律法规，加大政策导向和宣传力度，营造出有利于改革的氛围，提高校长、教师支持、参与改革的自觉性。

3. 严格监控，从严把关，是搞好中小学人事制度改革的关键。在实施教职工全员聘用制过程中，学校要坚持"公平、公开、公正"原则，推行"阳光工程"，公开改革方案、竞聘条件、竞聘人员考评分数、聘任结果等，同时要着重把好以下几关：改革方案关，改革方案须经学校班子集体研究、学校教代会审议、上级行政部门批准后实施；教职工考评关，学校要制定相对科学合理的考评细则，客观、公平、公正地评价每位教职工，并作为聘用依据；同时还要把好笔试关、面试关和聘任关。

4. 有情安置，妥善分流，是搞好中小学人事制度改革的保障。妥善分流落聘教职工是一个政策性强、影响大的难点问题，要精心制定分流政策，拓展分流途径，为绝大多数分流人员解决出路和后顾之忧，才能确保改革成功。

深化中小学人事制度改革，创新用人机制，优化队伍结构，提升队伍素质，是当前中小学教师队伍建设的重点。要妥善处理改革与发展、稳定的关系，坚持从实际出发，因地制宜，把改革力度、发展速度和承受度统一起来；要正确处理调动教师工作积极性与维护教师合法权益的关系，满腔热情为教师办实事、解难事、做好事，依法维护教师合法权益；要积极面对改革中的新情况、新问题，不断探索新时期中小学人事制度改革的有效途径和方法。

三、我省中小学人事制度改革亟待重点解决的问题

"十五"期间，我省中小学人事制度改革取得了显著成效，创造和积累了宝贵经验，为进一步深化这项改革奠定了思想和技术基础。改革中也暴露、产生了一些深层次的问题和困难，这正是"十一五"期间深化我省教育人事制度改革的重点和难点，亟待从思想、技术和政策上研究、解决。

1. "多头管理、重复管理、管理效率低"等问题仍然存在，需要对各地行政部门职责进行认真清理和规范，依法落实其管理教师队伍的职责。

2. 由于国家编制标准中没有明确保证教学质量的最低编制标准，一些地方核编时过分强调财政供给困难，致使一些学校教职工实际核编过低、分流人员过多、教师负担过重。一些边远地区因学生分散、校点多，短期内难以大规模合并村小，按现行标准这些学校很难维持正常教学，应对这些学校予以编制倾斜。

3. 城乡教育差异日趋扩大，城市中小学教职工分流压力和城乡教师交流

难度增大。加快发展农村教育和边远贫困地区教育，应进一步完善、细化城乡教师交流的政府指导性意见。

4. 解决学校落聘人员的后顾之忧，需要社会保障制度的支持。目前社会保障体系不够健全，落聘教师社会保险待遇难以落实，教师流动缺乏良好的社会保障环境，应尽快建立、完善涵盖中小学教职工养老保险、失业保险和医疗保险的社会保障制度。

精心组织　稳步实施
扎实做好中小学编制核定工作

甘肃省教育厅
2003 年 11 月

甘肃省现有中小学 20578 所，中小学生 523.58 万人；在校教职工 25.44 万人，其中城市 2.1 万人，县城 5.39 万人，农村 17.95 万人。在校教职工中，公办教职工 22.62 万人，代课教师 2.82 万人。

2001 年 10 月，《国务院办公厅转发中央编办、教育部、财政部关于制定中小学教职工编制标准意见的通知》下发后，我省高度重视，在深入调查研究、认真测算论证、反复讨论酝酿的基础上，结合本省实际，制定出台了具体实施办法。今年 9 月，省政府批准下发了各地县中小学教职工基本编制数额及相关配套政策，全省中小学共核定基本编制 263588 名。现就甘肃省贯彻落实国办发〔2001〕74 号文件精神，实施中小学教职工编制核定工作情况分三个方面作简要汇报。

一、基本做法

国办发〔2001〕74 号文件下发后，我厅党组高度重视，及时召开会议，专题研究中小学定编问题。会议决定，全省中小学教职工编制核定工作由厅长亲自负责、主管基础教育工作的副厅长协助。具体组织实施工作由厅人事处牵头，厅基教处、师范处、职成处、民教处配合。根据厅党组的意见，把中小学定编工作作为 2002 年教育人事工作的头等大事来抓。

一是及时与省编办协调联系，并征得省编办同意后，严格按照国家颁布的中小学教职工编制标准，对全省 87 个县（市、区）的中小学分城市、县镇、农村三个层次进行了认真反复的测算分析。

二是根据测算分析情况，结合全省经济发展、财政承受能力和中小学实际，在广泛征求地县教育、编制、财政部门和中小学意见的基础上，草拟了

《甘肃省中小学教职工编制标准实施办法》（以下简称《实施办法》），经厅党组会议审定后于2002年2月28日上报省编办。省编办对我厅上报的《实施办法》在反复论证、充分听取各方面意见的基础上多次进行了认真研究，原则同意我厅意见，并于2002年6月4日专门召集省教育厅、省财政厅负责同志再次就《实施办法》进行协商和沟通，三个部门议定：全省中小学教职工编制实行一次核定、分步到位，6种需核增的附加编制待基本编制核定后，再追加核增。《实施办法》争取在2002年6月底前以省政府办公厅的名义批转下发。经过反复协调汇报，省政府办公厅于2002年7月12日以甘政办发〔2002〕42号文件向各市（州、地）批转下发了省编办、省教育厅、省财政厅《关于实施中小学教职工编制标准的意见》（以下简称《实施意见》）。《实施意见》下发后，为了做好中小学教职工编制核定工作，让编制部门进一步熟悉、了解中小学情况，支持中小学定编工作，我厅抢抓机遇，邀请省编办领导和相关处室同志先后到全省8个市（州、地）的城市、县镇和农村中小学专题进行调研，并对当地的定编工作进行检查指导，为全省中小学教职工编制的最后核定打下了良好的基础。

三是为了切实保证全省中小学教职工编制核定申报工作按期完成，我厅又会同省编办、省财政厅于2002年10月联合下发了《关于抓紧上报中小学教职工编制核定方案的紧急通知》，要求各地认真做好中小学教职工编制核定申报工作，并提出具体要求：一要以甘政办发〔2002〕42号文件规定的标准执行，学生数以2002年9月30日前在校生数为基数，数据要真实准确，不得弄虚作假。二要明确职责，分级负责，层层把关，保质保量完成中小学定编审核工作。具体程序是：县（市、区）教育行政部门根据教育事业发展规划，提出本辖区学校编制建议方案，机构编制部门根据省上颁布的编制标准，会同财政部门审核本辖区中小学编制，再经县（市、区）政府讨论通过后报市（州、地）；中小学编制经市（州、地）编制、教育、财政部门审核后经市（州、地）政府同意，报省编制、教育、财政部门核准，再报省政府审批。三要严格核编纪律。中小学编制核定工作实行集中统一管理，其他部门和社会组织不得进行任何形式的干预，下发文件和部署工作不得有涉及学校机构人员编制方面的内容。四要按照省上安排的报批时间，分别由地区编制、教育、财政部门抽调专人组成报批小组，统一上报，对口协调，保证核编申报工作顺利进行。另外就各地报批时间、呈报说明、填报表样做了统一规定和要求。

由于各级编制、教育、财政部门密切配合，省地县党委和政府高度重视，措施得力，2002年12月底，全省14个市（州、地）87个县（市、区）的编制核定申报工作按期完成，共申报核定中小学基本编制271512名。根据各市

（州、地）申报的基本编制数，省编办、省教育厅、省财政厅坚持标准，严格把关，共核准基本编制 263588 名，其中城市 22315 名、占 8.5％，县镇 55416名、占 21％，农村 185857 名、占 70.5％，比实际申报核减 7924 名。2003 年8 月，省政府专题召开全省中小学编制核定会议，原则同意省编办、省教育厅、省财政厅核编方案，并就做好定编工作提出明确要求。9 月底，省政府批准下达了全省中小学教职工基本编制数，下发了《甘肃省人民政府关于落实中小学人员编制有关问题的通知》（甘政发〔2003〕80 号）。从核定的编制情况看，这次省政府批准的中小学教职工编制基本适应我省基础教育发展的需要。

二、几点体会

（一）**加强联系，主动争取，是教育部门做好核编的前提。**国办发 74 号文件下发后，我厅一是注意加大与省编办、省财政厅的联络，及时汇报沟通，争取编制、财政部门的大力支持，为定编工作创造宽松的外部环境。通过联络沟通，省编办对全省中小学教职工编制核定工作提出明确意见，即定编前期调研、测算、分析、实施办法草拟工作由省教育厅负责，论证、审核工作由省编办、省财政厅负责。二是深入调查摸底，反复测算论证，弄清基本情况，切实做到心中有数，使全省中小学教职工定编工作的主动权牢牢掌握在各级教育行政部门手中。

（二）**实事求是，提出意见，是教育部门做好核编的基础。**按照国家颁布的编制标准，我厅对全省 87 个县、市、区中小学分城市、县镇、农村三个层次多次进行了测算分析。根据测算分析结果，结合全省经济发展、财政承受能力及各地中小学实际，提出了切实可行的《实施办法》，得到了省编办、省财政厅的共同认可。

（三）**检查指导，落实方案，是教育部门做好核编的关键。**甘肃省地域辽阔，经济与社会发展状况差别很大。省政府办公厅批转的《实施意见》下发后，我厅要求地县教育行政部门在申报编制方案时，一要从各地实际出发，因地制宜，区别对待，不搞一刀切。二要通过核定编制工作，辞退代课教师、压缩非教学人员、清退临时工勤人员，并注意引导教职工从城镇学校和超编学校向农村学校和缺编学校合理流动。三要加强对中小学编制核定工作的监督、检查，对违反编制规定的部门或单位，一经发现，严肃查处。四要及时向省有关部门汇报沟通，不得随意变通标准或扩大范围核编。

（四）**坚持标准，严格审核，是教育部门做好核编的保证。**省编办、省教育厅、省财厅对各地上报的编制建议方案，在审核时相互加大沟通和协调力度，认真查对、严格审核。对编制建议方案中超范围、虚数字等现象坚决予以纠正，保证了编制核准工作顺利完成。

三、下一步工作重点

（一）以全国农村教育工作会议精神为指导，认真贯彻落实《国务院关于进一步加强农村教育工作的决定》和《甘肃省人民政府关于落实中小学人员编制有关问题的通知》，严格按照省政府批准的中小学编制数额和分配编制时间要求，全力以赴抓好地县中小学教职工编制分配工作，力争在今年年底前把编制分配到每个中小学。

（二）搞好编制分配工作，切实做到"五个结合"：一是把定编工作与全面实施教师资格制度相结合，严把教师进口关，严格掌握教师资格认定条件，严禁聘用不具备教师资格的人员担任教师。二是把定编工作与教师聘任制相结合，全面推行中小学教职工聘用（聘任）制度，进一步加强岗位管理。按照《国务院办公厅转发人事部关于在事业单位试行人员聘用制度意见的通知》和人事部、教育部《关于深化中小学人事制度改革实施意见》的精神，按需设岗、公开招聘、平等竞争、择优聘用，在平等自愿、协商一致的基础上，由学校与教职工签订聘用合同，明确聘期内的岗位职责、工作目标、任务以及相应待遇，逐步建立符合中小学特点的人事管理运行机制，努力建设一支高素质专业化的中小学教师队伍和管理队伍。三是把定编工作与优化教师队伍结构相结合，按照精简、规范、效能的原则，规范中小学内设机构和职责，控制中小学领导职数，合理确定教师、职员、教辅人员、工勤人员的结构比例，坚决、逐步辞退代课人员，清理临时工勤人员，精减非教学人员。引导教职工从城镇学校和超编学校向农村和缺编学校合理流动，解决边远贫困地区和缺编学校教师不足问题。四是把定编工作与农村中小学布局调整相结合，农村小学和教学点服务半径不足2.5公里的原则上要予以调整合并，鼓励有条件的地方以乡镇为单位或几个行政村联片办小学。整合教育资源，提高办学效益。五是把定编工作与保证教师工资按时发放相结合，建立编制管理的经费约束机制，保证教师工资的统一发放。

（三）充分认识定编工作的重要性、严肃性和权威性。这次中小学定编，是在《国务院关于基础教育改革与发展的决定》的精神指导下，为了加强中小学教师队伍建设和编制管理，提高教学质量和办学效益，适应当前中小学教育改革与发展的需要，保证基础教育持续健康发展的重大举措。科学合理地核定好中小学教职工编制，事关教育的大局。编制是法规、是政策，必须严格执行和坚决维护。对这次核定的编制要进行严格规范管理，建立完善的配套措施，任何单位和个人都必须严格遵守，不得擅自增加编制，不准超职数配备领导干部，不得挤占挪用中小学编制。编制管理是教育人力资源优化配置的重要基础，定编工作必须坚持保证需求和提高效益的原则，既要保证必要的师资需求和人力投入，又要取得最佳的人员使用效益。要建立年度编制报告制度、定期调整制度和监督机制，进一步加大对全省中小学教职工编制分配工作的检查督促力度，对编制分配工作实行全程跟踪监督，及时协调解决实施过程中的有关问题。对违反机构编制纪律的行为要坚决予以纠正，保证编制分配工作顺利完成。

（四）对超编的 7 个市（州、地）本着实事求是、因地制宜、区别对待的原则，通过调整学校布局、优化教师队伍结构和核定附加编制的办法逐步解决。

深化中小学人事制度改革
加强教师队伍建设

山西省晋中市教育局
2006 年 6 月

晋中市共有各级各类学校 2037 所。其中中小学校 1999 所，在校生 52 万人，教职工 30999 人。近年来，我市认真贯彻国家和省制定的一系列推进教育事业发展的政策措施，实施科教强市、人才支撑战略，深化教育改革，推进教育创新，教育事业有了长足发展。特别是从 1999 年以来，我们坚持以改革为动力的工作思路，坚定不移地进行了两轮中小学人事制度改革，使中小学教师队伍整体素质有了明显提高，农村山区中小学教师队伍得到加强，初步建立起人员能进能出、待遇能高能低的竞争激励机制，增强了办学活力，推动了教育全面、协调、均衡发展。

一、深入调研，找准问题，明确中小学人事制度改革的目标

上世纪 90 年代，在建立社会主义市场经济体制的过程中，我们深刻认识到，教育体制改革是建立社会主义市场经济体制的重要组成部分，中小学人事制度不适应市场经济的要求，没有引入竞争激励机制，将影响教育事业的发展。为此，原地委、行署组织对全市中小学教职工现状进行了调查，找准了中小学人事制度方面存在的主要问题：一是在编教职工总量不足，实有教职工总量超编。全市在编教职工 31783 人，应编制教职工 35343 人，缺编 3560 人。但由于使用代教和临时工勤人员 7217 人，使实有教职工达 39000 人，大量超编。二是教师结构失衡，分布不均。教职工城乡之间、学段之间、学科之间分布极不平衡，全市城内 80 所中小学就有 70 多所学校教师超编，超编人数达 1309 人。学段之间教师的分布也不合理，普通中学超编 2231 人，职业中学和农村小学分别缺编 171 人和 1086 人。三是管理体制陈旧，用人机制不活。传统的人事管理模式比较僵化，没有合理的人员流转机制，教职工能进不能出，

工作干好干坏一个样，不少学校办学规模效益差。农村尤其是偏僻山区学校雇用的大量临时代教，大多知识水平低下，严重影响农村教育质量，还加重了农民负担。为解决这些问题，市里多次召开不同类型的座谈会，广泛征求意见，反复讨论，制定了改革的目标，即以优化教师资源配置、优化教育资金利用和提高教师整体素质为总目标，在教职工总量上，清退富余的非在编人员，使人员数量符合编制标准；在教师区域分布上，着重解决城镇学校人员超编、农村在编教师短缺的结构性矛盾，实现城乡在编教师布局基本均衡和合理流动；在中小学内部建立和完善校长负责制、教职工聘任制、结构工资制，形成岗位能上能下，工资能高能低，人员能进能出的竞争机制，进一步提高中小学办学效益和教育质量。在改革过程中，又先后制定 10 个配套文件，60 多项具体政策措施，全面推进中小学人事制度改革。

2001 年，国家新的中小学教职工编制标准下发后，教育部和省制定了一系列中小学人事制度改革的政策措施，对中小学人事制度改革提出更加明确具体的要求。2004 年，省编办批准下达我市中小学教职工编制 31626 人，比 1999 年教职工编制减少 4215 人，比实有教职工 33326 人减少了 2198 人，出现了新的超编情况。为贯彻教育部和省中小学人事制度改革的精神，全面落实国家和省定编制标准，加强中小学编制管理，进一步改变教师结构，完善教职工全员聘任制，规范校长的选拔任用和管理，我市进行了第二轮中小学人事制度改革。

二、精心组织，稳步实施，全面推进中小学人事制度改革

按照国家和省有关文件的精神，我市中小学人事制度改革以定编定岗为基础，以考核考试为依据，全面推行教职工聘任制。改革主要从五方面展开。

第一，严格核定编制，科学设置岗位。定编工作是定岗定员的前提。1999 年，我们在核编过程中，明确规定了"三不准"，即所有中小学在改革期间不准自行扩大学校规模、不准自行增加人员编制、不准把超编教师分流到职业学校和幼儿园。建立了以校核编，市县审核，省里审批，层层把关的逐级审批制度。2004 年定编时作了 5 条规定：一是在核定学生基数时，以未来 3 年的招生预计数为计算标准，以校为单位按班计算；二是实行编制总额控制，严格控制县城中小学教职工编制，对山区县和平川县（区、市）的偏远农村学校分别给予 3% ~ 8% 的附加编制，保证农村山区教育教学的基本需要；三是对 7 生以下"单师校"不再核定编制，推进农村中小学布局结构调整，提高编制资源配置效益；四是坚持满工作量原则，按照编制、教师岗位职数和课程教学

的要求，合理设置教学岗位；五是在定编基础上，本着按需设岗、专兼结合、一人多岗的原则，科学设置学校内部机构、领导职数和职工岗位，尽可能减少非教学人员。

第二，严格考核考试，提供聘任依据。为保证改革公开、公平、公正进行，我们采取了考核考试相结合的办法。

一是严把考核关。在考核过程中重点抓了量化考核细则、严格考核程序、加强过程管理、注重考核质量四个环节，从德、能、勤、绩四个方面，以教职工的工作实绩作为考核的主要内容，严格按照中小学各类人员考核标准和办法认真进行考核。多年来，教职工考核拉不开档次，基本称职和不称职的几乎没有。1999 年，全市考核出基本称职教职工 513 人，不称职的 76 人。

二是严把考试关。第一轮改革对教师进行的考试是我市规模最大的一次教师专项考试。按照"教什么，考什么"的原则，考试内容为各学段、各学科教学大纲、教材、教法。考试科目为 37 科，其中小学语文、数学又分为高段、低段两部分。市委、政府确立了"像抓高考一样抓好这次考试"的指导思想，成立了考试工作领导组。在考试过程中，认真抓好命题、保密和考风考纪三个关键性环节。教师考试及格率为 86.1%；不及格率 13.9%。查处违纪、舞弊教师 78 人，按不称职教师处理。这次考试后，我市建立了 3 年一度的教师业务考试制度。2002 年、2005 年分别组织了两次教师业务考试，严肃考风考纪，对考试不合格的教师实行末位流动制，并在次年进行补考。

第三，坚持公开公正，实行全员聘任。在定编定岗、考核考试的基础上，按照"按需设岗，平等竞争，择优聘任，合同管理"的原则，积极推行教职工聘任制。

在第一轮改革中，教职工聘任从聘任办法到聘任的程序上做了缜密的研究，提出了细化的步骤。首先是统一聘任标准，主要有三方面内容。一是严格按照考核考试的总成绩，择优聘任，竞争上岗。教师聘任成绩按学年度考核成绩的 60% 和业务考试成绩的 40% 相加计算。考核考试总积分达到基本称职以上的教师，在本校以学科按积分多少为序参与竞争上岗。考核达到基本称职以上的职工，以考核成绩多少为序参加聘任。称职的教师落聘后可以参加职工岗位聘任。二是对中小学教师实行考试成绩尾数淘汰的办法。在编教师考试成绩低于 50 分的，实行尾数淘汰，将其列为待聘对象，参加培训或转岗。1987 年以后的代教，考试成绩不及格的，一律辞退。三是无故脱岗、旷工时间超过国家有关规定，以及违反教师职业道德，造成严重后果的不称职教师，不得参加聘任，一律予以辞退。考试中因作弊确定为不称职教师的，如本人考核达到基本称职以上，能胜任教学工作，做了自我批评的，安排到山区学校临时任教，

1年后参加考核考试，合格后方可在农村山区缺编学校参加聘任。对考试中作弊的校长，一律免职，与作弊教师一样处理。同时细化聘任步骤。聘任采取"五先五后"的次序进行，即先城市后农村山区；先超编学校后缺编学校；先在编教职工后非在编人员；先教师后职工；先中学后小学。就个人来讲就是按照"竞争上岗，自己找岗，推荐上岗，自动落岗"的四个步骤进行。

第二轮改革中，教职工聘任以学校为单位，以教职工当年度考核及专业技术人员的业务考核为依据，进行全员聘用。各县根据学校的层次及学段情况采取"三先三后"的办法进行聘用。即县城学校先聘，乡镇、农村学校后聘；中学先聘，小学后聘；一线教师先聘，管理人员后聘。教职工聘任后，学校与教职工签订聘用合同和证书，进一步明确双方的职责、权利与义务。

第四，采取多种途径，搞好人员分流。减员分流是人事制度改革的难点，在第一轮改革中，我们采取了八条分流措施：一是自主择校，让因超编落聘的称职教师主动到缺编学校应聘；二是统一调配、组织安排，凡自己找不到岗位的称职教师，由县教育局统一安排到农村或山区缺编空岗学校工作；三是校内转岗，打破教师、职员、工人的界限，落聘教师可以到适合的职员或工人岗位；四是提前离岗，身体健康状况差，无力从教的老教师，可以按国家有关规定办理退休手续；五是离岗培训，考试不合格的教师离岗进修接受培训，培训期间不享受津贴工资；六是转入人才市场，对双向选择上不了岗，又不服从组织分配的人员，转入人才市场待聘；七是调离，对长期外借不归的，限期办理调离手续；八是辞退，主要适用于长期擅自脱岗或有严重违反教师职业道德的不称职教职工和1987年以后未被临时聘用的非在编人员。

在第二轮改革中，我们根据省的分流安置意见，结合我市实际情况，采取了四项分流措施：一是对考核合格的未聘人员，通过自主择校，双向选择的办法，以县统筹去缺编空岗的学校应聘；仍未能应聘的，由原单位列为内部待聘人员，待聘期限不超过两年。如寿阳县、太谷县、祁县召开了超编学校人员和缺编学校参加的招聘会，进行双向选择；左权县有17名教师自愿从超编学校到缺编学校任教。二是对工作年限满30年，或男满55周岁，女满50周岁，经批准允许提前离岗；对因伤、病、残丧失工作能力的，按照有关政策规定办理病退手续。三是对有一定培养潜力的未聘人员进行培训，为他们再次竞争上岗创造条件。四是鼓励未聘教职工辞去公职，自谋职业，并给予一定的经济补助。

第五，引入竞争机制，推行校长公开选拔和教师公开选聘制。公开选拔校长和公开招聘教师是中小学人事制度改革的重要内容。在校长聘任制方面，一是进一步理顺中小学校长管理体制，县直高中、职中学校校长由教育部门提名并参与考察，由组织部门任命，其他中小学校校长由教育行政部门直接任命。二是从 2002 年起，组织全市中小学校长参加 3 年一度的业务考试，考试以教育管理和教育政策法规为主要内容，对不合格校长实行淘汰。三是实行公开选拔，竞聘上岗。各县结合当地实际，采取公开、择优的办法，认真调整、选拔任用中小学校长。在公开选拔校长的同时，新补充教师改变以往直接分配的办法，从大中专师范类或具有教师资格的非师范类毕业生中，采取考试、考核、面试、特长展示等形式，公开选拔补充中小学新任教师。

第六，建立激励机制，实行结构工资制。按照国家和省中小学人事制度改革的有关要求，我们抓了以结构工资制为重点的分配制度改革，将工资中的津贴部分和学校自筹的部分资金作为浮动工资，依据工作绩效发放，把教职工的工作绩效与收入报酬捆在了一起，体现"优者添柴，劣者抽薪"。全市分 4 种类型：一是浮动工资全部由学校自筹，主要是条件好的高中学校。二是浮动工资由学校自筹资金，再加上教职工工资的津贴部分，主要是各县的普通高中。三是把教职工工资的津贴部分作为浮动工资。四是只抽取教职工工资津贴部分中的一部分作为浮动工资。

三、加强领导，公开办事，确保中小学人事制度改革的顺利进行

中小学人事制度改革涉及人数多，社会影响面广，工作难度大。在没有现成经验可资借鉴的情况下，这项改革能顺利完成，我们的体会主要有三条。

1. 强化领导，抓住改革目标不放松。市县两级党委、政府始终高度重视中小学人事制度改革，成立改革领导组，及时研究解决改革中的重大问题，实施强有力的领导。进一步理顺市、县政府有关部门工作关系，充分发挥和强化教育行政部门的职能作用，共同围绕改革目标，狠抓工作落实，保证了改革的顺利进行。

2. 依法行政，严格执行政策不走样。在改革中，我们强调提高法治意识，严格执行政策。针对一些地方存在的"上有政策，下有对策"的苗头，市里专门召开会议，组织四次督察，进一步重申和强调依法行政，要求各县必须按照考核考试成绩，择优聘任，必须认真按照编制标准，科学设定岗位，严禁因人设岗，超编聘任，谁违反政策和纪律就处分谁。

3. 以人为本，全心全意依靠广大教职工。我们坚持公开办事，把做好思想政治工作，形成良好的改革氛围作为重要一环。在整个改革中，始终坚持从群众中来，到群众中去，明确广大教职工是改革的主体，最大限度实行公开，使广大教职工深入了解和主动参与改革，并满腔热忱地关心、支持分流教师，和

风细雨地做好疏导工作，及时化解各种矛盾。全市出现了许多识大体、顾大局，以实际行动推进教育改革的动人事迹。

通过中小学人事制度改革，有力地促进了我市农村义务教育水平全面提升，职业教育和成人教育也持续发展，实施义务教育标准化建设工程、现代远程教育工程和中小学危房改造工程，中小学办学条件明显改善，教育事业呈现出均衡发展的良好态势。我们深知，中小学人事制度改革的任务还十分艰巨，与全国先进发达地市相比，我们还存在不少差距。这次全国中小学人事制度改革工作座谈会在我市召开，是对我们莫大的鞭策和鼓舞。我们要以这次会议为契机，认真落实科学发展观，贯彻党的教育方针，继续加大教育改革力度，全面推进素质教育，为实现市委、政府提出的"把晋中建设成为山西中部最具活力的经济带和城市群"的战略目标做出新贡献。

锐意改革　积极探索
大力推进"评聘合一"改革工作

吉林省四平市教育局
2006 年 10 月

按照吉林省人事厅、教育厅《关于在四平市中小学教师系列开展专业技术职务"评聘合一"改革试点工作的意见》要求，我市开展了中小学教师专业技术职务"评聘合一"改革的试点工作。所谓"评聘合一"，就是在政府人事部门核定的专业技术岗位数额内，由学校根据教师的资格条件把评审和聘任结合起来，按照程序直接对教师进行聘任。换句话说，就是学校按规定程序聘任的教师，经教育主管部门审核，人事部门确认后，在聘任期间的聘书具有吉林省专业技术职务任职资格证书的同等效用。在国家和省人事部门、教育部门的指导下，经过相关部门密切配合和教育系统广大干部教师的共同努力，中小学教师系列专业技术职务"评聘合一"改革工作在我市顺利进行。

一、基本情况

近年来，我市积极推进着以"四定"、"四制"为主要内容的中小学人事制度改革。特别是我市坚持对教师进行师德评价、专业素质、教学过程与教学实绩的考核即"一评三考"，使我市的教师队伍建设不断加强，教师考核管理不断步入科学化和规范化的管理轨道。因此在我市实施中小学教师专业技术职务"评聘合一"试点工作有着比较好的工作基础、制度环境和舆论氛围。

我市的中小学教师系列专业技术职务"评聘合一"改革大体分为两个阶段。

（一）准备阶段

我们多次深入基层学校进行调研，摸清底数，掌握教师、职称岗位设置等基本情况。研究在改革过程中可能出现的矛盾和问题，制定解决问题的办法，明确工作思路，制定工作方案。我们对全市 413 所中小学校的基本情况进行了相关调查，结果显示全市中小学编制 38728 个，实有 39072 个，其中专业技术人员

37219 人。在岗位的高级职称人员 938 人，中级职称人员 12538 人。按照吉林省人事厅《全省事业单位专业技术岗位设置办法》，全市中小学核定高级岗位 3753 个，高级岗位空缺 2815 个；核定中级岗位 16982 个，中级岗位空缺 4444 个。

（二）实施阶段

首先在伊通满族自治县进行了试点。全县共设 657 个岗位，2614 人参加竞聘，竞争比例达到 1∶4，最多的一个岗位有 26 人竞争。另外，还有 5 人实现了跨校竞聘。其次在全市全面铺开。全市共设 675 个高级竞聘岗位，1681 个中级竞聘岗位。参加高级岗位竞聘的有 2729 人，参加中级岗位竞聘的有 10641 人。高级岗位的竞聘率为 25%，中级岗位的竞聘率为 16%。"评聘合一"形成了人才竞争、人才合理流动和人才脱颖而出的选人用人机制，极大地激发了广大教师的工作积极性。国家人事部领导曾就此项工作专程来四平调研，对改革稳步实施和取得的成效给予了充分肯定，去年 9 月 16 日国家人事部、教育部在四平召开了现场会。

二、主要做法

（一）统一思想，搞好宣传发动

实行中小学教师专业技术职务"评聘合一"改革，是新形势下中小学人事制度改革的一个新的探索和实践。

一是对传统评审制度深刻剖析，引导广大干部充分认识"评聘合一"的科学性和必要性。以往中小学教师专业技术职务实行的是指标管理，由人事部门下达指标并组织评审，注重的是学历、资历和年头，论资排辈。评审的专业技术职务资格是终身制，能上不能下，用人机制缺乏活力。同时专业技术职务资格的评审脱离教育教学实际，缺乏导向、激励和评价机制。因此，我们注意教育和引导广大干部教师充分认识原有评审制度的缺陷和弊端，统一思想，充分认识开展专业技术"评聘合一"改革是政府转变职能、简政放权的重要措施，是深化中小学人事制度改革的必然选择，是激发广大教职工工作热情，提高教师队伍整体素质的现实需要。

二是克服种种思想障碍，增强广大干部教师投身改革的自觉性和主动性。"评聘合一"改革工作提上日程后，由于传统思维的影响和改革过程中的利益调整，在部门、学校和有关人员中出现种种思想障碍。主要表现在：人事部门由于简政放权，不收评审费，减少了收入。财政部门觉得兑现教师工资有压力。教育部门怕操作不好，影响教师队伍稳定，影响教学质量。一些学校领导怕得罪人、怕政策界限掌握不好引起上访告状。年龄大的教师愿意延用老办法，已取得资格的想直接聘任，等等。针对这些问题，我们多次召开各个层面的工作会议，统一思想，转变观念，领会改革精神实质，明确改革的意义和目的。市"评聘合一"改革工作领导小组成员也多次深入到不同类型的基层学校开展调研，通过与校长和教师座谈，宣传改革，统一思想。在教育系统内部组织广大干部教师认真学习改革方案和聘任办法，开展"评聘合一"改革专题讨论，让教师们充分发表意见和想法，通过宣传和咨询，讨论和答疑，使干部教师统一思想认识，理解"评聘合一"改革的实质，增强参与改革的积极性和自觉性。由于深入学习讨论，广泛宣传发动，积极进行正面引导，使广大教师统一了思想认识，在全市范围内形成了正确的舆论导向和氛围，为搞好中小学教师系列专业技术职务"评聘合一"改革工作奠定了坚实的思想基础。

（二）加强领导，强化政府行为

中小学教师专业技术职务"评聘合一"改革在某种意义上说是政府领导下的人事制度改革，政府行为的落实是顺利实施中小学教师专业技术职务"评聘合一"改革的基本保证。市、县分别成立了领导组织机构和办事机构，政府主要领导负总责。实行"评聘合一"改革工作联席会议制度，市政府副秘书长为召集人。联席会每周召开一次，统一调度改革进展情况，集中研究处理改革中出现的问题和矛盾，发现情况及时处理，并每周出一次工作专报，及时反馈各地的工作情况。人事、财政、编制和教育等部门在市政府的统一领导下，密切配合，相互支持，确保改革的顺利进行。建立完善的监督约束机制，纪检、监察部门对改革的全过程实施监督。建立工作责任制和责任追究制，各地各部门各司其职，各负其责，对工作疏忽出现问题的严肃追究当事人和主要领导的责任。

在市政府的统一领导下，各部门加强协调，齐抓共管，通力合作，人事、教育、编制、财政等部门勤沟通，多协调，相互支持，紧密配合，为改革的顺利实施提供了强有力的组织保证。

（三）周密安排，精心组织实施

1. 制定好总体指导方案。调查摸底主要是摸清各中小学校在编在岗教师人数、职称结构及数量，并以编制部门核定的各单位人员编制为基础，按照省有关文件确定的各单位不同层次专业技术人员岗位比例，测算出各聘任单位的专业技术岗位数额，空岗数额。教育局会同人事局制定各单位的聘任数额计划，明确各聘任单位空岗总数、拟聘岗位数和预留岗位数，将竞聘岗位数额一次下达到学校。按照省人事厅和教育厅有关"评聘合一"改革的精神，紧密结合我市实际，深入基层学校开展调研，广泛征求各方面的意见。反复酝酿、多次讨论、精心修改，最后形成了总体工作方案和实施办法。总体方案明确了改革的指导思想和原则，规定了评聘范围和竞聘条件，对改革的程序和时间做出了具体安排。竞聘赋分标准既兼顾老、中、青各类竞聘人员的利益和愿望，又考虑到竞聘人员工作性质和岗位特点，实施分类竞聘。

2. 成立聘委会。我们根据竞聘人员工作性质和岗位需要，对竞聘人员区别对待，分类设岗，分别成立聘委会。中小学教师由各学校成立聘委会组织竞聘；副校级以上领导、乡镇成教法制干部、教育局直属事业单位人员由教育局组建聘委会组织竞聘。组建的各聘委会人数不得少于7人，聘委会人员中一线教师不低于50%。聘委会成员采取无记名差额投票选出，聘委会主任由校长担任。聘委会成员与本单位竞聘人员之间有夫妻关系、直系血亲关系、三代以内旁系血亲以及近姻亲关系的实行严格的回避制度。经过严格选拔的聘委会成员具备较好的思想政治素质和职业道德素质，作风正派、办事公道，且具备相应的资历和较高的业务水平，得到大家的信赖和认可。

3. 制定竞聘工作方案。聘委会拟定竞聘工作方案初稿，组织全体教职工进行讨论。聘委会对收集到的意见和建议进行认真梳理，对于合理化的建议予以采纳，对于未被采纳的各类意见和建议向教师进行说明，定稿后再交教职工大会讨论表决通过。

4. 抓好竞聘过程中的几个关键环节。

一是把好资格审查关。各聘委会根据申请人提交的材料，对照其申报竞聘岗位的基本条件，逐条逐项进行严格细致的审查，严把入口关。对于审查出的问题当场解决，及时处理。对合格人员的各项情况予以公示。

二是把好竞聘赋分关。评价竞聘人的综合素质和工作业绩，主要依据竞聘分数的高低来体现。因此，竞聘赋分环节成了广大教师关注的焦点。按照方案要求，每个竞聘人均实行百分制的赋分办法。在百分制中，竞聘者基本素质（包括教历、学历、任职年限、行政职务等）占20%；"一评三考"考核成绩占40%；业绩成果占20%；竞聘演讲及民主测评各占10%。每项赋分都由聘委会集体打分，集体核分，每项赋分结果和依据都向所有竞聘人公开，并得到本人认可。在所有打分项目进行完后，各聘委会反复对各项分数进行核对、汇总，然后从高分到低分排出名次，按竞聘岗位数额从高分到低分确定拟聘人选。

三是把好业绩成果加分关。对各类荣誉证书的审查确认，是这次"评聘合一"改革工作的一个难点。有的竞聘者为了加分，提供了各种证书和论文，五花八门，真假难辨。为解决证书、论文过多过滥的问题，我们规定：业绩成果必须是由教育行政部门组织评选的，必须有文件依据；论文必须是本人独立完成的，与本人申报专业相关的，公开发表在国家承认的、学术性报刊上的论文；荣誉必须是各级党委、政府和教育行政部门表彰的，与教育教学、教研管理相关的荣誉。通过严格审查，从而保证了业绩成果赋分的公正性、权威性和教育行业本身的特点。

四是把好演讲测评关。在竞聘演讲和民主测评这两个环节上，我们严格履行程序，坚持公正、公平、透明。竞聘演讲由聘委会组织，由聘委会全体成员、竞聘人员、聘任单位全体职工参加。竞聘人针对所竞聘的岗位和职务进行竞聘演讲，最后由聘委会以无记名方式赋分，当场公布。民主测评的内容主要是德、能、勤、绩、廉五个方面，测评分为优秀、良好、一般三个档次，优秀档次得分区间为81分~100分；良好档次得分区间为61分~80分；一般相间交错得分区间为41分~60分。一律采取背对背画票打分的测评办法，竞聘人员不参与画票打分。

（四）强化监督，确保评聘结果公正

为了加强对改革试点工作全过程的监督、检查、指导，市、县"评聘合一"改革工作领导小组办公室分别下设了业务指导组和监督检查组，强化对改革试点工作的全程管理。业务指导组由教育局、人事局负责同志牵头，监督检查组由监察局负责同志牵头，两个组还邀请人大、政协、纪委的同志一起，经常深入各聘任单位进行指导、检查、监督。市教育局还组建了4个巡视指导组，组长由副局长担任，成员由机关主要职能科室的科长和业务骨干组成。4个小组分片包保基层学校的改革试点工作。各巡视组充分发挥职能作用，每周集中两天深入基层学校，听取工作进展情况汇报，总结和推广经验，同时解决工作中出现的问题，每次检查后，我们都召开调度会，分组汇报情况，对有关情况进行梳理，再由巡视组将解决办法带到基层。通过及时的沟通和反馈，使市里能够全面掌握基层工作状态，确保改革工作的平稳顺利进行。

三、改革的成效与成功原因

我市中小学教师专业技术职务"评聘合一"改革稳定推进，并取得了明显成效。

（一）取得的成效

一是落实了学校用人自主权，进一步理顺了教师管理体制。以往学校无权决定教职工的评价结果，考核评价也与晋职分离。改革后，把中小学教师的品质、能力、素质的评价权放给了学校，评价结果和晋职挂钩，使管人管事结合起来，提高了考核的权威性，调动了校长的积极性。

二是"评聘合一"淡化了资历，突出了能力，有利于人才的脱颖而出。在过去的教师职务评聘中，注重的是学历、资历、论文，久而久之，形成了论资

排辈的观念，与教师的实际工作、能力、贡献严重脱离。实行"评聘合一"以后，注重的是师德状况、专业工作能力、业绩成果和现实表现。为广大教师搭建了一个公平竞争的平台，有利于人才成长。

三是促进了人才合理流动。在同一行政区域内允许教师跨校竞聘，打破了学校之间的界限，使教师在校际间合理、有序地流动，充分发挥不同层次的人才在不同层次的学校的作用，促进了教育事业的均衡发展。

四是发挥了教师的工作潜能。在以往的职称评聘当中，有些教师一旦评上高级职称，便有船到码头车到站的思想，找出种种理由退出教学一线或离岗休息。此次中小学教师系列专业技术职务"评聘合一"改革，打破了延续多年的专业技术职务终身制，教师要想拥有高级职称，必须永不懈怠地工作，使教师的潜能得到最大限度地发挥。

五是促进了教师队伍的考核管理工作。由于在竞聘赋分中"一评三考"的成绩占的比例较大，使"一评三考"的激励、导向作用得到充分发挥，同时也促使我们在考核实践中进一步完善"一评三考"的评价方法体系，使评价结果更客观、更公正，增强了教师队伍考核管理工作的权威性和实效性。

（二）改革成功的原因

首先是国家人事部、教育部，吉林省人事厅、教育厅高度重视和精心指导；二是我市教育系统开展了"一评三考"工作，创造性地解决了对教师考核评价的问题，为改革提供了坚实基础；三是有一支素质较好的校长和教师队伍；四是人事部门的大力支持，积极配合教育部门工作，认真听取教育部门意见，放权让利，使教师得到了实惠。

除此之外，也在于我们较好地解决了几个关键问题。

一是竞聘岗位数的问题。竞聘岗位数额确定是学校和教师都非常关注的事情，我们对竞聘岗位从严掌握。把空岗一次用完，不利于教师队伍结构的优化，缺乏改革后劲。留有一定比例的空岗，则能够激发待聘人员的工作积极性，有利于强化竞争意识。但竞聘岗位数额过少，也起不到竞争作用，因此我们在认真分析后，把这次改革的竞聘数额确定为空岗数的1/3。

二是已取得资格人员与2004年以后符合条件人员共同竞聘的问题。这次改革的政策是新人新办法，老人老政策。按照这个规定，2003年前实行聘任制度的人员不参与改革，仍然执行原有的管理办法；对在2003年前实行评聘分开中取得专业技术职务资格的人员，与2004年以后符合条件人员一样共同竞争上岗；这里面关键是要处理好2003年评聘分开制度下取得专业技术资格人员与2004年以后符合竞聘条件人员同时竞聘的问题。也是这次改革中的一个难题。2003年实行职称评聘分开，专业技术人员在自愿申报评审的前提下，评的是资格，上岗需要竞聘。考虑到 2003 年取得资格人员与 2004 年以后竞聘人员情况的不同，我们规定在同等竞聘条件下，优先聘用已取得资格的人员，在方案上进行了倾斜。

三是一些特殊人员如何处理的问题。对于内退人员与病休人员，因为已经离开了工作岗位，方案明确规定不允许参与专业技术岗位的竞聘，这也是不好处理的问题。一些内退人员对职称评聘期望值很高，想在退休前得到一个职称，为自己画一个句号。改革方案出台后，这部分人反响强烈，对此，我们坚持做深入细致的思想工作，要求态度要热情，政策要讲清，有的校长多次到内退教师家中讲明政策，由于工作到位，使这个棘手的问题得到了较好的解决。

整体上看我们在"评聘合一"改革工作中取得了一定成效，但还有许多问题需要在推进中解决。我们将认真总结经验，深入研究，继续抓好"一评三考"，结合我市 2006 年的事业单位改革，在全市中小学教师系列全部实行专业技术职务"评聘合一"工作。

完善政策措施
促进城镇教师支援农村教育工作

黑龙江省哈尔滨市教育局
2006 年 6 月

在"十一五"新的历史时期，党中央国务院提出了建设社会主义新农村的战略部署，而农村教育是建设社会主义新农村的重要内容，又将在建设社会主义新农村中发挥基础性的作用。今年 1 月，教育部下发了《教育部关于大力推进城镇教师支援农村教育工作的意见》（教人〔2006〕2 号）（以下简称《意见》），明确提出在新形势下，农村教育要在新的发展起点上，全面提高教育质量和水平，农村教育的关键在教师，进一步加强农村师资力量，逐步缩小城乡教师队伍差距成为发展农村教育的当务之急。《意见》特别强调城镇教师支援农村教育，是加强农村教师队伍建设的一项重要措施，并对这项工作做出明确的部署和安排。对此，我们深有感触。我市于 1999 年率先建立了学校对口支援，师范毕业生、城镇在职教师到农村任教定期轮换制度，并把这项工作作为人事制度改革的一项重要内容，常抓不懈，取得了良好的成效。《意见》的出台，使我们感到，这几年我们的工作路子是对的，也更坚定了我们进一步做好这项工作的信心。下面将我市几年来的工作情况作以下汇报。

一、立足实际，确立城镇教师支援农村教育工作的指导思想

1996 年底，国务院批准我市进行行政区划调整，哈尔滨与原松花江地区行署合并，使哈尔滨市市辖农村县（市）达到了 12 个，形成了大城市、大农村的格局。当时全市 4173 所中小学中，有 3574 所分布在农村；中小学教师 10 万人，农村教师有 7 万人；139 万中小学在校生，有 95 万在农村学校就读。一段时间后，我们明显感觉到农村教育的基础非常薄弱，城乡教育存在很大差距，成为制约我市教育整体发展水平的"瓶颈"。通过认真的调研，我们感到，造成这一现状的主要原因之一，是农村教师队伍整体素质不高，突出表现在，高中、初

中、小学分别有 50%、30%、15% 左右的教师学历未达标；农村教师数量不足，尚有近 6000 名代课教师，还存在着初中生教小学、高中生教初中的现象；教师学科结构不合理，音、体、美、计算机和英语教师严重不足，而语文、数学教师超员，无法保证课程计划的落实；教师队伍后备力量薄弱，师范毕业生很少有愿意回到农村学校任教的。

农村教师队伍的这种现状，引起了我们的高度重视和深刻反思，这样一支教师队伍怎能培养出高素质的人才，又怎么能实现哈尔滨市教育水平的整体升位？这也要求我们必须把工作的着眼点放在提高农村教师的整体素质上来。当时师范毕业生不愿到农村任教，使农村教师短期内不能得到及时补充，而通过培训提高农村教师的整体素质又不能在短期内很快实现。在这种情况下，城乡教师素质存在差距的现实和对以往选派少量城市教师到农村支教工作的经验总结，使我们感到，充分利用中心城市的教育优势，发挥城镇教师资源的示范、牵拉、辐射作用，以城镇带乡村、促强校带弱校，是盘活教育人才资源，提高农村教师队伍整体素质，促进城乡教育均衡发展的最直接、最有效的途径。全市教育一盘棋，城市支援农村教育，是每一所城镇学校和每一名城镇教师的责任和义务。由此，我们形成了学校对口支援，师范毕业生到农村任教、城镇在职教师到农村学校轮岗支教的工作思路。我们经过深入细致的调查摸底，掌握了农村学校对教师的需求、城镇在职教师可轮换的人数、每年师范毕业生的数量及专业等翔实情况，在 1999 年进行了试点工作，先后选派 1394 人采取包点支教、结对支教和送教下乡等多种形式到农村学校支教，取得了初步成效。2000年正式出台了《哈尔滨市中小学实行学校对口支援，师范毕业生、城镇在职教师到农村任教定期轮换制度实施办法》，明确每年要选派不少于 2000 名城镇在职教师和师范毕业生到农村任教，对口支援学校不少于 600 所，使 1/6 的农村学生受益。《实施办法》的出台，使城镇教师支援农村教育作为一项制度被确定下来，并且常抓不懈，抓出了成效。

二、完善政策措施，把城镇教师支援农村教育工作落到实处

工作中，我们感到，要把好事办实，实事办好，仅靠热情和干劲是不够的，我们在实践中不断探索，逐步完善各项政策措施，健全机制，使这项工作得以较好的落实。

（一）加强组织领导，强化政府的统筹协调作用。城镇教师支援农村教育工作是一项系统工程，涉及到人、财、物等方方面面，需要政府的统筹协调和相关部门的密切配合。为此，我市成立了以主管副市长为组长，财政、人事、教

育等部门组成的工作领导小组，区、县（市）也成立了相应的工作机构，定期研究工作，督办工作进展情况，推动学校对口支援、教师轮换工作的深入实施。我们要求各级教育行政部门把此项工作作为"一把手"工程，市、区县（市）、学校、教师层层签订责任状，明确各自的任务、目标、措施等内容，进一步强化工作责任，为城镇教师支援农村工作的开展，提供了强有力的领导和组织保障。

（二）完善政策措施，健全工作机制。2000 年我市召开了全市教育工作会议，出台了《中共哈尔滨市委哈尔滨市人民政府关于加快教育改革和发展若干问题的决定》，进一步明确了相关政策，在此基础上，我们又制定了一系列配套文件，进一步完善了城镇教师支援农村教育工作的各项政策措施。

一是制定了《哈尔滨市中小学实行学校对口支援、师范毕业生、城镇在职教师到农村任教定期轮换制度的实施办法》，对城镇教师支援农村教育工作的原则、目标、方法、步骤做了安排和部署。明确规定，新教师、城镇在职教师到农村支教，轮换时间为 1 年，一切关系待遇不变，工资由派出学校支付并向上浮动一级，对城镇生源到农村任教的师范毕业生取消见习期，直接定级，工资向上浮动一级；从 2001 年起，对有在农村学校任教经历的教师，评聘中、高级职称时可不受指标限制，从 2003 年起，不具备这样经历的，不予评聘中、高级职称。

二是制定了《学校对口支援、教师轮换专项资金管理办法》。市、区（县）两级财政每年拨出专款，建立专项资金，用于支付轮换教师（毕业生）的浮动工资及通勤费等费用，保证了教师（毕业生）轮换期间的一切费用由政府统一发放，不给受援的学校增加负担。市教育局也拿出专款帮助偏远地区建设了教师公寓，改善了轮换教师的生活条件，解决了教师的后顾之忧。

三是建立了《哈尔滨市中小学对口支援、教师轮换工作的评估办法》。市政府将城镇教师支援农村学校列入督导内容，实行跟踪问效式的目标管理，每年对区、县（市）政府进行专项检查评估，并通报结果；各级教育行政部门把这项工作列为年度考核的重点，把"结对学校"责任落实情况和轮换教师岗位职责完成情况，作为校长任职的重要条件和对教师奖惩的依据；参加轮换任教的城镇在职教师及应届师范毕业生都要与区、县（市）教育行政部门签订轮换协议，明确各自的任务、目标、责任、措施、期限等内容，对轮换期间不能履行教师职责，考核不合格的人员，按落聘教师对待。

（三）认真组织实施，确保工作取得实效。我们采取多种行之有效的办法，因地制宜，因校制宜，因人制宜，保证各项工作落到实处，扎扎实实地抓出成效。

一是选派城镇在职教师到农村支教。按照"派其所需、注重实效"的原则，在每年学校结对和选派教师时，都要通过调查，全面掌握城镇学校的支援能力，农村学校及其对教师需求的状况，城镇在职教师符合轮换条件的人数等情况，根据这些情况，重点以骨干教师、名优教师为轮换对象，确定轮换教师数量和各学科的比例，做到有针对性、互补性，使"有效的投入"获取"最大的收益"。同时，组织城市教师到农村学校实地考察，与当地学校师生进行交流，使他们亲身体验农村教育的现状，进一步激发他们改变农村教育的落后状况，使农村孩子与城市孩子享受同样教育的责任心和使命感。

二是鼓励师范毕业生到农村任教。从 2000 年开始，我市对师范毕业生就业政策进行了调整，对应届毕业生的分配，首先满足农村、薄弱学校对教师的需求。对于城镇生源的毕业生，当年分配到农村任教的，要与当地教育行政部门签订轮换协议，明确任教的任务、目标和期限；当年没到农村任教的毕业生，也要制订计划，在 3 年期限内完成到农村学校任教的任务，对于不服从分配的毕业生，从报到证签发之日算起，超过 3 个月不到农村学校报到的，取消分配资格；非城市生源的毕业生，我们主要分配到当地缺员学校任教；选招的外地师范毕业生，特别是专科毕业生，重点面向农村分配，任教 3 年以上方可交流。

三是把城镇学校超员教师充实到农村学校。结合中小学人事制度改革，我们采取跨地区调剂等手段，将城镇学校超员教师充实到农村学校，促进校际、城乡间人才的合理流动。截至目前，已将近千名城镇富余教师调剂到了农村学校，这些教师可以调转人事关系，也可以保持人事关系不变。

四是开展多种形式的短期支教活动。我们每年都组织由教育专家和特级教师组成的讲师团，定期到农村学校巡回演讲，为农村教师作报告，传播先进教育理念；组织名优骨干教师送教下乡，为农村教师做示范课，指导农村学校教育教学；采取"请进来"的办法，选派部分农村学校校长、教师到城镇学校挂职锻炼，等等，丰富和完善了城镇教师支援农村教育工作。

三、城乡教师携手并进，为教育均衡协调可持续发展奠定坚实基础

几年来坚持不懈地努力，我市已形成了城市名优学校与农村学校、市区与县（市）、区县（市）内城乡之间纵横交错的城乡互助对口支援网，全市共有 1597 所城镇学校和边远的农村学校结为帮扶对子，有 1 万余名城镇教师和师范毕业生到农村轮岗支教，城乡教师结对子 5000 余对，农村学校有 250 余名校长、千余名教师到城市学校挂职锻炼和培训，为农村教师队伍注入了新的生机和

活力。

（一）促进了农村教师思想观念的更新。几年来，城镇教师把先进的教育思想、教学方法、教学手段、管理经验及时传递到农村学校，使农村教师端正了教育思想，更新了教育观念，提高了教育教学能力，整体素质得到了迅速提高。

（二）优化了农村教师队伍结构。在选派1万余名城镇教师和师范毕业生到农村任教的同时，我们清退了5836名乡村自用代课人员，受援学校教师队伍平均年龄降低了9.8岁，学历达标率提高了15%，使部分学科教师缺员问题得到有效解决。

（三）为农村培养了一大批不走的骨干教师队伍。城镇教师支援农村教育，不仅起到了"输血"的作用，更重要的是增强了农村教师队伍自身的"造血"机能，为当地培养了一大批不走的骨干教师队伍，我市农村市级骨干教师已由1998年的300名增加到现在的2000多名，这些新生的骨干力量，已经成为推动农村教育改革的生力军，并在当地充分发挥着示范带头作用。

（四）城镇教师也得到了锻炼和提高。到农村任教，使城镇教师，特别是新参加工作的师范毕业生，在艰苦环境中，体验到了别样的人生，得到了前所未有的锻炼，收获到了一份金不换的人生经验。农村教师对事业的执著精神，农村孩子对知识渴求的目光，深深地震撼着每一位到农村任教的教师，使他们在精神上受到了一次深刻的洗礼，产生了强烈的责任感和使命感。每年新学期开学，都会出现年轻教师家长争先送子下乡的感人场景。

我市的这项工作得到了国家和省有关部门的高度重视，原国务院副总理李岚清同志做出重要批示，指出："哈尔滨市办了一件很有远见的大事，希望坚持下去，形成制度。"这既是对我们的鼓励，也是对我们的鞭策。我们深知这项工作还有很多不完善的地方，在新形势下也遇到了一些困难和问题。但是，我们工作的信心和决心不会动摇。在今后的工作中，我们将按照领导的批示和教育部的文件精神，虚心学习借鉴兄弟地区的先进经验，进一步把这项工作抓好抓实，努力推动农村教育整体升位，为社会主义新农村建设做出贡献。

创新工作机制
探索建立学校劳动人事争议
调解工作的有效途径

上海市杨浦区教育局
2006 年 6 月

　　杨浦区位于上海市中心区的东北部，区内有复旦、同济等 17 所高校，中小学、幼儿园 206 所，中小学幼儿园学生数 11 万余人，在职教职工总数 9896 人，其中专任教师 7383 人，35 岁及以下 3740 人，占专任教师总数 50.66%，本科及以上学历的 3864 人，占专任教师总数 52.34%，享受国务院特殊津贴的 3 人，特级教师 30 人，中学高级教师 829 人。

　　近年来，党和国家加大了推进事业单位人事制度改革力度，进一步制定完善了政策法规，为基层工作指明了方向。根据国家和上海市、区政府对学校人事制度改革的统一部署，我们实行了中小学教职工全员聘用合同制；建立了以岗位工资制为主体的多种分配制度；推行了校长职级制；特级教师跨校联聘制、年薪制；富余人员分流安置等为重点的一系列中小学人事制度改革。改革的推行有效地激励了教职工工作的积极性、主动性，教师的整体素质得到普遍提升，极大地推动了学校的发展。但是随着学校人事制度改革的深入，利益格局的重新划分、调整，社会大环境的某些条件尚不完全具备，各种矛盾盘根错节，难点、热点问题日益突出。从我区看，矛盾主要集中在聘用合同制全面推行中的具体问题，如聘用合同中途解约、聘用合同的终止；教职工考核中的评价问题；教职工收入分配中的问题等等，劳动人事争议方面的信访、仲裁呈上升趋势，个别教师对校长"围追堵截"，恫吓滋事，引发 110 出警，或到教育局吵闹，严重影响和干扰了学校和教育局正常工作的开展，牵扯了学校领导、教育局和政府部门等方方面面大量的人力、物力、时间和精力。

　　国家推进学校人事制度改革的目的，不是为了辞退人、甩包袱、减轻财政负担，也不是促使两极分化、激化矛盾，将学校法人与教职工对立起来，而是要建立一种新的用人和分配机制，为学校的发展，为教师的发展注入生机和活力。但改革就会有矛盾，也不可避免地触及部分人的利益，如不客观公正地解决这些矛盾，不及时调解学校的劳动人事争议，就不利于调动广大教职工的工作主动性、积极性和创造性，不利于学校人事制度改革的进一步深入，甚至会严重影响教育事业的发展及社会的稳定。构建社会主义和谐社会，是党的十六大和十六届三中、四中全会提出的重大任务。学校在构建和谐社会中，承担着培养人、教育人的重任，学校首先要建设成和谐、进步、学习型的单位，对改革中出现的各种矛盾和问题都要积极、审慎地解决。

学校人事制度改革在推进过程中不是一帆风顺的，产生人事争议是不可避免的。究其原因，我们发现除了现有法规、政策需要修改完善以外，既有个人观念、思想认识上的问题，也有学校操作规范上的问题，更有体制、机制上的诸多因素，大致可归纳为：学习宣传不力，观念更新滞后，在履行聘用合同发生争议时，学校教职工依然习惯于找学校领导或上级主管部门依靠行政首长的权威来解决；部分学校干部自身素质不高，政策掌握不准，不能完全适应劳动人事调解这样专业性、政策性较强的工作；工会组织的作用发挥不够，调解工作无人承担，缺乏主动维权意识；在学校人事管理中，法制观念淡薄，处理不讲程序，人为制造了一些本可以避免的矛盾等。这些正是我们在深化学校人事制度改革中应着眼研究和解决的问题。对此，市、区领导高度重视，专题研究，明确提出既要巩固学校人事制度改革的成果，坚持改革不动摇，又要敢于正视改革过程中所面临的矛盾和问题，努力创新化解矛盾的新机制。针对存在的问题，我们一方面认真贯彻落实胡锦涛总书记提出的"把人民调解、司法调解、行政调解结合起来"的指示精神，加大对基层学校劳动人事争议调解成功案例的宣传；另一方面我们从创新工作机制、强化学校管理、维护教职工合法权益等角度入手，着重研究在新形势下如何发挥工会的桥梁和纽带作用，提高基层干部的依法行政能力，探索"化解矛盾在基层"的新途径、新方法。

我们的初步做法是：

一、研讨培训，政策保障

2005年上半年，我们对部分学校就当前劳动人事争议的主要问题、调解工作开展的现状和基层工会在学校劳动人事争议调解过程中起的作用进行了调查。在调研的基础上我们与区人事局、劳动局、司法局、区总工会有关领导进行研讨，局党政领导专题研究，形成了《关于做好杨浦区教育系统劳动人事争议调解工作的试行意见》。随后选择了第一批10所学校进行试点，并对各试点单位的党政工负责人和人事干部共计40人，进行了历时一个月15课时的专题培训。

培训重点围绕"劳动人事争议方面的法律法规"、"劳动合同、聘用合同区别"、"聘用合同制定及处理办法"、"在劳动人事争议调解工作中如何进一步发挥工会维权作用"、"常见人事争议案例分析"、"工资收入分配方案的合理性"等内容，并结合学校劳动人事争议案例进行分析、指导。在培训的方式上，注重互动交流、案例分析，按照相应的法律、法规，指导学校合理、规范制定和实施关系教职工切身利益的各种方案。

二、创设机制，组织保障

实践表明，化解矛盾的机制可设为四个层级：学校调解层面、教育局调解层面、人事局仲裁层面、司法调解与判决层面，四者相互衔接，各有职责。而前两个层级的工作机制的创设正是我们探索的任务。我局成立了劳动人事争议调解小组，区教育工会主席任组长，教育局人事科长任副组长，计财科、法制办、信访办、纪检监察室等相关科室人员参加。各校试点单位也相应成立了工作小组，工会主席任组长，校党支部书记、人事干部与群众推荐的在教职工中享有一定威信的教师代表一起参加。

三、严格程序，制度保障

处理学校劳动人事争议的工作程序，分为申请、受理、调查、调解四个环节。四个环节又可分解成六项工作步骤。①当事人向学校调解小组提出书面申请；②调解小组自接到申请后在一周内派员调查，对争议事项进行全面调查核实，做好详细笔录；③分别找双方当事人宣传政策法规，对矛盾焦点进行分析调解；④基层劳动人事争议调解小组组长主持召开由争议双方当事人参加的调解会；⑤调解达成协议的，制作调解协议书；⑥基层劳动人事争议调解小组多次调解仍有分歧的，当事人可持调解意见书向教育局劳动人事争议调解小组申请调解。

我区开展学校劳动人事争议调解工作虽然刚刚起步，还很不成熟，需进一步探索、总结、完善，但这条路子走对了，取得了一些初步的成效。以往学校发生人事争议，校长往往处于当事人对立面，缺乏回旋余地，或者来信来访找局长，靠领导批示解决。新机制建立后，从第一批10所试点学校半年多的运作情况看，各单位均能根据要求，充分发挥工会主席工作的主动性、创造性，增强了责任感与主人翁意识，学校党政领导相互支持配合，对学校劳动人事争议进行调解时，注意讲政策，讲程序，规范操作。这10所学校自试点后没有发生一例因劳动人事争议引发的信访、上访，学校劳动人事调解小组发挥了较好的作用。

人事争议调解的实践告诉我们，在产生矛盾的时候，人事争议调解小组一定要站在客观、公正的立场上，设身处地地为双方考虑，搭建对话平台，通过疏导、沟通的方式化解矛盾，达成谅解，积极寻找解决问题的实际办法，妥善协调双方利益，实施人性化的操作，致力于问题的最终解决。

某中学一位高三毕业班教师在外应聘为"对外汉语教师"，在聘用合同未满的情况下提出辞聘，校方从学生、家长的利益出发，不同意提前解聘，教师情绪比较激动，由此引起人事争议。学校争议调解小组在接到该教师的申请后，一方面请教师从学生的利益考虑，与录用单位商议宽限时日，同时明确告之如果擅自离岗的后果；另一方面与校领导商议，教师谋求到更好的发展机会难得，在不影响学生利益的前提下，能否酌情考虑。经过多次与学校、教师双方的沟通调解，该教师权衡利弊，终于同意送走这批高三毕业班学生后再走，新录用单位也批准该教师第二批出国。调解过程中，教师觉得校方关注到自身价值的实现，校领导也觉得该教师最终能顾全大局，帮助学校渡过难关。双方的愿望得到了满足，双方的合法权益得到了合情、合理的维护。事后教师们普遍认为校方在处理这事上表现出宽容和大度，调解小组成员也赢得了教师们的信任。

人事工作政策性强，规范操作必不可少，但同时也要看到，人事工作面对的是一个个活生生的、充满个性的人，在规范操作的刚性原则的基础上，带着感情设身处地的为教职工着想，有情操作，柔性运作，可以化解许多难以解决的矛盾。

某中学一位45岁男教师合同到期，因该教师性格言行有些偏激，学校不愿与之续聘，自然终止合同本属正常，但该教师工龄将满25年，又任教小学科，一时难以找到新单位。在得知学校要终止合同后，该教师与校方发生激烈争执，随后交了病假单，得到校方同意后病休。年终考核时，对其能否参加考核及考核结果，考评领导小组产生分歧。此时正逢两年一次的正常晋升工资，该教师已联系到新单位，考核的结果直接关系到他后面的工作调动。在学校调解小组几经调解未果的情况下，教育局调解小组一方面做校方工作，另一方面劝导该教师，希望他改正自己的缺点，树立良好形象。同时积极为他与新录用单位联系，经多方努力，最终达成共识。双方都表示满意，目前该教师已在新单位愉快工作。

在工作实践中我们初步体会到，做好学校劳动人事调解工作必须做到以下几点。

——党政领导必须重视，加强宣传，形成共识。

事业单位人事制度改革是一项系统工程，是一场深刻的革命，关系到每个人的切身利益，具有一定的复杂性和风险性。党政领导既要有改革创新的意识，也要有防范风险的意识。要充分认识劳动人事争议调解工作的重要性和必要性，宣传工作落实到位，才能统一认识，形成合力。

——组织机构必须健全，化解工作才能落实。

要把矛盾解决在基层，一定要有一个客观公正的调解机构，搭建一个便于沟通的平台，充分发挥工会的维护权益与桥梁纽带作用。有了健全的机构，来自各方的成员认真听取各方意见，就容易在教职工的心中产生信赖感和公正感，也容易为他们所接受。人事争议中只有工会及调解小组同时兼顾学校和教职工的双方权益，及时加以疏导、劝解、引领、拨正，矛盾才会化解在基层。

——政策法规必须熟悉，调解工作才有基础。

学校领导和调解小组成员一定要熟悉与教育相关的法律法规，熟悉国家、市人事局、市教委的政策，这是解决矛盾的关键所在。除此之外还应积极向广大教职工宣传相关的法律法规，让教工知法、懂法、守法。这就需要我们加强学习，研究与人事制度改革相关的内容，组织人员培训，在执行中把法规政策的原则性与灵活性统一起来。通过学习与讨论，结合本单位实际，进一步理解、消化法律、法规与政策，为解决问题形成共识。

——操作程序必须科学，改革才能稳步推进。

人事争议调解工作程序要在全体教职工大会上予以公布和说明，通过各种途径，对广大教职工进行宣传，使大家知道工作程序及运作的流程，尽可能地把矛盾解决在基层。如果学校调解失败，申报上一级处理的程序，也要告诉当事人，使工作透明、公开。

——处理矛盾必须艺术，以理服人才有效果。

善于"化刚为柔"，注重于"四理"：一是倾听教职工陈述是否有道理（有道理要接受，无道理要劝说）；二是剖析问题要以人为本，做到合情合理，三是站在对方的立场换位思考，表述的方式及内容要做到通情达理；四是避免言辞激烈，做到柔性处理。

做好学校劳动人事争议调解工作是一个新的探索。我们将在实践中进一步研究新情况，拓展解决问题的新思路，探索解决问题的新方法，充分保障教职工的知情权、参与权、选择权和监督权，一手抓制度创新，一手抓贯彻落实，确立预防为主的积极意识，及时有效化解不稳定因素，把矛盾解决在萌芽状态，在实践中不断检验和完善各项制度和改革措施。从社情民意出发，多视角、多维度的思考问题，把学校的稳定与社会的稳定、和谐相联系，与提高党政领导的政策水平、执政能力和工会组织维权能力相联系。为切实做好学校人事争议调解工作，构建和谐校园、和谐社会做出我们应有的贡献！

大胆探索　勇于实践
全面推进中小学校长竞聘制

江苏省徐州市教育局
2003 年 11 月

徐州市辖六县（市）、五区，是江苏省的人口大市，教育大市。全市有中小学校 3000 所，中小学生 200 万人，教职工 10 万人。近年来，全市广大教育工作者解放思想，深化改革，在城乡中小学校全面推行校长竞聘制，努力建设一支素质优良、结构合理、群众信赖、能打硬仗的管理队伍，建立了校长公开招聘、竞争上岗的新机制，激发了学校活力，调动了广大教职工的积极性，促进了全市教育事业的健康发展。

一、基本做法

我市的校长竞聘制改革始于 1998 年。此前，全市中小学管理队伍存在着年龄老化、学历偏低、结构不合理、改革创新意识不强等问题，加之受"干部终身制、官本位"等陈旧观念的影响，职务能上不能下，级别能升不能降，待遇能高不能低，干好干坏都一样，教育事业缺乏应有的活力。校长是一校之魂，是推动教育改革与发展的中坚力量，校长的素质直接决定着一所学校的面貌与办学水平。推动全市教育事业持续、健康、快速发展，必须建立一支高素质、能战斗的校长队伍。因此，必须打破传统的校长选拔任用机制，建立促使优秀人才脱颖而出的新机制。我市的校长竞聘制改革就在这样的背景下应运而生了。

1. 广泛宣传，营造氛围。全市各级教育行政部门在认真组织广大教职工学习《中国教育改革和发展纲要》、《中共中央关于深化干部人事制度改革纲要》、中组部和人事部《关于加快推进事业单位人事制度改革的若干意见》等有关文件的基础上，利用各种新闻媒体广泛宣传。1999 年 6 月，市教育局在丰县召开了全市教育体制改革现场会，拉开了全市校长竞聘制的序幕。各地以县委、县政府、乡镇党委、政府的名义下发红头文件，召开各种会议，党政一把手亲自动员，定目标，提要求，在区域内形成改革大环境，营造浓郁的舆论氛围，调动了广大教师和管理人员参与改革的积极性，增强参与者的心理适应能力，出现了"千树万树梨花开"的喜人局面。

2. 制定文件，指导改革。根据上级文件精神，参照外地和本地试点经验，市教育局拟定出中小学校长竞聘制的指导性意见。并在实施过程中，又先后完善下发了《徐州市中小学校长聘任制实施办法》、《徐州市中小学校长聘任制工作规程》、《关于加强学校党组织在校长聘任工作中作用的意见》、《关于加强工会（教代会）在校长聘任工作中作用的意见》和《关于中小学校长聘任工作的纪律规定》等文件，对校长竞聘制工作进行了有效的指导和规范。各地亦参照上述文件制定相应的实施细则，指导各学校的改革。

3. 分类指导，分层推进。各地根据城乡学校不同情况，因地制宜地选择突破口。县区学校从竞聘校长开始，所有管理人员"抽掉椅子，全体起立，重新洗牌，竞争择优"。丰县下发文件，免掉全县 460 多个中小学校长；市区学校则以中层干部竞争上岗为切入点，不论学校的行政级别高低，中层干部管理权限一律下放到学校，实行公开选聘，竞争上岗，同时，推行校长选聘制，副校长在群众推荐基础上，实行竞聘，再由校长聘任，

公开选拔校长大大激发了广大教师特别是青年教师积极参与学校管理的主人翁意识，竞聘报名出现了火暴场面。各试点县、乡参加竞聘人数和设定学校领导职数比例低者为 2：1，高者超过 4：1。能者上，庸者下，大浪淘沙。在竞聘上岗中，邳州市有近千名普通教师报名参加竞争，其中 153 名年轻教师脱颖而出，走上学校领导岗位，原任 250 多名完小校长以上职务的人员在竞争中落马；丰县落聘校长 126 人、中层干部 148 人，105 名中层干部和教师走上校长岗位，162 名教师走上中层干部岗位。睢宁县 168 名中小学校长、主任让贤或落聘，178 名年富力强的同志走马上任。市教育局也在 13 所直属学校进行了校长选聘制试点，先后有 40 余位优秀干部、教师被选拔到校级领导岗位，百余位中青年教学骨干走上中层干部岗位。教师选校长，校长选聘副校长，中层干部竞争上岗，改革开展得活而不乱，热火朝天。

4. 严格程序，规范操作。我们坚持做到公平、公正、公开、竞争、择优。具体操作共有十二道程序：（1）组建机构。各乡镇成立竞聘工作指导小组，发现问题及时研究对策，为校长竞聘工作引路、把关；各学校成立党、政、工三位一体的竞聘工作小组，具体负责此项工作。（2）制定方案。根据上级要求，各校的竞聘方案经反复征求教职工意见，几上几下修订完善，最后由教代会通过，在本校内产生"法"定效力。（3）公布职位。在本乡镇范围内，竞

聘者根据公布的岗位，可以参与任何一所学校的竞争。（4）报名登记。竞聘者可以在不同层次、不同类别的学校中，分别填报两个志愿，从高分到低分择优聘任；对填报"服从"志愿的，竞聘成功后由上级部门调剂安排。（5）资格审查。竞聘者必须具备国家规定的合格学历和认定的教师资格，从事教育教学工作5年以上，具有较强的组织管理能力；乡镇中心小学及以上中小学校长候选人，应当具有中小学一级及以上教师专业技术职务，乡镇以下农村小学校长候选人应当具有中小学二级及以上教师专业技术职务。（6）组织考试。考试分笔试和面试。笔试内容包括政治理论、政策法规、教育教学管理等，权重占30%；面试包括竞职演说和答辩。内容包括竞争优势、治校方略、任职承诺、当选态度等，由专家评委权衡打分，权重占30%。（7）民主测评。全校教职工对竞聘者进行综合评议，权重占40%。（8）确定人选。根据竞聘者各项权重的积分进行综合排序，确定拟任人选。（9）组织考察。上级教育行政部门对拟任人选进行综合考察，广泛听取多方意见。（10）任前公示。对考察确定的拟任人选公示1周，做到"校长要当选，先过教师关"。（11）审批备案。按照管理权限，竞聘结果由上级审批、备案。（12）聘任上岗。组织部门审批后，由教育行政部门颁发聘书，实行校长任期目标责任制管理。

5. 公开透明，发扬民主。在校长竞聘过程中，充分扩大教职工的知情权、参与权、选择权和监督权。具体做法包括：实施方案须经教代会审议通过；工作小组中必须有各方代表；竞聘校长的职位、职数和条件标准先行公示；竞聘人的资格条件由上级审查后，向教职工全面介绍；校长竞聘大会必须有2/3以上的教职工参加，测评结果当场公布，当选校长的得票率须达到全校教职工半数以上；对拟任人选的组织考察实行预告制和任前公示制。竞聘的主要环节及时公布，每个环节都在阳光下操作，在群众监督下进行。

二、工作成效

校长竞聘工作的开展，推动了学校民主政治的建设，管理队伍的活力竞相迸发，全市中小学校出现了前所未有的新气象。

一是实现了用人机制的转变，管理体制进一步完善。校长竞聘制，废除了干部终身制，形成了公平、公正、公开、竞争、择优的用人机制，竞聘上岗的校长把向上负责和向下负责的一致性结合起来，埋头苦干的多了，跑官要官的少了；选人与用人脱节的现象得到了有效改善。2002年，全市2700多所中小学实行了校长竞聘制，占学校总数的90%以上。4000多名学校中层干部和教师通过竞争走上了学校领导岗位，860多名正副职校长在竞争中落聘。全市

7000 名校级干部和 10 万名教职员工，深切感受到这场改革带来的深刻变化，感受到竞争带来的动力和压力，开始重新审视自身价值，积极参与竞聘，踊跃投身改革。市、县教育行政部门理顺了对中小学校长的管理，较好地实现了校长选拔任用、培训考核、轮岗交流的统一，组织部门、教育行政部门及乡镇党委、政府各司其职，各负其责，相互配合，学校干部管理体制逐步趋于完善。

二是优化了队伍结构，提高了队伍素质。通过实行校长竞聘制，全市中小学管理队伍学历层次普遍提高，年龄结构显著改善，专业构成更加合理。2002 年底统计表明，在实行校长竞聘制的学校中，50 岁以上的校长人数已由竞聘前的 659 人下降到 239 人，30 岁以下的校长人数由 112 人上升到 330 人，专科以上学历校长人数上升了 850 人。一大批年富力强、德才兼备、精通业务、善于管理、勇于创新的中青年骨干教师脱颖而出，走上领导岗位，全市中小学管理队伍出现了能者上、平者让、庸者下、充满生机与活力的可喜局面。

三是促进了基础教育的改革发展，办学效益显著提高。竞聘上岗的校长，改革意识强，思路清晰，敢闯敢干，积极推进学校内部管理体制和教育教学改革，激发了广大教职工的工作积极性、主动性、创造性和敬业精神，校容校貌日益改观，教育教学质量进一步提高，办学效益显著增强，促进了全市基础教育的改革与发展。

我市校长竞聘制度的改革，在全国引起较大反响。几年来，先后有 6 个省（市）、自治区的 9 个地级市、26 个县的教育行政部门和学校来我市学习交流；《人民教育》、《江苏教育》杂志对此给予了长篇特别报道，并配发评论员文章。

三、几点体会

3 年的实践探索，我们有以下几点体会。

第一，各级领导重视是前提。校长竞聘工作必须置于各级党委、政府的领导之下，坚持党管干部的原则，重大的政策规定和重要的工作布置，都要在地方党委、政府及教育行政部门的领导下实施。由于这项工作既敏感又有相当难度，触动一人，就可能牵扯复杂的社会关系，因此，各级领导以对工作的高度责任感和严于律己的自觉性，做到不打招呼、不写条子，也是这项工作能够顺利进行的重要前提。

第二，公开、公平、公正是保证。我市大面积推开校长竞聘制，局面稳定，进展顺利，主要原因是做到了公开透明、规范操作。竞聘工作每推进一步，教育行政部门都给予了正确的指导；操作的每个环节，都置于群众的监督之下，重大问题都由教代会讨论决定；真正把选择校长的权利交给了群众，对竞聘结果群众口服心服。

第三，精心组织、慎重操作是关键。校长竞聘制是一项政策性很强的工作。措施既要及时跟上，又要相互配套；工作既要积极推进，又要谨慎从事；程序既要缜密严谨，又要易于操作；组织既要通力合作，又要分工明确。只有这样，才能把这项工作做细、做实、做好。

第四，先行试点，然后推开较稳妥。推行校长竞聘工作可以统一规划，但要在试点的基础上全面推开。通过试点探索，既可检验操作办法是否合理，也容易发现新问题，及时调整完善改革方案和措施。

四、问题与思考

推行校长竞聘制，成效是显著的。但在实践中也存在一些问题，需要在今后的工作中逐步加以解决。第一，推进学校干部管理体制改革，需要有关部门进一步简政放权，提供更加宽松的外部环境。现行校长行政级别的存在和管理权限不一致，制约了校长竞聘制的推广。现行人事制度统得过死，人员能进不能出，待遇能升不能降，级别能上不能下，校长没有足够的人事权，也使改革很难深入。第二，"以县为主"的农村教育管理体制在一些地区尚未落实到位，无法实现跨乡镇竞聘上岗，落聘人员跨乡镇交流、安置有很大难度。第三，有些乡镇重竞聘，轻管理，缺乏对校长任期绩效的科学评价和有效监督，使校长竞聘制的优势得不到充分发挥。我们将认真贯彻落实《国务院关于进一步加强农村教育工作的决定》和《江苏省委、省人民政府关于进一步加强人才队伍建设的决定》等文件精神，全面落实"以县为主"的农村义务教育管理体制，优化外部环境，深化学校内部管理体制改革，巩固校长竞聘制成果，强化对校长的聘期管理，建立起与校长竞聘制相配套的人员流动机制，促进教育人力资源的优化配置。积极创造条件，试行校长职级制，扩大校长办学自主权。

我市中小学校长选拔任用制度改革虽然取得了初步成效，但与教育部的要求，与兄弟省、市相比还有较大差距。我们将以"三个代表"重要思想为指导，深入领会十六届三中全会精神，抢抓机遇，开拓创新，努力探索提高中小学校长现代管理水平的新思路、新机制、新办法，为实现教育强市发展目标奠定坚实的基础。

创新管理机制　激发内部活力

山东省潍坊市教育局
2004 年 12 月

改革开放以来，随着经济体制和行政管理体制改革的不断深化，我市在不同层面上对中小学人事制度改革进行了积极的探索和试验。特别是近几年，我们立足于激发事业单位内部活力，加大了人事管理和分配制度改革的力度，取得了明显成效，有力地促进了教育事业健康快速发展。基础教育均衡发展，被教育部作为典型在全国推广；我市先后荣获全国基础教育先进地区、全国职业教育先进单位、全国教育督导工作先进单位、全国课程改革先进市、全国学校体育（艺术）教育工作先进市等荣誉称号。

一、实行校长选聘、职级制度，提升学校管理水平

一个好校长，就是一所好学校，校长是"学校之魂"。要提高学校管理水平，必须建立一种能充分调动校长积极性和创造性、符合教育特点和校长成长规律的管理体制。为此，我们自 2001 年开始实行校长选聘制。校长由教育行政部门提名，按干部管理权限进行考察，根据考察情况决定校长人选，由教育行政部门聘任；副校长由校长提名，按干部管理权限考察确定后由校长聘任。对现任的校长，凡民主测评优秀合格率达到 80% 的，教育行政部门可以直接聘任；不合格率超过 20% 的，一律"下岗"。空出来的校长职位，由具备条件的人员按照"自愿报名、资格审查、竞聘演讲、差额选举、当场公布"的程序产生。为保证选聘工作的公正性、科学性，我们建立了公开、公示制度，要求竞争岗位及任职条件、产生程序等必须公开，竞争结果应予以公示；同时教育行政部门成立了校长选聘工作办公室，直接领导组织民主测评等关键环节。通过改革，全市有 182 名校长因群众评议"不达标"或竞争落聘而"下岗"，有 1113 人通过竞争走上校级领导岗位。全市中小学校长、副校长由改革前的 3929 人减少到 3436 人，减少 493 人。

今年以来，在实行校长选聘制的基础上，市委、市政府制定下发了《关于推行中小学校长职级制度的实施意见》（潍办发〔2004〕21号文件），规定凡教育行政部门所属的全日制中小学校，一律取消行政级别，全部由县市区及以上教育行政部门归口管理；校长实行职级制度。现任校长的行政级别继续保留，实行档案管理；新任校长，只有职级，不再有行政级别。校长的产生全部实行了竞争上岗或面向社会公开招考，由教育行政部门聘任。副校长一般由校长提名，经教育行政部门审核后由学校聘任。根据有关章程、规定，学校党委（总支、支部）书记由教育行政部门党委任命，群团组织负责人由学校党组织提名，按规定程序产生。

新任校长分六个职级，即：特级校长、一级校长、二级校长、三级校长、四级校长、五级校长。校长的职级根据其工作业绩、自身能力素质、群众评议等情况分别由市、县两级中小学校长评审委员会认定。市评审委员会负责对高中校长和其他学校特级校长的职级进行评审认定，县市区评审委员会负责对除高中校长以外的一级及以下校长的职级进行评审认定，并推荐特级校长职级人选。各级评审委员会一般由11人至17人组成，设主任1人，副主任1人至3人，由教育专家、知名校长和教育行政部门的领导干部各占1/3组成。校长职级实行动态管理，一般每两年评审认定一次。校长的待遇根据职级确定。同时，实行校长任期制和交流制，校长每个任期4年，一般情况下，同一名校长只能在同一所学校任职一个任期，特殊情况可以连任，但不得超过两个任期；同等职级的校长符合交流条件的可直接进行交流。鼓励校长到农村学校和艰苦地区干事创业，3年内享受原职级待遇不变。目前，全市已有1000多名校长的人事档案由组织人事部门转为教育部门归口管理，并对首批535名校长评定了职级，校长职级制已在全市全面推开。

这次改革，体现了"事权"与"干部人事权"相统一的管理原则以及市场配置资源和干部民主管理的改革取向，扩大了学校人事管理自主权，实现了学校领导干部能上能下，对激励校长们充分发挥聪明才智，争创一流工作业绩，对选拔、引进优秀校长，全面提升学校管理水平，起到了十分重要和积极的推动作用。

二、实行全员聘任制，营造人才竞争环境

近几年，我们始终以推行全员聘任制作为人事制度改革的突破口，全力推进。特别是自去年开始，教职工全员聘任制在全市全面推开，实行分级负责、层层聘任，即校长直接聘任中层干部，中层干部与教职工双向选择，教职工由

中层干部提名校长聘任。中层干部原则上采取竞争上岗的办法产生，也可由校长提名，经过民主测评、集体研究，由校长聘任。无论采取何种方式，均须通过民主信任投票，被聘人员民主评议信任票必须超过学校总人数和教职工代表数的80%以上。同时，打破教职工身份限制，工人可以聘任到管理岗位，干部也可以聘任到教辅、工勤岗位。岗位竞争后，签订聘任合同。教职工的聘期一般为1年；学校中层干部的聘期一般为3年。落聘人员可参加待岗培训，待岗期间发给基本生活费，落聘人员经考核合格的，仍可参加今后的聘任竞争上岗。连续落聘三次，仍竞争不到岗位的教职工，其人事关系转交教育人才交流中心，由人才交流中心推荐到其他学校竞争上岗，3个月后仍不能上岗者，实行人事代理，按市场机制谋职或就业。

通过推行全员聘任制，实现了学校人事管理由身份管理向岗位管理的转变，由行政任用关系向平等协商聘用关系的转变，由国家用人向单位用人的转变，营造出能者上、庸者下，人员能进能出，干部能上能下的人才竞争环境。据统计，全市中小学中层干部由5507人减至4747人，减少760人。有657名学校原中层干部落聘，有617名教师应聘了教辅和工勤岗位，有2750超编学校教师到缺编学校应聘任教，有959名教职工落聘，有137人到社会其他行业就业。

三、建立结构工资制，充分发挥薪酬激励效能

我们在全市学校普遍建立了岗位目标责任制，制定了从校长到各类人员的岗位职责和工作目标，根据岗位职能、工作量大小和工作业绩实行岗位结构工资制。校长工资由基础工资、职级工资两部分组成。基础工资是中小学校长按国家、省、市规定发放的基本工资部分。这部分工资按现行的政策规定执行，按月发放，并根据国家、省、市的规定及时进行调整。职级工资和校长的认定职级相对应，分为特级、一级、二级、三级、四级、五级，其标准由各县市区自行制定，提倡条件成熟的县市区实行校长年薪制。将教职工工资分为基础工资、岗位工资、工作量工资和绩效工资四部分，其中，基础工资占档案工资的比例一般不得超过50%，档案工资中扣除基础工资后的剩余部分和学校部分预算外收入捆在一起作为其余三部分工资的来源。坚持以岗定薪及向教学一线倾斜和向优秀教师、骨干教师倾斜的原则，对不同的岗位设置不同的岗位工资。各学校不同程度地拉开了岗位工资、工作量工资和绩效工资的差距。据抽样调查，相同资历的教师，在同一所学校教学，由于岗位、工作量及业绩的不同，月工资收入差距农村学校达近100元，城区学校达800元。结构工资制的

实施，充分发挥了薪酬的激励效能，做到了优教优酬，多劳多得，奖优罚劣，提高了工资的使用效益，极大地调动了广大教职工的积极性。

四、营造改革环境，形成改革合力

改革是资源的重新整合和优化，是利益分配的重新调整，涉及到每一个人的切身利益，只有调动好各方面的积极性，才能保证改革的顺利进行。

一是积极争取市委、市政府及各有关部门的大力支持。2001 年 11 月，市委、市政府出台了《关于深化市直学校内部管理体制改革的意见》，2003 年 3 月，市委、市政下发了《关于深化中小学人事制度改革的意见》，2004 年 9 月，市委、市政府出台了《关于推行中小学校长职级制度的实施意见》，2004 年 10 月，潍坊市教育局、人事局、财政局联合下发了《关于推行中小学校长职级工资制度的指导意见》。并先后召开了全市教育改革工作会议，全市乡镇人事制度改革经验交流会议，全市中小学人事制度改革现场会议，全市推进校长职级制工作会议等。市委、市政府的高度重视和各有关部门的通力协作为学校人事制度改革创造了良好的政策环境和舆论环境。

二是依靠群众，公开操作。每项改革，我们都坚持充分发扬民主。要求各级各部门将标准、条件、办法等都通过座谈会等形式征求各个层面干部群众的意见，学校的改革方案必须经教职工代表大会讨论通过后才能组织实施。每一个环节都坚持公开、公正、公平、透明，保证了竞聘结果的科学合理，使被聘者信心十足，落聘者心悦诚服。

三是坚持改革、稳定、发展和谐统一。改革是发展的动力，稳定是发展的基础，发展是改革的目的。工作中我们始终坚持促进教育事业健康、快速发展的原则，紧紧围绕影响人的积极性、创造性充分发挥的突出问题，坚持改革不动摇，同时把握好改革的力度，把思想政治工作贯穿于改革全过程，确保绝大多数落聘人员的思想稳定，引导广大教职工参与改革、支持改革，营造积极稳妥的改革环境。

我市的改革，虽然取得了一定成绩，但改革是一个动态的、永不竣工的工程。我们将进一步学习各地的先进经验，创新工作思路，不断把我市中小学人事制度改革推向深入，把广大干部职工的积极性引导好、保护好、发挥好。我们坚信，随着改革的全面推进，潍坊的教育事业一定会更快、更好地发展。

凡进必考　严把入口
创新中小学教师补充机制

云南省昭通市教育局
2006 年 6 月

　　昭通市位于云南省东北部，地处滇、川、黔三省结合部，是古代"南方丝绸之路"之要冲，也是云南受中原汉文化影响最早、最深的地区。全市面积 2.3 万平方公里，山区、半山区占 72.54%；辖 11 个县、区，其中 10 个是国家扶贫开发重点扶持县；2005 年末，全市总人口 528.7 万人，其中农业人口占 92.30%，少数民族人口约占 10%。目前，全市有各级各类学校 2891 所，在校生 110 万人，专任教师 38757 名。昭通是个教育大市，但又是一个教育弱市，全市 11 个县区中，还有两个县尚未基本扫除青壮年文盲、5 个县尚未基本普及九年义务教育，"两基"攻坚和巩固"两基"成果面临巨大的双重压力。

　　人口众多、素质偏低，基础薄弱、发展滞后，这是昭通市加快经济发展步伐、推进社会全面进步必须突破的两大难题。"十五"期间，市委、市政府在带领全市各族干部群众脱贫致富奔小康的历史进程中深刻认识到，加快经济社会发展，必须把教育放在优先发展的战略地位；发展教育事业，首先必须优先发展基础教育；发展基础教育，加强中小学教师队伍建设，提高教师队伍整体素质是当务之急。基于这样的认识，市委、市政府采取了一系列改革、发展教育事业的重大措施，其中，从 2003 年起对中小学新增教师实行公开招考、择优聘用的制度，探索、建立了教师补充新机制，使全市中小学教师队伍建设迈上了一个新台阶，进一步调动了中小学教师教书育人的积极性，增添了办学活力。

　　我们的主要做法如下。

一、政府主导，教育优先

2003 年，昭通市启动事业单位人事制度改革，全市事业单位新聘人员全部实行凡进必考。这项改革引起了全社会的广泛关注，特别是中小学教师也要凡进必考，成为社会关注的重点。为了加强对改革工作的组织领导和统筹协调，市政府成立了由政府领导任组长，教育、人事、财政等部门主要领导为成员的事业单位新聘人员招考领导组，制定了全市的改革方案。在市招考领导组会议上，市委、市政府提出了全市事业单位人事制度改革教育优先的工作原则，明确了"由什么人来选"和"用什么办法来选"两个重大问题，要求新增教师必须是合格的教师，要按照学校自主用人、个人自主择业、教育行政部门依法监督实施的工作要求，大胆创新，建立符合中小学特点和需求的选人、用人制度。同时决定成立由市教育局局长任组长的中小学教师招考领导组，负责组织实施新增教师的招考录用工作。在改革推进过程中，市招考领导组多次专题研究中小学教师招考工作，及时统筹、协调、解决具体问题；市委、市人大、市政协领导多次带队检查并参与巡视考场等工作环节；市人事局在"僧多粥少"的情况下，指标安排对教育给予最大倾斜和支持，并在办理录用手续等工作方面给予优先安排，确保学校急需；市纪检监察部门全程参与中小学教师招考聘用，对招考聘用各个方面、各个环节的工作进行全面监督；公安部门为招考工作提供安全保障；市属新闻媒体全程跟踪宣传招考聘用工作。

二、制定办法，明确政策

根据事业单位人事制度改革的精神和市招考领导组的部署，我们结合教育系统学科门类繁多、供需矛盾突出的实际情况，按照数量增加和结构调整并重的基本思路，制定了《昭通市中小学教师招聘办法》，明确了报考条件、招考程序、加分、考试形式及分值等相关政策。

1. 招考条件：应聘报考人员必须是符合《中华人民共和国教师法》的有关规定，取得相应的教师资格，年龄在 35 岁以下，身心健康的非事业单位人员。

2. 招考程序：考试包括笔试和面试两个部分。笔试，由市教育局统一组织，分学科闭卷考，内容和命题体现岗位学科特点和规律，符合实施素质教育要求和基础教育课程改革的方向，重点考察应聘人员的综合专业知识水平。笔试结束后，以县区为单位，分学科按面试成绩从高到低，确定面试人员。面试，由各县区组织，分学科以说课或讲课形式，重点考察应聘人员的教育教学能力，当场评分。面试结束后，按总成绩（笔试成绩×60% + 面试成绩×40% + 政策加分）从高到低确定拟聘用人员，组织考核和体检。考核体检合格后，向社会公示拟聘人员名单，无检举即办理录聘手续。

3. 面试考官的产生：分学科建立了350人的面试专家库，专家库人员必须具有该学科较高专业水平，在行业内有一定的认可度，在社会上有一定的知名度，由学校层层推荐。面试时，根据需要由纪检监察部门从专家库中随机抽取面试考官。

4. 加分政策：根据全市中小学教师需求情况，合理确定加分政策：已取得教师资格、多年在贫困地区任教、经考试择优培训过1年的代课教师，每一年教龄加2分；少数民族加5分；到73个国家扶贫开发工作重点县和边境县的乡村从事志愿服务工作，并获得云南青年志愿服务金奖、银奖、铜奖奖章的分别加4分、3分、2分；全运会、省运会获得个人项目前六名的，报考体育类岗位给予适当加分。

5. 一年试用期：新聘用教师首先签订1年聘用期合同，1年以后，经考核为称职或以上者方可继续聘用。

三、三个公开，严格监督

招聘工作中我们坚持了公开、公平、公正的原则，做到了政策规定公开、程序方法公开、考核结果公开，广泛接受了社会监督。

1. 考试报名半个月以前在《昭通日报》、昭通电视台、昭通信息港网站公开发布《招聘公告》，向社会公布招聘办法、程序、岗位设置、报考条件、报考办法、报考时间等。

2. 笔试结束后向社会公布笔试成绩；一星期后没有检举，即公布进入面试人员名单。

3. 面试结束，组织考核和体检；合格后，向社会公示拟录聘人员名单；无检举，即办理录聘手续；最后，向社会公布具体到学校的工作岗位和相应聘用人员名单。

为严格招聘工作纪律，市纪委、组织部、人事局、教育局还联合签发了《事业单位招考录用工作人员面试纪律的通知》，对在招聘工作中的违纪行为做出了处罚规定。

四、初步成效和几点启示

昭通市中小学教师公开招考聘用制度改革实行3年来，新增教师2171人，其中2003年270人，2004年729人，2005年1172人。由教育局具体组织实施的凡进必考制度的初步建立，为创新中小学教师补充机制开辟了一条探索之路；教师补充机制的改革创新，不仅能够从数量上逐步满足基层学校教育教学和教育改革发展的基本需求，而且从中小学教师补充的入口环节上，保证了新补充教师的基本质量，更为重要的是，中小学教师队伍的结构得到逐步优化，学历、年龄、分布、学科等长期以来制约教师队伍建设的突出矛盾和问题逐步得到缓解。3年来，全市小学、初中、高中教师的学历合格率分别提高了2.24、5.8、8.2个百分点；一大批年轻人走上农村学校的讲台，给农村中小学带来了前所未有的朝气与活力；一些紧缺学科教师补充到中小学，使许多学科教学从课程表落实到了课堂。

教师是教育改革发展的第一资源。实行凡进必考的中小学教师补充新机制，为我们加强教师队伍建设提供了不少的启示：

——加强中小学教师队伍建设，必须立足于服务教育改革发展大局，首先从数量上保证基础教育特别是义务教育的基本需求，重点保障农村中小学校、"两基"攻坚及巩固提高对教师数量的基本需求。

——加强中小学教师队伍建设，必须把结构调整作为重要目标之一，首先从入口抓起，通过数量补充，逐步缓解并最终解决中小学教师在学历层次、城乡分布、学科失衡和年龄结构等方面存在的深层次矛盾。

——加强中小学教师队伍建设，必须多管齐下，全面推进中小学人事制度改革，首先从补充机制的创新入手，按照事业单位人事制度改革的精神和中小学人事制度改革的要求，综合推进机构编制管理、学校岗位设置、推行校长任期制、完善校长负责制、推行教职工聘用制、健全考核制度、深化分配制度、推动人员流动制度等各项改革。

——加强中小学教师队伍建设，必须坚持政府主导、教育行政部门组织实施的工作机制，创新和坚持这种机制，有利于强化政府责任，有利于突出学校需求特点，有利于宏观调整和优化教师队伍结构，有利于学校自主用人。

昭通市连续3年实行凡进必考、择优聘用的中小学教师补充机制，取得了初步成效，也积累了一些经验，但是，新机制还需要进一步充实和完善。我们将根据这次会议的精神和工作要求，结合昭通的市情、教情，充分借鉴兄弟省区市的成功经验，紧紧抓住建立农村义务教育新机制等历史机遇，再接再厉，扎实工作，以深化中小学教师补充机制改革为切入点，深入推进中小学人事制度改革的各项工作，努力造就一支数量充足、结构优化、品德高尚、充满生机与活力的中小学教师队伍，为加快全市教育事业发展步伐，全面实施素质教育，全面贯彻教育方针，全面提高教育质量，提供坚实的师资保障。

深化中小学人事制度改革
为基础教育发展注入新的活力

陕西省延安市教育局
2006 年 6 月

2001 年开始，我们在全市 13 个县区完全小学以上中小学全面推行了以校长聘任制、教师聘用制、校内结构工资制、岗位目标责任制为主要内容的"四制"改革。全市 4166 名校长候选人，近 3 万名教师投身改革，参与竞争。大批优秀管理人才脱颖而出，走上校长岗位；许多群众意见大、管理能力差的原任校长纷纷落聘；各类名优教师摆脱陈规俗套开始合理有序流动。据统计，推行"四制"改革 5 年来，全市共有 406 名校长落聘，4599 名教师岗位发生变化，辞退不合格公办教师 269 人，精减非教学人员 104 人，清理在编不在岗人员 992 人，清退代课人员 3103 人。教师队伍的平均年龄降低了 5 岁，小学、初中、高中教师的学历达标率分别达到 97.52%、95.27%、78.65%，比"九五"末分别提高了 3.21、19.54 和 25.6 个百分点。初步形成了一种职务能上能下、人员能进能出、待遇有高有低、岗位职责明确、充满竞争激励的学校用人制度。广大教师和校长的工作积极性得到充分发挥，教书育人的责任心和使命感大大增强。

一、关于"四制"的基本做法

（一）实行校长聘任制，改革校长选拔任用方式

实行校长聘任制，改变校长由组织委任，一任定终身，只上不下的用人形式，创设机遇均等、鼓励支持优秀人才脱颖而出、公平公正、竞争择优的校长选拔任用机制。

1. 规范校长聘任程序。校长聘任坚持德才兼备、群众公认、公平竞争、平等择优的原则，严格按照发布招聘信息、公开报名、资格审定、演讲答辩、考察评价、任前公示、颁发聘书的程序进行。副校长由校长提名经教育主管部

门组织测评考察合格后，颁发聘书。学校中层由主管副校长提名，校长办公会确定，校长颁发聘书，教育主管部门备案，落实相关待遇。

2. 落实校长的法人地位。校长聘任是中小学人事制度改革的关键，落实校长负责制是核心。校长对学校负全责，具有决策权、指挥权、人事权和财物支配权。校长聘任实行任期制，每届3年，任期内，按学年度考核，期满后，按聘任程序及条件要求重新聘任。原则上校长在同一学校的任期不超过两届。

3. 妥善安置落聘校长。对落聘的校长，以实施聘任制为界线，采取"老人老办法，新人新办法"。即实行聘任制前由组织任命的校长落聘后，继续保留原校长的行政级别及相应的工资待遇；实行聘任制后聘任的校长落聘，原聘任期内的职位、待遇不再保留，重新聘用后享受新聘岗位的相应待遇。

（二）推行教职工全员聘用制，建立竞争上岗、择优聘用、合同管理的用人制度

为了建立因事设岗，因岗用人，优化组合，吐纳自主的教师管理制度，我们在全市中小学校实行了教职工全员聘用制。

1. 教师聘用坚持按需设岗、公开招聘、平等竞争、择优聘用、严格考核、合同管理和"一年一聘，有进有出，三年一轮，全员重组"的原则。从2001年8月起，每3年为一个聘用周期。每学年对教师的履职情况和工作绩效进行客观公正的考评，依据考评结果决定续聘和解聘对象。3年期满后，所有教师均以县区为单位进入县区人才交流中心，由所属学校按程序重新聘用，确保教师队伍合理流动。

2. 教师聘用工作在每年的暑期进行。年度聘用工作必须在放假后10日内完成，具体聘用工作以学校为单位，由学校招聘工作小组按程序组织进行，主管部门监督实施；3年一轮的聘用工作必须在放假后20日内完成，具体聘用工作以县区为单位，由教育主管部门牵头组成招聘领导小组统一组织实施。

聘用工作按程序规范运作。学校在放假后3日内公布续聘和落聘人员名单，同时将空缺岗位和招聘方案以书面形式上报教育行政部门。县区教育局在放假后第五日前集中向社会公布所辖学校的招聘信息，学校在编制数的控制范围内随即开始组织实施招聘工作。本校教师的学年续聘，以年度量化考核结果为依据，列前85%者，优先续聘；新聘教师的招聘按照公布岗位空缺信息、公开报名、组织考试、试讲、考察、确定受聘人选、聘前公示、签订聘用协议书的程序进行。为确保新聘人员质量，对评委实行连带责任制。

3. 对落聘教师，采取"用、学、保、待、调"等措施妥善安置。"用"就是根据工作需要，本人申请，学校同意，安排临时性工作，工资待遇由学校决定。"学"就是经学校和主管部门同意，外出进修学习，学习期间发给本人

70%的基本工资。进修期满，竞聘上岗。"保"就是对曾五次评为学校先进或曾获得市级以上先进个人称号，或50岁以上老教师实行特殊保护政策，原则上不予分流，可提前离岗或安排做教辅工作。"待"就是对待聘人员半年内发给70%的基本工资，从第七个月起，如无新聘岗位由学校将70%的基本工资按一定比例计发。"调"就是调离本学校或教育系统。

（三）建立岗位目标责任制，健全绩效考评体系

教育主管部门与校长签订《任期目标责任书》，校长与教职工签订《岗位目标责任书》，以岗定责，职责到人。考评实行量化打分，建立校长和教职工个人考评档案。

1. 教育主管部门依据《延安市中小学校长履职情况及办学绩效考评办法》，按学年度进行考核。市、县区均成立校长考评委员会，建立校长考评评委库，每年下半年进行校长履职情况及办学绩效考评。考评期间校长自行回避，由考评组指定1名校级领导具体协助考评组实施考评。考评结果分为优秀、称职、基本称职、不称职4个等次。凡考评为优秀等次的校长，由市、县区政府通报表彰，并在下一轮校长招聘时给予适当加分；考评为称职等次的校长，不奖不罚；考评为基本称职等次的校长，由主管部门对其进行诫勉谈话，下年作为必考对象，等次未提升者，予以解聘；考评为不称职等次的校长，由聘任机关在1周内予以解聘，同时，按程序重新招聘校长。以县区为单位，凡被考评校长全部达到称职以上等次且优秀者占到1/3以上，市政府对该县区政府的教育工作给予通报表彰；凡考评出现1/3不称职校长，或2/3基本称职以下校长的，责成县区政府对教育局长进行诫勉谈话，市政府对该县区政府的教育工作进行通报批评。

2. 学校根据《延安市教师量化考核暂行办法》对教师进行学期考核。按照教师岗位职责要求，从德、能、勤、绩等方面，全面考核教师的工作和操行情况，实现考核工作制度化。考核结果将在年度教师聘用、评优树模、职务职称晋升、津贴分配中充分运用。从目前中小学教师队伍整体素质还不高的情况考虑，在聘用工作中采取：两学期量化考核为前列85%者，学校应优先予以续聘；列86%~95%之间者，进行诫勉谈话，责令其提出改进提高计划，限期改进；倒列5%者，列入淘汰范围，实行末尾再竞争。每学期量化考核低于90分者，不得参与先进评选。1学年内，量化考核在80分以下者，当年不得参与职称晋升评定。负责考评工作的人员必须公正、公平履行职责，弄虚作假，徇私舞弊者，无条件调离工作岗位，并在县区教育系统通报批评。

（四）实行结构工资制，建立多劳多得、优劳优酬的分配激励机制

教职工工资由职务（技术）等级工资、津贴和校内津贴三部分构成，实行有定、有活、有分、有合的工资分配制度。

1. 职务（技术）等级工资的发放办法。职务（技术）等级工资占70%，是教职工的固定部分，由财政通过银行卡直接全部按时发给教职工本人。

2. 津贴的发放办法。津贴占工资总额的30%，校内津贴是学校的自筹部分，均作为活工资。学校依据"存量保留，增量拉开，效率优先，兼顾公平"的原则，结合岗位目标责任书、工作数量与质量，按照《延安市中小学骨干教师的认定及管理办法》进行再分配，从根本上解决教师工作绩效与待遇不相统一的矛盾。原则上在高级中学设名优教师、学科带头人和教学能手；在初中与小学只设学科带头人和教学能手。以上教师通称为骨干教师。在国家规定标准课时津贴的基础上，适当提高骨干教师的课时津贴和超课时补贴。标准课时费以合格教师课时费为基数，教学能手提高50%，学科带头人的课时费在教学能手课时费的基础上提高50%，名优教师课时费在学科带头人课时费的基础上提高60%；超课时费均以各层次教师标准课时费为基础提高60%。骨干教师实行动态管理，各类称号及其待遇只在本校内教学岗位生效，应聘到别的学校后，由所在学校重新考评认定。

3. 逐步改革工资的发放办法。为保证结构工资落到实处，全市拟将"一人一卡制"的工资发放办法改为"一校一卡制"，由学校发放教职工工资，逐步推行全额岗位工资制，向教师年薪工资制过渡，真正实现多劳多得，优劳优酬，充分发挥工资的杠杆激励作用。

二、几点体会

我市的中小学"四制"改革之所以能够全面推开，并获得成功，主要得益于对原有管理机制的大胆否定和锐意创新，得益于市、县区各级党政领导的高度重视和大力支持，得益于广大教育工作者的积极参与和自觉行动。我们的主要体会是：

（一）决策层思想认识的高度统一为推行"四制"改革提供了可靠的组织保证。市委、市政府从落实"科学发展观"，创新教育管理体制，提高学校管理水平和办学效益，为全面建设小康社会提供智力支持和人才保证的高度出发，在2001年将"四制"改革确定为全市教育工作的主题，半年之内，先后三次召开由县区长、主管县区长和教育局长等相关部门参加的"四制"改革动员会、推进会和转段会，市委、市政府主要领导亲自动员部署，亲临基层学校督促检查，纠偏纠错，规范操作。县区的主要领导亲自参加招聘重点学校校长演讲答辩会，协调组织、人事、编制、财政、劳动、社保等相关部门通力合作，积极支持，为中小学"四制"改革开辟了绿色通道。

（二）主管部门精心设计的改革方案，保证了"四制"改革的规范运作。改革正式启动之前，我们组织精干的调研队伍深入各级各类学校进行了大量的调查研究，召开了多形式、多层次的讨论会和听证会，在广泛征求社会各界人士意见和建议的基础上，制定印发了《延安市中小学推行"四制"改革实施意见》，同时出台了《延安市中小学"四制"改革工作考评细则》等13个配套实施办法。实践证明，我们制定的改革方案和与之相配套的政策措施，切合延安基础教育的实际，顺应了广大教育工作者特别是优秀教育工作者的期望和追求，得到了他们的普遍认同和衷心拥护，从而保证了全市中小学"四制"改革的顺利进行。

（三）具体工作指导上必须狠抓落实。改革之初，市教育局实行了领导包片、干部蹲点制度，抽调8名县处级领导、13名干部经过统一培训后，分赴13个县区严格按照规定的方法和工作程序检查指导"四制"改革工作，狠抓措施落实。半年内，市上"四制"改革领导小组下发了《教育情况》41期，向市委、市政府领导送交《送阅件》19期，互通信息，取长补短，不断修订完善各种政策规定，保证了改革的健康运行。

经过几年的努力工作，我市中小学"四制"改革得到广大教职工的认同和支持，赢得了社会各界的广泛赞誉。一种公平竞争、择优聘任的用人机制和重能力、重实绩、重贡献的分配激励机制初步建立；一套责权利相统一，以科学与民主为基础的工作绩效考评体系基本形成。实践已经充分证明，改革为基础教育事业发展注入了活力，也为政府在新形势下如何推动各项社会事业发展提供了新的思路，探索了新的途径。当然，我们也深知，搞教育本身就需要一种境界，推行"四制"改革更需要遵循规律、尊重事业、尊重人才、自我放权的勇气和境界。我们将坚持科学发展观，进一步深化中小学人事制度改革，坚决打破计划经济体制下形成的"铁交椅"、"大锅饭"、"铁饭碗"，建立健全科学、规范的，充满生机与活力的中小学人事管理制度，充分调动广大教师和校长的积极性、创造性，为基础教育的发展提供人才支持。

地方有关文件

北京市教育委员会关于印发城近郊区
中小学接收应届大中专毕业生
实行聘用合同制意见的通知

（京教人〔2000〕004 号）

各城近郊区教委、教育局：

现将《关于城近郊区中小学接收应届大中专毕业生实行聘用合同制的意见》发给你们，请遵照执行。

北京市教育委员会
2000 年 3 月 15 日

关于城近郊区中小学接收应届大中专
毕业生实行聘用合同制的意见

为积极推进我市基础教育人事制度改革，建立"能上能下、能进能出"的用人机制，依据市人事局关于《北京市事业单位实行聘用合同制暂行办法》（京人发〔1999〕40 号）及《北京市中小学教职工聘用合同制试行办法》（京教人字〔1998〕035 号）文件，按照市委、市政府《关于深化教育改革全面推进素质教育的意见》（京发〔1999〕26 号）和《关于改革人事分配制度深化学校内部管理体制改革的意见》（京教人〔2000〕001 号）文件精神，从 2000 年起我市东城、西城、崇文、宣武、朝阳、海淀、丰台、石景山区（以下简称"城近郊区"）中小学（含民办公助和民办的中小学，以下简称"中小学"）接收的应届大中专毕业生一律实行聘用合同制管理。

一、北京市教育委员会委托市教育系统人才交流服务中心承担城近郊区中小学自 2000 年起新就业的大中专毕业生的人事代理（管理人事档案和人事关系，人才资源开发等）。城近郊区可根据本区教育系统人才交流服务中心的职能权限，从 2000 年起将新就业的大中专毕业生的人事代理工作交由市、区两级教育系统人才交流服务中心（以下简称"教育人才中心"）负责。

教育人才中心要充分发挥人才市场中介组织作用，打破地区界限，融通各类教育人才资源，促进各种形式的合理流动，切实做好管理和服务工作。

二、城近郊区中小学在区教委、教育局人事科核定编制的范围内通过双向选择，择优录用应届大中专毕业生，并根据《北京市中小学教职工聘用合同制试行办法》与其签订《聘用合同书》及《委托人事代理协议书》。

三、城近郊区教委、教育局人事科归口负责做好新录用的大中专毕业生在工作期间相关的人事管理工作（转正定级、晋升工资、职称评定等）；用人单位按现行办法实施管理并解决其医疗、养老、住房公积金等问题。

四、城近郊区新接收的大中专毕业生的党、团组织关系一律转入用人单位。需要建立集体户籍，办理落户手续的由用人单位负责。

五、教育人才中心要做好新接收大中专毕业生人事档案材料的搜集、整理和归档工作，并按照有关规定办理毕业生接收手续、调整档案工资、出国政审、出具婚育证明、公证等事项。

六、新接收的大中专毕业生在规定服务期内申请调离中小学、校外教育单位、进修院校、特殊教育学校，需经用人单位和区教委、教育局同意，按照市人事局、市教育《关于中小学干部、教师调离普教系统或从远郊区、县调入城近郊区审批手续问题的通知》（京人干〔1988〕第 8 号、京教人字〔1988〕第 67 号）精神及人事调配的相关政策办理。市、区教育行政部门按照《关于对违反师范毕业生服务期制度者追缴专业奖学金和培养费若干问题的通知》（京教财〔1998〕018 号）精神，负责追缴未完成服务期人员的专业奖学金和培养费。

七、按《聘用合同书》的约定终止聘用时，经双方协商，在办理完相关手续后，用人单位应及时对本人做出鉴定，并书面通知教育人才中心；同时通知本人到存档的教育人才中心办理档案转存事宜。

八、人事代理实行有偿服务，费用由委托者按照市物价局核定的标准缴纳。

北京市教育委员会人事处
关于新聘用大中专毕业生实行
聘用合同制有关问题的通知

城近郊八区教委：

根据北京市教育委员会《关于印发〈北京市中小学教职工聘用合同制试行办法〉的通知》（京教人字〔1998〕35 号）、北京市人事局《关于印发〈北京市事业单位实行聘用合同制暂行办法〉的通知》（京人发〔1999〕40 号）及《关于对违反师范毕业生服务期制度者追缴专业奖学金和培养费的规定》（北京市人民政府令第 9 号）文件精神，为促进本市教育人才资源的管理和有序流动，进一步做到依法行政，结合本市城近郊八区的实际情况，现就有关问题通知如下。

一、规范城近郊八区新聘用大中专毕业生五年服务期协议

1. 从 2003 年起，城近郊八区教委对新聘用的大中专毕业生采用统一的《北京市教育系统新聘用大中专毕业生服务期协议书》（以下简称"服务期协议书"，见附件一）。服务期协议书由北京市教育系统人才交流服务中心（以下简称"中心"）统一印制。

2. 市教委委托"中心"与拟新聘用的大中专毕业生签订"服务期协议书"。各区教委不再与新聘用的大中专毕业生签订服务期协议。

3. 城近郊八区教委在办理新聘用大中专毕业生手续时，须签订"服务期协议书"（一式两份，"中心"和新聘用的大中专毕业生各执一份）。

4. 在教育系统五年服务期内，聘用单位与新聘用的大中专毕业生（以下简称"甲乙双方"）要按照北京市人事局《关于印发〈北京市事业单位实行聘用合同制暂行办法〉的通知》（京人发〔1999〕40 号）要求签订《北京市事业单位聘用合同书》（以下简称"聘用合同书"），明确约定具体的聘用合同年限和违反聘用合同后双方的违约责任。甲乙双方在聘用合同期内的违约处理由

城八区教委负责监督。

二、对（提前）终止、解除聘用合同教职工的工作程序

1. 甲乙双方要严格履行"聘用合同书"的各项约定。任何一方违约，违约方要按照"聘用合同书"约定承担违约责任。

2. 甲乙双方（提前）终止、解除聘用合同关系，应在"聘用合同书"中的"聘用合同变更书"上填写意见并签字、盖章，乙方即成为我市教育系统内流动人员，由"中心"管理，在我市教育系统内重新双向选择就业。

3. 甲乙双方（提前）终止、解除聘用合同后：

（1）聘用单位、区教委按照要求填写《北京市城近郊八区聘用合同制教职工（提前）终止、解除聘用合同备案表》（见附件二），并送交"中心"。

（2）变更后的"聘用合同书"、双方违约责任处理的证明材料送交"中心"归档。

（3）乙方在甲方聘用期间形成的有关材料（考核、奖惩、工资表、转正定级表、继续教育材料、育龄妇女婚姻状况、各种鉴定表等），送交"中心"归档。

（4）乙方是中共党员的，由本人持党组织关系介绍信到"中心"办理转接手续。党组织关系介绍信开至"中共北京市委教育工委市教委机关党委"。

（5）乙方的集体户口必要时可迁至：北京市教育系统人才交流服务中心，迁往地址：北市东城区鼓楼外大街56号。

4. 乙方违反聘用合同，聘用单位和区教委应有相关情况说明。对无法追究违约责任的。聘用单位可商"中心"同意后，书面委托代为办理。

三、对聘用合同期满教职工的工作程序

1. 聘用合同期满"聘用合同书"自行终止。甲乙双方需要续签"聘用合同书"的，要在"聘用合同续订书"上填写意见并签字、盖章，及时送交"中心"存档。

2. 教职工聘用合同期满后，在本区教育系统内流动的，区教委应及时将变动情况向"中心"备案；跨区流动的人员（其程序按照第二条第3款办理），由"中心"负责管理，并按规定办理有关手续。

3. 实行聘用合同制的教职工在教育系统内另行就业的，新的聘用单位要重新办理聘用手续（签订《北京市事业单位聘用合同书》、《人事代理协议书》），不能在原聘用单位的《北京市事业单位聘用合同书》上续签。

附件一　《北京市教育系统新聘用大中专毕业生服务期协议书》
附件二　《北京市城近郊八区聘用合同制教职工（提前）终止、解除聘用
　　　　合同备案表》

北京市教育委员会人事处
2002 年 11 月 8 日

附件一

北京市教育系统新聘用大中专毕业生
服务期协议书

甲方：北京市教育系统人才交流服务中心　　乙方：＿＿＿＿＿＿（毕业生）

　　为促进首都教育发展，稳定本市师资队伍，甲方受市教育行政部门委托，为北京市教育系统引进大中专毕业生。通过双向选择，乙方自愿投身北京市教育事业并接受甲方聘用合同制管理。甲、乙双方对以下条款达成一致，并严格履行。

　　1. 乙方自愿成为本市教育系统聘用合同制管理的教职工，在本市教育系统内工作，由初次聘用单位代为选拔、录用，并与甲方签订本协议后办理聘用、接收手续。

　　2. 甲方由初次聘用单位和所在区教育行政部门按照国家和本市有关规定，为乙方办理有关接收和聘用手续（乙方在毕业时未取得毕业证书、学位证书或者根据政策法规不符合实际聘用条件的不予办理相关手续）。乙方的人事档案交由甲方管理和服务。

　　3. 乙方在北京市教育系统的服务期为 5 年（其中含见习期 1 年，不含待聘择业期年限）。在服务期内，未经甲方同意，不能在本市教育系统外就业、出国、升学。乙方如确因个人原因无法履行本协议而申请提前终止的，经甲方同意并由甲方认定实际服务年限，在 5 年服务期内，乙方按照每少服务 1 年须向甲方缴纳违约金 10000 元人民币（大写：壹万元整）。市属高师院校师范专业毕业生按照北京市人民政府《关于对违反师范毕业生服务期制度者追缴专业奖学金和培养费的规定》执行。

　　4. 乙方与聘用单位要按照北京市人事局《关于印发〈北京市事业单位实

行聘用合同制暂行办法〉的通知》（京人发〔1999〕40号）的要求，签订《北京市事业单位聘用合同书》，约定聘用年限并履行聘用合同书规定和约定的相关事宜。

5. 乙方与初次聘用单位的聘用合同期满，如不再续签的，其人事档案材料由初次聘用单位转至甲方后，乙方本人在一个月内到甲方办理人事代理有关手续，并继续在我市教育系统内选择聘用单位，重新签订并履行《北京市事业单位聘用合同书》。乙方在待聘择业期内要服从于本市教育系统需求。

6. 甲方在乙方的待聘择业期内按照本市流动人员有关政策规定实施人事代理，提供求职登记、推荐就业和咨询服务。

7. 乙方因违法乱纪、严重违反规章制度或个人条件发生变化，不再符合本市教育系统工作条件和要求，影响服务期协议履行的，要按照有关规定处理，并应承担相应违约责任。

8. 未尽事宜由甲、乙双方按照国家和本市相关政策规定处理。

9. 本协议一式两份，甲乙双方各执一份，双方签字后有效。

甲方：北京市教育系统人才交流服务中心（盖章）　乙方：（签字）

办公地址：北京市西城区新街口外大街14号　　　居住地址：

邮政编码：100088　　　　　　　　　　　　　邮政编码：

联系电话：62358016　　　　　　　　　　　　联系电话：

　　　　　　　　　　　　　　　　　　　　　　　年　月　日

附件二

北京市城近郊八区聘用合同制教职工
（提前）终止、解除聘用合同备案表

学校名称：　　　　　　　　　　　　　　　　填报时间：　　　年　月　日

<table>
<tr><td rowspan="7">教
职
工</td><td>姓名</td><td></td><td>性别/民族</td><td>/</td><td>毕业院校</td><td></td></tr>
<tr><td>专业/学历</td><td>/</td><td>职称/职务</td><td>/</td><td>参加工作时间</td><td></td></tr>
<tr><td>聘用合同年限</td><td>年</td><td>已履行年限</td><td>年</td><td>违约责任处理情况</td><td></td></tr>
<tr><td>基础职务
工资</td><td colspan="2">津贴</td><td>10%工资</td><td colspan="2">教（护）
龄津贴</td></tr>
<tr><td>（工资）合计</td><td colspan="3">该同志工资已发至：</td><td colspan="2">年　月　日</td></tr>
<tr><td>该同志拟流动去向（单位）</td><td colspan="5"></td></tr>
</table>

<table>
<tr><td rowspan="2">学
校
意
见</td><td></td></tr>
<tr><td>联系人：　　　　联系电话：　　　　学　校（盖章）　　　年　月　日</td></tr>
<tr><td>区
教
委
意
见</td><td>区教委（盖章）　　　年　月　日</td></tr>
<tr><td>市
教
委
人
才
意
见</td><td>中　心（盖章）　　　年　月　日</td></tr>
<tr><td>备

注</td><td></td></tr>
</table>

北京市教育系统人才交流服务中心　　　2002 年 11 月制表　　Tel：62358016

上海市教育委员会关于 2006 年开展中小学校长职级评审和认定工作的实施意见

（沪教委人〔2006〕94 号）

各区县教育局、浦东新区社会发展局：

根据市委组织部、市教育党委、市教委、市人事局、市劳动保障局《关于印发〈关于上海市推行中小学校长职级制度的实施意见〉的通知》（简称《实施意见》，下同；沪教委人〔2000〕4 号）精神，现定于 2006 年本市全面开展中小学校长职级评审和认定工作。为了有计划、有组织实施中小学校长职级制度，现提出如下实施意见。

一、指导思想

坚持以邓小平理论和科学发展观为指导，全面贯彻"三个代表"的重要思想，进一步增强中小学校长办好学校的责任心、紧迫感和规范办学的自觉性，树立依法办学、以德立校的理念，促进基础教育均衡发展和和谐健康发展，努力培养一支具有国际教育视野，适应素质教育发展需要，推进基础教育现代化的中小学校长队伍。

二、实施原则

贯彻均衡发展的原则，在具体实施过程中，由市教育行政部门掌握职级认定标准条件，把握全市总量的控制和区域间的平衡，由区县教育行政部门把握本区域内的地域和学段之间职数平衡。在全市范围内鼓励中心城区申报特级校长的人选到郊区农村学校任职。

三、评审和认定范围与对象

本市市、区县教育行政部门所属的全日制中小学、职业学校、特殊学校、工读学校、幼儿园和区县教师进修学院中至 2005 年 12 月 31 日前在册尚未到达退休年龄，并在校长（含幼儿园园长，下同）岗位上工作的正职校长（含党支部（总支）书记，下同）。

四、申报及评审、认定条件

校长职级的申报与评审认定必须坚持德才兼备的标准，申报者的政治素质、业务水平和工作能力要达到相应的要求。同时，应具备下列条件。

（一）学历要求：应达到国家规定的学历要求和具备相关的上岗证书。

（二）专业技术职务要求：申报中学三级一等及以上校长职级的，须具有中学高级教师专业技术职务；申报小学、幼儿园三级一等及以上职级的，须具有小学高级教师以上专业技术职务；申报一级一等及以上校长职级的，须具有中学高级教师专业技术职务。

评定中小学特级校长职级的，除具备相应资格条件外，必须教育理论上有造诣、教学科研水平领先、学校管理成效卓著，并在全市乃至全国具有较高知名度和影响力。

（三）评定职级年限的计算：校长原任职年限按年度计算。上年任职校长的，一律从次年的 1 月 1 日起计算。1 年内实际任职时间累计不足半年的（含寒暑假），当年不计为任职年限。任副校长（含任教育行政部门的正副科长）的年限按 1/2 比例折算。任与现职校长级别相当的区县教育党委部门或教育行政部门领导职务的年限按实计算；任与现职校长低一级别的区县教育党委部门或教育行政部门领导职务的年限按 1/2 比例折算。

（四）职级晋等晋级的要求：年度考核为优秀或连续两个年度考核为合格的，原则上可在本级内升一等；已在本级内为一等的，有申报晋级评定的资格。三级校长任现职满 3 年后可取得晋升二级的资格；二级校长任现职满 3 年后可取得晋升一级的资格；一级校长任现职满 2 年后可取得晋升特级校长的资格。

特别优秀的校长可以破格申报与评定。

（五）以往未申报认定校长职级的，此次列入校长职级认定对象的任职年限要求：任校长年限 1 年至 2 年，并符合四级校长条件的，可评审认定为四级校长；任校长年限3年至5年，并符合三级校长条件的，可评审认定为三级校长；任校长年限6年至8年，并符合二级校长条件的，可评审认定为二级校长；任校长年限9年至12年，并符合一级校长条件的，可评审认定为一级校长；任校长年限13年（含13年）以上，并符合特级校长条件的，可评审认定为特级校长。

（六）教学工作量要求：申报评定职级的中小学校长主要精力放在教育教学管理工作，其中每周应承担不少于2节课的教学工作量，幼儿园园长每周至少履行半天进班的教育教学工作量。

（七）崇明、金山、南汇、奉贤、青浦、松江、嘉定、宝山、闵行、浦东（农村地区）镇及以下学校的校长申报特级校长加6分。

五、比例和名额

（一）各级校长应保持合理的比例。

中学校长各级比例为：2：4：3.5：0.5；

小学校长各级比例为：1.5：4.5：3.5：0.5；

幼儿园园长各级比例为：1：5：3.5：0.5。

特级校长的数额一般掌握在一级校长总数的20%以内。

（二）本次各区县按空余指标的1：1.5为推荐名额申报，已用完指标的区县可推荐申报1名特级校长候选人。

六、考核办法

评定中小学校长职级，应根据中小学校长应当具备的基本素质和必须履行的职责，严格进行考核测评，以体现中小学校长职级评定的科学性、客观性、公正性与规范性。

中小学校长考核测评的内容和方法，按照《上海市中小学校长职级评定方案》执行。

中小学党（总）支部书记考核测评的内容和方法，按照《上海市中小学党支部书记对应校长职级标准评定方案》执行。

幼儿园园长考核测评的内容和方法，按照《上海市幼儿园园长职级评定方案（修改稿）》执行。

七、申报程序

（一）个人申报。由申报人按规定填写申报表，并提交本人工作述职报告和履行职责的情况及有关证明。凡申报一级二等及以上职级的，只要申报"级"，不必申报"等"。述职报告按考评指标的 6 个方面进行写实性汇报，应全面反映任职以来的工作实绩，重点反映近 3 年来在教育、教学、管理和改革、发展、创新等方面的实绩，报告分理念、措施、绩效三部分撰写。述职报告的字数不超过 3000 字。由区县中小学校长职级评审办公室（以下简称区县职级办）按规定对申报人的材料进行审核。

（二）述职和评议。述职须在区县教育党政部门的指导下，由申报人向学校教职工代表大会或党员大会（或党员代表大会，下同）宣读述职报告。每位教职工代表（或党员）以无记名的方式填写民主测评表（测评的等第为满意、基本满意、不满意），并由区县教育党政部门委派的工作人员负责汇总测评结果。若测评汇总结果中"基本满意和不满意数"超过测评总人数 50% 以上的，由区县教育党政部门暂停申报人当年申报校长职级。汇总测评的结果交区县中小学校长职级专家评审委员会（以下简称区县评委会）评审时参考。区县职级办视需要决定是否到学校召开师生座谈会或进行随访。

（三）考核与评鉴。区县职级办在听取申报人述职和广泛听取意见的基础上，汇总有关材料，写出考核、评鉴意见。区县级以上教育行政部门按照规范程序和要求对申报人所在单位或个人做出的督导、考评（鉴定）意见，包括获奖证书等，可作为评定校长职级的依据，供区县评委会专家在评审时参考。

（四）评审与推荐。区县评审委在评审过程中，对申报二级及以上校长职级的人员必须进行面试答辩。评审可先按类分组（中学校长组、小学校长组、支部（总支）书记组、幼儿园园长组），再按组进行横向比较，并参照比例定额做出最终的评审结果，特级校长候选人需排序上报上海市中小学校长职级评审办公室（以下简称市职级办）。申报三级及以下校长职级的，由区县中小学校长职级评审领导小组按照任职资格条件、组织原则和工作程序审核，认为基本一致的，可简化评审程序，由区县教育党政部门认定；申报二级和一级校长职级的，由区县评审委评审；申报特级校长职级的，区县评审委提出初审意见，报市中小学校长职级评审委员会评审。

（五）备案。区县评审委评审的一级及以下校长职级的人员名单，报市职级办备案。

八、认定机构

上海市教育委员会设立上海市中小学校长职级评审领导小组，同时设立上海市中小学校长职级评审办公室，对全市推行中小学校长职级制工作进行宏观指导和具体协调。办公室设在市教委人事处。由市职级办组建上海市中小学校长职级专家评审委员会，负责对特级校长的测评。

区县在推行中小学校长职级制度时，相应建立推行校长职级制度工作机构，负责组织考核、评审等具体工作。办公室设在区县教育部门组织、人事科。区县教育部门组建的区县评委会对一级和二级校长的测评和认定，并推荐特级校长人选。

区县评委会一般由 11 人至 17 人组成，设主任 1 人，副主任 1 人至 3 人，区县评委会由党政领导、名校长、专家各 1/3 组成，名校长和专家人数的 1/2 须聘请外区县人员。区县评委会的成员必须具备较高的政治、业务条件。区县评委会成员名单须报市职级办备案。

九、工资待遇

实行中小学校长职级制度后，中小学校长、幼儿园园长分别实行中学校长职级工资标准、小学校长职级工资标准和幼儿园园长工资标准。

十、日程安排

各区县于 2006 年 11 月 30 日之前上报区县校长职级专家评审委员会名单；

各区县于 2006 年 12 月 31 日之前上报特级校长候选人名单和有关材料；

各区县于 2007 年 2 月底之前上报 2006 年评审的一级及以下校长名单备案材料。

十一、其他事项

（一）自今年起，本市中等专业学校和技工学校纳入中学特级校长评审范围内，具体办法另发。

（二）有关表式可在上海教师教育网下载，用 A4 规格纸打印。

附件：1. 上海市中小学校长职级评定方案
　　　2. 上海市幼儿园园长职级评定方案
　　　3. 上海市中小学党支部书记对应校长职级标准评定方案

上海市教育委员会

2006 年 11 月 16 日

附件1：

上海市中小学校长职级评定方案

一、方案说明

为了使方案更有效地反映校长的实际情况，本方案采用一套指标，两种标准。A 标准适用于一级以及一级以上校长职级的评定，B 标准适用于二级及其以下校长职级的评定。

二、指标结构

本评定方案采用两级指标体系。

一级指标 6 条，包含校长的办学思想、学校管理、教育教学、师资建设、个人素养和办学成效 6 个方面，体现了一名校长办学水平和工作实绩的主要方面。

二级指标 12 条，即每一条一级指标下属两条二级指标，作为专家评定时的打分点。每一条指标的分值从 1～10，满分为 120 分。

在二级指标以下还给出 A、B 两种考察标准。A 标准作为市级专家组评定一级以及一级以上校长职级时的参照标准，B 标准作为区县专家组评定二级及其以下校长职级时的参照标准。

三、指标体系

1. 办学思想

1.1 全面贯彻教育方针，实施素质教育，推进二期课改。以德立校，以法治校。

1.2 重视教育理论学习和科学研究，能理论联系实际，积极开展现代学校教育的实验与探究，落实二期课改的课程理念。

2. 学校管理

2.1 能制定学校章程，按章程主持学校工作，做到管理机构健全，职、权、利分工明确，程序规范，制度完善，运行高效。

2.2 注重学校主动发展，能针对学校特点制定近、中、远期发展规划，认真组织实施，学校综合教育能力逐年提高。

3. 教育教学

3.1 认真落实"上海市民族精神教育指导纲要"和"上海市生命教育指导纲要"，重视德育工作，注重德育实效性，学校有良好的校风、教风、学风，师生品德修养、行为规范良好。

3.2 积极参与课程改革，开发学校课程，推动课堂教学创新，搞好教学管理，有效监控教学质量，学校教学运行有序，质量较高。

4. 师资建设

4.1 注重引进人才，做好师资队伍建设工作，组织好教师在职进修，加强校本教研制度建设，学校教师结构合理，教研风气好，专业化水平不断提高。

4.2 重视学校文化建设，培育学校人文精神，全校教师凝聚力强，人际关系融洽，团结合作，积极向上。

5. 个人素养

5.1 有一定的教育理论素养、与时俱进的教育思想、较强的管理和教学指导能力，有研究课题，有研究成果。

5.2 为人正直，工作务实，廉洁自律，作风民主，被全校师生接受，有较高威信。

6. 办学成效

6.1 学校有教育改革与创新的成果，形成有个性的办学经验与特色，能在同类学校中起示范辐射作用。

6.2 学校有良好的社会声誉，学生全面充分发展，得到家长、社区、用人单位或高一级学校的认可，得到有关部门的奖励。

四、A 标准

1.1 坚持科学发展观，学校面向全体学生，关注每个学生的发展需要。在培养目标、教学内容、途径、师资、设施等的安排上兼顾学生全面发展。认真贯彻执行有关教育法规、政策与条例，依法自主办学，有自我规划和自我发展的能力和业绩（尊重学生主体性发展，没有违反教育规律、有损学生身心健康的做法）。

1.2 积极开展现代学校教育的实验与探究，重视教育理论学习，与教育专家有良好的合作关系，求真务实，能用科研提高办学水平（带动整体改革）。组织教师通过科研解决教育教学中的问题，并确保科研与改革所需的人、财、物。

2.1 学校有办学章程，实行校长负责制，保证党支部的政治核心作用，充分发挥工会、教代会、家委会等组织的民主管理和监督作用；有明确的决策、议事程序，健全的管理制度和办事规则，机构设置精简，编制使用恰当，岗位职责明确，人员角色到位；学校资产管理良好，使用效率高。

2.2 学校能主动发展，通过制定近、中、远期发展规划，认真组织实施，确保综合教育能力逐年提高，并能影响和带动其他学校一起进步。

3.1 重视德育工作，有目标，有措施，注重实效，形成学校德育工作的特色。全校风气正，纪律明，师生品德修养、行为规范好。

3.2 积极参加市二期课改，开发学校课程，引导课堂教学创新，有高效的教学管理制度和质量监控办法，教学质量处于同类学校前列。自己在 1~2 门学科教学中有较高造诣，能指导和带教其他教师。

4.1 注重师资队伍建设，把好进人关，在教师培养、职称评定、在职进修、校本教研等方面，能从提高师资水平出发做好工作，学校师资专业化水平不断提高，在同类学校中处于较高水平。

4.2 重视学校文化建设，形成学校人文精神，全校人员积极向上，人际关系良好，凝聚力强，能形成合力。

5.1 熟悉课程论、教学论、学习论和学校管理学等学科的基本观点与主要理论，教育思想与时俱进，重视先进教育理念的转化，能对管理实践作理性经验总结（有区县以上级研究课题，并有一定的成果）。

5.2 为人正直，工作务实，廉洁自律，作风民主，在师生调查中认为好或较好的比例超过90％。

6.1 学校能在全市范围展示学校管理实践研究成果或经验，并能在全市同类学校中起示范辐射作用。

6.2 学生、家长、社区、用人单位或者高一级学校对学校教育的满意度都在90％以上。学校还得到市级多方面有关部门的奖励。

五、B 标准

1.1 学校面向全体学生，能照顾大多数学生发展的需要。在排课、师资等方面能兼顾学生的全面发展。能执行有关教育法规、政策与条例。重视学生的主体性发展。

1.2 关注现代学校教育的各种改革，学习教育理论，经常请教育专家来校作报告。学校有科研课题，有鼓励教师开展科研的办法，有经费投入，部分教师能开展课题研究。

2.1 学校有健全的领导班子，分工明确。能发挥工会、教代会、家委会等组织的作用；重大事项能经过民主协商，各项制度健全，机构合理，人员使用得当；资产管理良好，使用效率高。

2.2 学校能投身主动发展的实践，制定发展规划，认真组织实施，年年有进步。

3.1 重视德育工作，有目标，有措施，有成效。学校形成良好的校风、教风、学风，师生行为规范良好。

3.2 参与课程改革和课堂教学创新，有教学管理和质量监控办法，学校教学质量较高。自己在任教学科教学中有一定造诣，能带教青年教师。

4.1 重视师资队伍建设，做好进人、进修、骨干教师培养、教研制度建设等工作，学校教师专业化水平不断提高，能满足需要。

4.2 注意学校文化建设，重视做人的工作，全校人员关系良好，工作积极。

5.1 知道教育管理学和教育学的基本理论和观点，有教育思想，能进行有关课题研究，并有一定的成果。

5.2 为人正直，工作勤奋，廉洁自律，作风民主，在师生调查中被认为好或较好的比例超过80%。

6.1 学校能在区县范围展示教育改革成果或经验，并能在区县同类学校中起示范作用。

6.2 学生、家长、社区、用人单位或者高一级学校对学校教育的满意度都在80%以上。学校得到有关部门的奖励。

六、评定标准

1. A 标准

总分 108 分（平均 9 分）以上评为特级校长。

总分 96 分（平均 8 分）以上评为一级一等校长，总分 84 分（平均 7 分）以上评为一级二等校长。

总分 84 分以下，落选。

2. B 标准

总分 108 分（平均 9 分）以上评为二级一等校长，总分 96 分（平均 8 分）以上评为二级二等校长，总分 84 分（平均 7 分）以上评为二级三等校长，总分 72 分（平均 6 分）以上评为二级四等校长。

三级一等以及以下等级作为见习期校长的职级不参与评定，由各区县教育行政部门直接认定后，按连续两年考核合格或者一年考核优秀晋升一等的办法，自然晋升。

附件 2：

上海市幼儿园园长职级评定方案

（修 改 稿）

一、方案说明

为了使方案更有效地反映幼儿园园长的实际情况，本方案采用一套指标，两种标准。A 标准适用于一级以及一级以上幼儿园园长职级的评定，B 标准适用于二级及其以下幼儿园园长职级的评定。

二、指标结构

本评定方案采用两级指标体系。

一级指标 6 条，包含幼儿园园长的办园思想、园务管理、保教工作、师资建设、个人素养和办园成效 6 个方面，体现了一名幼儿园园长办园水平和工作实绩的主要方面。

二级指标 12 条，即每一条一级指标下属两条二级指标，作为专家评定时的打分点。每一条指标的分值从 1~10，满分为 120 分。

在二级指标以下还给出 A、B 两种考察标准。A 标准作为市级专家组评定一级以及一级以上幼儿园园长职级时的参照标准，B 标准作为区县专家组评定二级及其以下幼儿园园长职级时的参照标准。

三、指标体系

1. 办园思想

1.1 全面贯彻教育方针，实施素质启蒙教育，以德立园，依法办园。

1.2 重视教育理论学习和科学研究，注重理论与实践的整合，积极开展现代学前教育的实验与探索。

2. 园务管理

2.1 能制定办园章程，按章程主持全园工作，做到管理机构健全，职、权、利分工明确，程序规范，制度完善，运行高效。

2.2 注重幼儿园的主体发展，能针对园的特点制定近、中、远期发展规划，认真实施，并形成幼儿园、家庭、社区一体化教养合力，整体水平逐年提高。

3. 保教工作

3.1 重视保育工作，有良好的卫生保健制度和措施，幼儿生长发育健康。

3.2 熟悉学前教育业务，有较强的组织教学工作、指导教育改革能力，推进先进教育理念下的教育行为创新。幼儿园教育管理高效，运行有序。

4. 师资建设

4.1 做好师资队伍建设工作，促进教师专业自主发展和有效组织园本教研活动，幼儿园人员结构合理、专业化水平不断提高。

4.2 重视幼儿园文化建设，全园有良好的园风，教职工凝聚力强，人际关系融洽，团结合作，积极向上。

5. 个人素养

5.1 有与教育、管理相关的理论素养，与时俱进的教育思想，较强的管理和教育能力，有研究，有成果。

5.2 为人正直，工作勤奋，廉洁自律，作风民主，工作业绩、人品素养为全园师生、家长所认同，有较高威信。

6. 办园成绩

6.1 幼儿园有教育改革与创新成果，形成有个性的办园经验与特色，能在同类园中起示范辐射作用。

6.2 幼儿园有良好的社会声誉，幼儿身心和谐充分发展，得到家长、小学和社区的认可，得到有关部门的奖励。

四、A 标准

1.1 幼儿园面向全体幼儿，实施素质启蒙教育，关注每个幼儿的个性差异与发展需要。在学前课程实施、保教管理、环境创设等方面均能体现以幼儿发展为本的理念。坚持正确的办园思想，认真贯彻执行有关法律法规与政策，没有违反教育规律、有碍幼儿身心健康的做法。维护和尊重幼儿和教职工的合法权益。

1.2 积极开展现代学前教育实验和探索，形成良好的学习研究氛围，重视教改前沿信息的获取。有全园的研究课题，能用科研带动整体改革。组织教职工通过科研解决幼儿教养实践中的问题，能重视教育科研的过程管理。

2.1 幼儿园有办园章程，实行园长负责制，依靠党组织，充分发挥工会、教代会、家委会等组织的民主管理和监督作用；有明确的决策、议事程序，完整的管理制度和办事规则，机构设置合理，编制使用恰当，岗位职责明确，人员角色到位；园资产管理良好，使用效率高，能做到保值增值。

2.2 幼儿园能自主发展，办园思路清晰，有切合办园实际的近、中、远期发展规划，并能认真组织实施，做到办园综合能力不断提高。确立为家长服务的观念，形成幼儿园、家庭、社区一体化大教育格局。

3.1 重视保育工作，卫生保健有目标，有措施，保教结合，幼儿在园一日生活卫生、安全、愉快，生长发育健康。

3.2 熟悉学前教育工作业务，能有效地组织、指导教师开展创新性的教学和教研活动，有效地实施教育管理和质量监控，教育质量处于同类幼儿园前列。自己在学前教育的某些领域有较高造诣，能发挥示范和引领作用。

4.1 确立以教师发展为本的理念，重视师资队伍建设，把好进人关，有教师培养规划，重视并落实教师自主发展工作，结合教育改革开展有效的园本教研活动，幼儿园教职工专业化水平不断提高，在同类园中处于较高水平。

4.2 重视幼儿园的文化建设，培育人文精神，加强与员工的思想交流，形成良好园风，全体人员积极向上，人际关系融洽，凝聚力强，能形成合力。

5.1 熟悉发展心理学、学前教育和学校管理学等相关学科的基本观点与主要理论，教育思想与时俱进，能领衔区县以上级研究课题，并有相应的研究成果。

5.2 为人正直，工作勤奋，廉洁自律，作风民主，有良好的工作业绩和人品素养，在教师调查中认为好或较好的比例超过90%。

6.1 幼儿园形成办园特色，能在全市范围展示改革成果或经验，并能在全市同类园中起示范辐射作用。

6.2 幼儿、家长、小学、社区对幼儿园保教工作的满意度都在90%以上，园还得到市级多方面有关部门的奖励。

五、B 标准

1.1 幼儿园面向全体幼儿，开展素质启蒙教育，在学前课程实施、保教管理、环境创设等方面能体现以幼儿发展为本的基本理念。能执行有关法律法规与政策。办园方向正确，能维护幼儿与教职工的合法权益。

1.2 关注学前教育现代化的各种改革，学习教育理论，重视教改前沿信息的获取。幼儿园有科研课题，有鼓励教师开展科研的制度与措施，部分教师能开展课题研究。

2.1 幼儿园有健全的领导班子，分工明确。能发挥工会、教代会、家委会等组织的作用；重大事项能经过民主协商，各项制度健全，机构合理，人员使用得当；资产管理良好，使用效率高。

2.2 幼儿园能制定发展规划，认真组织实施，年年有进步，能体现主动发展的实践。做好与家长的联系工作，幼儿园、家长、社区能形成合力。

3.1 重视保育工作，卫生保健有目标，有措施，幼儿在园一日生活卫生、安全，生长发育良好。

3.2 熟悉学前教育工作业务，组织好日常教学和教研活动，有教育管理和质量检查办法的制度和措施，教育质量较高。自己在学前教育某些领域有较高水平，能指导青年教师。

4.1 重视师资队伍建设，做好进人、职后教育、骨干教师培养、园本研修等工作，幼儿园教职工专业化水平不断提高，能满足幼儿园教育发展的需要。

4.2 注意幼儿园文化建设，重视做教职工的思想工作，幼儿园园风良好，教职工团结合作，工作积极。

5.1 知道学前教育和教育管理学的基本理论和观点，有教育思想，能进行有关课题研究，并有一定的成果。

5.2 为人正直，工作勤奋，廉洁自律，作风民主，在教师调查中被认为好或较好的比例超过 80%。

6.1 幼儿园能在区县范围展示教育改革成果或经验，并能在区县同类园中起示范作用。

6.2 幼儿、家长、小学、社区对幼儿园保教工作的满意度都在 80% 以上，园得到有关部门的奖励。

六、评定标准

1. A 标准

总分 108 分（平均 9 分）以上评为特级幼儿园园长。

总分 96 分（平均 8 分）以上评为一级一等幼儿园园长，总分 84 分（平均 7 分）以上评为一级二等幼儿园园长。

总分 84 分以下，落选。

2. B 标准

总分 108 分（平均 9 分）以上评为二级一等幼儿园园长，总分 96 分（平均 8 分）以上评为二级二等幼儿园园长，总分 84 分（平均 7 分）以上评为二级三等幼儿园园长，总分 72 分（平均 6 分）以上评为二级四等幼儿园园长。

三级一等以及以下等级作为见习期幼儿园园长的职级不参与评定，由各区县教育行政部门直接认定后，按连续两年考核合格或者一年考核优秀晋升一等的办法，自然晋升。

附件 3：

上海市中小学党支部书记对应
校长职级标准评定方案

一、方案说明

为了使中小学党支部书记对应校长职级评定方案（以下简称"对应标准"）更有效地反映党支部书记的实际情况，本方案采用一套指标，两种标准。A 标准适用于一级及其以上党支部书记"对应标准"的评定，B 标准适用于二级及其以下党支部书记"对应标准"的评定。

二、指标结构

本评定方案采用两级指标体系。

一级指标 6 条：包含党支部发挥政治核心作用、领导班子和干部队伍建设、党组织自身建设、思想政治工作和精神文明建设、党支部书记个人素养、工作实绩等。

二级指标 12 条，即每条一级指标下属两条二级指标，作为评审专家评定时的打分点。每条指标的分值从 1～10 分，满分为 120 分。

对应二级指标列出 A、B 两种评定标准。A 标准作为市级专家组评定一级及其以上的参照标准，B 标准作为区县专家组评定二级及其以下的参照标准。

三、指标体系

1. 政治核心作用

1.1 坚持社会主义办学方向，保证党的方针政策和国家法律法规在学校的贯彻执行；参与学校重大问题决策，支持和监督校长依法行使职权。

1.2 领导工会、共青团等群众组织，发挥教代会民主管理和民主监督作用。

2. 领导班子、干部队伍建设和人才培养

2.1 加强领导班子的思想作风建设，加强对干部的教育和管理。

2.2 坚持干部队伍"四化"方针和德才兼备原则，认真抓好干部的培养、选拔、任用工作。坚持党管人才原则，做好人才培养工作。

3. 党组织自身建设

3.1 加强党组织思想、组织、作风建设。

3.2 重视制度建设，建立健全党组织建设目标责任制。

4. 思想政治工作和精神文明建设

4.1 领导教职工思想政治工作，加强师德建设，加强和改进学生德育工作。

4.2 加强学校精神文明建设，积极开展文明创建活动。

5. 党支部书记个人素养

5.1 有坚定的政治信念，具有履行职责的政策理论水平，坚持理论联系实际。

5.2 有较强的组织领导能力，既熟悉党的工作，又懂得业务知识，具有开拓务实精神，得到群众拥护。

6. 工作实绩

6.1 党建工作与时俱进，有创新、有特色，在同类学校中有示范作用，学校整体办学水平较高。

6.2 党支部工作取得成效，得到上级党组织的表彰。

四、A 标准

1.1 坚持社会主义办学方向，保证党的方针政策和国家法律法规在学校的贯彻执行，保证上级党组织决策的贯彻执行，保证政令畅通；支持和监督校长依法行使职权；积极参与学校重大问题决策。

1.2 领导学校工会、共青团等群众组织，支持他们依照法律和各自章程开展工作，为学校改革和发展贡献智慧和力量；重视发挥教代会民主管理和民主监督作用。

2.1 加强领导班子的思想作风建设，教育干部要"讲学习、讲政治、讲正气"，认真学习邓小平理论和"三个代表"重要思想；加强对干部的教育，严格要求，严格管理，严格监督，加强考核；严格贯彻民主集中制原则，增强团结，班子有较强的合力和战斗力。

2.2 坚持干部队伍"四化"方针和德才兼备原则，加强后备干部队伍建设，认真抓好干部培养、选拔、任用工作。坚持党管人才原则，形成合力，推进人才培养工作。

3.1 按照党要管党的原则，从严治党，认真抓好思想建设，坚持开展学习活动，坚持理论联系实际，经常对党员进行理想、信念、宗旨、纪律教育，调动党员献身教育事业的积极性；认真抓好组织建设，抓好党员管理，搞好党员评议，表彰先进，做好发展党员工作；认真抓好作风建设，发扬党内民主，强化监督制约机制。

3.2 认真抓好制度建设，坚持支委会、党员大会、党小组会及党课制度；健全党的组织生活、民主生活会和党员评议制度；建立健全党组织建设目标责任制，制定学校党组织建设规划、分阶段实施目标及具体措施。

4.1 加强教职工思想政治工作，调动教职工的积极性和创造性，积极开展"凝聚力工程"建设，拓展内涵、创新载体、建立长效机制；加强和改进学生德育工作，经常研究分析学生思想状况，提高德育的针对性、有效性、主动性。

4.2 加强学校精神文明建设，积极开展创建文明学校、文明组室活动，学校达到区县级以上精神文明单位。加强师德建设，教师能自觉遵守《中小学教师职业道德规范》，做到依法执教、廉洁从教、爱岗敬业、热爱学生、严谨治学、团结协作、尊重家长，为人师表。

5.1 有坚定的政治信念，具有较高的理论素养和政策水平，较好地运用邓小平理论和"三个代表"重要思想指导学校工作和党的建设；讲党性，顾大局，勤政廉洁、密切联系群众，模范执行民主集中制，在师生调查中被认为好或较好的比例超过90%。

5.2 有较强的组织领导能力，善于做思想政治工作，坚持原则，团结教职工，积极协调各方面做好学校工作，维护学校和谐平安；熟悉学校教育教学工作规律，有较强的教育教学能力，在党的建设、管理工作以及教育教学等方面的科研成果获区县级以上奖励或在刊物上发表。

6.1 党建工作与时俱进，有创新、有特色，党支部工作在同类学校中处于前列，有示范作用，学校整体办学水平较高或明显提升。

6.2 党员、干部和群众对党支部工作的评优率在90%以上，党支部工作得到上级表彰。

五、B 标准

1.1 坚持社会主义办学方向，保证党的方针政策和国家法律法规在学校的贯彻执行，保证上级党组织决策的贯彻执行，保证政令畅通；支持和监督校长依法行使职权；能参与学校重大问题决策。

1.2 领导学校工会、共青团等群众组织，支持他们依照法律和各自章程开展工作，能发挥教代会民主管理和民主监督作用。

2.1 重视领导班子的思想作风建设，教育干部"讲学习、讲政治、讲正气"，认真学习邓小平理论和"三个代表"重要思想；重视对干部的教育和管理，开展对干部的考核，努力提高干部的思想素质；贯彻民主集中制原则，班子比较团结。

2.2 坚持干部的"四化"方针和德才兼备的原则，重视后备干部队伍建设，能做好干部培养、选拔、任用工作。

3.1 能按照党要管党的原则，抓好思想建设，努力开展学习活动，注意理论联系实际，对党员进行理想、信念、宗旨、纪律教育；抓好组织建设，重视党员管理，开展党员评议，做好发展党员工作；抓好作风建设，发扬党内民主。

3.2 重视制度建设，能够坚持支委会、党员大会、党小组会及党课制度；建立党的组织生活、民主生活会和党员评议制度；建立党组织建设目标责任制，制订学校党建工作计划。

4.1 重视教职工思想政治工作，努力调动教职工的积极性，开展"凝聚力工程"建设；努力改进学生德育工作，能研究分析学生思想状况，努力提高德育的针对性、有效性、主动性。

4.2 重视学校精神文明建设，开展创建文明学校、文明组室活动。加强师德建设，教师能遵守《中小学教师职业道德规范》，做到依法执教、廉洁从教、爱岗敬业、热爱学生、严谨治学、团结协作、尊重家长，为人师表。

5.1 有坚定的政治信念，具有一定的政策和理论水平，能运用邓小平理论和"三个代表"重要思想指导学校工作和党的建设；注意理论联系实际；讲党性，顾大局，勤政廉洁，联系群众，努力执行民主集中制，在师生调查中被认为好或较好的比例超过80%。

5.2 有一定的组织领导能力，能开展思想政治工作，讲原则，团结教职工，注意协调各方面做好学校工作；了解学校教育教学工作规律，有一定的教育教学能力，在党的建设、管理工作以及教育教学等方面的研究取得成果。

6.1 党建工作取得一定经验，学校整体办学水平较高或在原有基础上有较大提高。

6.2 党员、干部和群众对党支部工作的评优率在80%以上，党支部工作得到上级表彰或表扬。

六、评定标准

1. A 标准

总分108分，平均9分以上评为特级党支部书记。

总分96分，平均8分以上评为一级一等党支部书记。

总分84分，平均7分以上评为一级二等党支部书记。

总分84分以下，落选。

2. B 标准

总分108分，平均9分以上评为二级一等党支部书记。

总分96分，平均8分以上评为二级二等党支部书记。

总分84分，平均7分以上评为二级三等党支部书记。

总分72分，平均6分以上评为二级四等党支部书记。

三级一等及其以下等级作为见习期党支部书记的对应标准不参与评定，由各区县教育行政部门直接认定后，按连续两年考核合格或者一年考核优秀晋升一等的办法，自然晋升。

3. 破格

为鼓励优秀年轻干部脱颖而出，任职未达到规定年限而不能评为高一级职级的，经本人申报，区县教育局党（工）委推荐，可破格申请高一级职级。破格申请高一级职级的，必须是学校党建工作取得显著成绩，工作实际突出，并获得市级先进个人或集体荣誉称号。

河北省教育厅　河北省人事厅
河北省财政厅关于清理公办中小学校
在编不在岗人员的通知

（冀教人〔2005〕47 号）

各设区市教育局、人事局、财政局，各扩权县（市）教育局、人事局、财政局：

为贯彻落实省委六届七次全会精神，根据国务院《关于进一步加强农村教育工作的决定》（国发〔2003〕19 号）提出的"所有地区都必须坚决清理并归还被占用的教职工编制，对各类在编不在岗的人员要限期与学校脱离关系"的要求，结合我省实际，现就清理公办中小学校教职工在编不在岗人员工作事宜通知如下：

一、清理范围和对象

本次清理范围为公办中小学校（包括公办幼儿园、小学、初中、普通高中和职业高中，也包括进行公办民助办学体制改革的中小学校和幼儿园）。

清理对象：占用公办中小学校教职工编制，不在公办中小学校（含公办民助学校、幼儿园）工作岗位的公职人员。主要包括以下情况：

1. 被党政机关及其他事业单位借用、借调的人员；

2. 在外经商、办企业或到企业任职，占用学校编制的人员（含占用学校编制违反规定的停薪留职人员）；

3. 到民办学校任教而没有正式办理调离手续的人员；

4. 雇用他人为自己代课，自己在外从事其他工作的人员；

5. 因其他原因脱离学校工作岗位的人员（病休或落聘者除外）。

二、清理办法

清理公办中小学校在编不在岗人员，应针对其不同情况，采取以下办法进行清理。

1. 被党政机关及其他事业单位借用、借调的人员，由原学校通知本人，限期 30 天内返回原学校工作或办理调出手续。逾期既未回学校工作，又没有调出者，由当地主管教育行政部门会同人事和财政部门，取消其个人工资账户，其人事档案交当地政府所属的人才交流服务中心管理。

2. 在外经商、办企业或到企业任职，或因其他个人原因离岗，又不符合辞退条件占用学校编制的人员（含占用学校编制违反规定的停薪留职人员），由原学校通知本人，限期 30 天内回学校工作；逾期不回校工作的，处理办法同上。

3. 到民办学校任教而没有正式办理调离手续的人员，由原学校通知本人，限期 15 天内回原学校工作；逾期不回原学校工作的，处理办法同上。

4. 雇用他人为自己代课，自己在外从事其他工作的人员，应按照有关规定给予政纪处分；由原学校通知本人，限期 15 天内回学校工作，逾期不回学校工作的，给予开除处理。

5. 为支持民办教育发展，经县级人民政府批准，由县级教育行政部门安排到民办学校承担相应义务教育任务或承担高中公助生教学任务及担任短期指导工作、占用公办学校编制的少量公办教师，在完成教学和指导工作任务后，由教育行政部门通知本人，15 天内回公办学校工作；经做工作后拒不回公办学校工作的，处理办法同上。

6. 根据人事部《全民所有制事业单位辞退专业技术人员和管理人员暂行规定》（人调发〔1992〕18 号）第三条第四款的规定，对无正当理由连续旷工时间超过 15 天，或一年内累计旷工时间超过 30 天的教职工，应予以辞退。

7. 因健康原因不能坚持正常工作，符合病退条件的，报经人事部门并由伤病残鉴定委员会鉴定，确定丧失工作能力者可办理病退手续；对不符合病退条件但符合病休条件的，应办理病休手续，不再占用学校编制（但占用县级教育行政部门统筹管理的编制）；因健康原因丧失教学能力，但还有工作能力的，可调整到教辅或工勤岗位；因工负伤人员在休养医疗期间按国家有关规定执行。

8. 教育行政部门和学校对因各种情况已停发工资但仍保留其个人账户的公办教师，有意隐瞒实际情况，自行支配空头人员工资的（又称"吃财政空头"），一经发现，要对主要领导和有关责任人员给予党纪、政纪处分。

三、处理程序

清理在编不在岗人员是一项政策性、法律性很强的工作，一定要依照法律和相关政策规定进行清理，特别是要遵照法律程序进行。要坚决执行送达程序，制定送达通知书，送达告知本人；并在对被清理对象进行处理后，允许被清理对象按照法律规定进行申诉，申诉程序严格按照有关法律、法规的规定执行，充分保障被清理对象的合法权益。

四、时间安排

各级教育行政部门特别是县级教育行政部门要依照法律和相关政策规定开展这项工作。结合实际，我省清理整顿在编不在岗人员工作大体分以下三个阶段进行：第一阶段，调查摸底和制定方案阶段（时间从发文之日起到2006年1月15日之前），各县（市、区）要将摸底情况和制定的方案在报设区市教育局的同时报省教育厅；第二阶段，清理整顿阶段（时间为2006年1月16日至2006年3月底），各地要严格按照制定的方案对清理出来的各类情况提出处理意见并落实；第三阶段，检查验收和建章立制阶段（时间为2006年4月1日至5月1日），省将组建检查组，对各地清理整顿工作完成情况进行检查验收。

五、强化领导，严格措施，落实责任

1. 提高认识，增强紧迫感。各级教育行政部门和学校要充分认识到，做好清理中小学校在编不在岗人员工作，是贯彻落实省委六届七次全会精神的具体体现，是加强中小学编制管理，推进中小学人事制度改革的重要举措，对加强教师队伍建设，提升教师队伍整体素质具有十分重要的意义。因此，各级教育行政部门作为本次清理工作的清理主体、责任主体和落实主体，要在当地党委、政府的领导下，将清理在编不在岗人员作为当前一项重点工作抓紧抓好，主动与人事和财政部门协调，明确界定和落实教育人事、财政及编制管理等政策，制定符合本地实际的清理方案。

2. 加强领导，落实责任。为做好该项工作，我省成立"河北省教育系统清理在编不在岗人员工作领导小组"，由省教育厅厅长任小组组长，省教育厅副厅长、省人事厅副厅长、省财政厅副厅长任副组长，领导小组下设办公室，挂靠在省教育厅，具体负责清理整顿工作的组织和实施。各市、县也要成立相应的组织和领导机构，负责统筹协调和组织落实本地清理工作。

为按时保质完成该项工作，要切实落实各级政府特别是教育行政部门的责任，层层签订目标责任制，县政府要与县教育局、人事局、财政局签订责任制，县教育局要与所辖学校签订责任制，明确分工，各负其责。各级政府主管领导要对该项工作负总责，充分考虑本地实际情况，在制定方案和采取措施上既要坚决，又要稳妥，既要把握好政策界限，又要切合实际地处理好各种特殊情况。各级教育行政部门要切实担负起牵头抓总的任务，积极、主动与人事和财政部门协调，善始善终做好该项工作。

3. 严格政策，依法清理。在编不在岗问题表现形式多样，清理起来比较复杂，各地必须结合本地实际，制定切实可行的制度和措施，特别是要严格执行法律和政策规定，该清理的一定要清理，切实解决有法不依、执法不严问题。对工作敷衍了事、隐瞒不报、清理工作不到位的，不管涉及哪个部门、学校，都要给予通报批评，问题严重的，要追究相应责任人的有关责任。

4. 严格管理，建章立制。各地要结合本地实际，建立和完善相应的规章制度，特别是要建立和完善以下制度：一是建立公示制度，把清理整顿工作的政策、规定、方案以及清理的对象和时间安排向所辖学校公示，各校也要按要求做好相应公示；二是建立监督制度，省、市、县都要设立清理工作举报电话和举报信箱，使该项工作自觉接受广大教师的监督，对清理工作中出现的不正之风要坚决制止；三是建立编制和岗位管理制度，各地要严格按照省有关做好中小学校机构编制和岗位管理的要求，强化对编制和岗位的管理，坚决防止编制被挤占、挪用和出现在编不在岗人员；四是在落实和完善教职工聘用合同制过程中，坚持执行不合格教职工辞退制度。

附件一：河北省教育系统清理在编不在岗人员工作领导小组
附件二：有关法律文书式样（共7份）

河北省教育厅　河北省人事厅　河北省财政厅
2005 年 12 月 5 日

附件一：

河北省教育系统清理在编不在岗
人员工作领导小组（编者略）

附件二：

有关法律文书式样
（共 7 份）

法律文书式样一

通　知　书

_____（编号）

_____同志：

　　由于你被_____借调（借用），不能完成我校为你安排的工作，根据《河北省教育厅、河北省人事厅、河北省财政厅关于清理公办中小学校在编不在岗人员的通知》的规定，通知你自接到本通知书 30 日内返回学校工作或办理调出学校手续。逾期不返回学校工作，又未办理调出学校手续，我校将报请有关教育行政部门、人事行政部门、财政行政部门，按照有关规定处理。

　　特此通知。

_____学校（盖章）

_____年____月____日

（注：本通知书适用于被党政机关及其他事业单位借调、借用的人员。）

法律文书式样二

通 知 书

_____（编号）

_____同志：

由于你到_____（学校）工作，没有正式办理调离我校手续，不能完成我校为你安排的工作，根据《河北省教育厅、河北省人事厅、河北省财政厅关于清理公办中小学校在编不在岗人员的通知》的规定，通知你自接到本通知书 15 日内返回学校工作。逾期不返回学校工作，我校将报请有关教育行政部门、人事行政部门、财政行政部门，按照有关规定处理。

特此通知。

_____学校（盖章）

_____年___月___日

（注：本通知书适用于到民办学校任教而没有正式办理调离手续的人员。）

法律文书式样三

通 知 书

_____（编号）

_____同志：

由于你_____，不能完成我校为你安排的工作，根据《河北省教育厅、河北省人事厅、河北省财政厅关于清理公办中小学校在编不在岗人员的通知》的规定，通知你自接到本通知书 30 日内返回学校工作。逾期不返回学校工作，我校将报请有关教育行政部门、人事行政部门、财政行政部门，按照有关规定处理。

特此通知。

_____学校（盖章）

_____年____月____日

（注：本通知书适用于在外经商、办企业或者到企业任职，或者因其他个人原因离岗，又不符合辞退条件占用学校编制的人员。）

法律文书式样四

通 知 书

_____（编号）

_____同志：

由于你雇用他人为你代课，自己不能完成我校为你安排的工作，根据《河北省教育厅、河北省人事厅、河北省财政厅关于清理公办中小学校在编不在岗人员的通知》的规定，通知你自接到本通知书15日内返回学校工作。逾期不返回学校工作，我校将对你做出开除处理。

特此通知。

_____学校（盖章）

_____年___月___日

（注：本通知书适用于雇佣他人为自己代课，自己在外从事其他工作的人员。）

法律文书式样五

处理决定书

_____（编号）

被处理人_____

你_____年_____月_____日收到_____（学校）向你发出的_____（通知书）后，没有在学校规定的时间内返回学校工作。根据_____（学校）的反映，经我们对上述情况的调查，我们认为_____（学校）反映的情况属实。根据《河北省教育厅、河北省人事厅、河北省财政厅关于清理公办中小学校在编不在岗人员的通知》的规定，我们做出如下决定：

自_____年_____月_____日起，_____。

如你不服本决定，可以按照有关法律、法规的规定，提出行政申诉、行政复议或者提起诉讼。

_____（单位盖章）

_____年___月___日

（注：本处理决定书适用于有关行政部门做出决定。）

法律文书式样六

处理决定书

_____（编号）

被处理人_____

你_____年_____月_____日收到我校向你发出的_____（通知书）后，没有在我校规定的时间内返回学校工作。根据《河北省教育厅、河北省人事厅、河北省财政厅关于清理公办中小学校在编不在岗人员的通知》的规定，我校做出如下决定：

自_____年_____月_____日起，_____
_____。

如你不服本决定，可以按照有关法律、法规的规定，提出行政申诉、行政复议或者提起诉讼。

_____（学校盖章）

_____年___月___日

（注：本处理决定书适用于学校对有关人员做出处理决定。）

法律文书式样七

送 达 回 证

收 件 人		事　由	
送达地点			
送达文件 名　　称			
签 发 人		送达人	
收件人签 名或盖章	送达日期：_____年_____月_____日		
备　注	请在收到该文书后，将此送达回证寄回_____ _____。 地址：_____。 邮编：_____。		

（注：如收件人不在时，将文件交与他的成年亲属或者工作单位代收，并由代收人在收件栏内签名或者盖章。）

中共黑龙江省委组织部 黑龙江省人事厅 黑龙江省教育厅 黑龙江省编制委员会 办公室关于印发《黑龙江省深化中小学 人事制度改革若干意见》的通知

(黑人发〔2003〕108 号)

各市（地）委组织部，各市（行署）人事局、教育局、编委办，省直有关单位：

现将《黑龙江省深化中小学人事制度改革若干意见》印发给你们，请认真贯彻执行。

中共黑龙江省委组织部 黑龙江省人事厅
黑龙江省教育厅 黑龙江省编制委员会办公室
2003 年 10 月 22 日

附 件

黑龙江省深化中小学人事制度 改革若干意见

为认真贯彻《国务院关于进一步加强农村教育工作的决定》（国发〔2003〕19 号），进一步落实《黑龙江省人民政府关于贯彻落实〈国务院关于基础教育改革与发展的决定〉的实施意见》（黑政发〔2001〕104 号），按照人事部、教育部《关于深化中小学人事制度改革的实施意见》（国人部发〔2003〕24 号）和《黑龙江省事业单位人事制度改革实施方案》的精神，现就我省进一步深化中小学人事制度改革工作，提出如下意见。

一、深化中小学人事制度改革的总体要求

1. 深化中小学人事制度改革，要以邓小平理论和"三个代表"重要思想为指导，深入贯彻党的十六大关于深化干部人事制度改革精神，落实科教兴国战略，进一步深化中小学校管理体制、用人制度、分配制度改革，建立和完善适应社会主义市场经济需要、符合 21 世纪教育改革与发展要求的学校用人制度和运行机制，全面推进基础教育的改革与发展。

2. 改革的主要任务：建立以聘任制和岗位管理为重点，符合中小学特点，有利于全面提高教育质量和办学效益的制度和环境。按照我省事业单位改革有关政策理顺关系，实行政事分开，引入竞争机制，促进人才合理流动，优化教师队伍结构和人员素质。建立并完善以各级政府宏观管理和职能部门指导为主，学校自主办学、校长自主管理相协调的管理体制，努力实现教育人才资源的优化配置，充分调动广大教职工的积极性和创造性，加快建设一支高素质的教职工队伍，努力形成适应基础教育改革和发展要求的人事管理新模式。

二、深化中小学人事制度改革的主要内容

（一）强化教育行政宏观调控力度，规范教育行政管理体制

3. 各级政府要进一步理顺农村中小学管理体制，明确各级政府的职责，实行分级管理、以县为主的义务教育管理体制，依法落实县（市、区，下同）级以上教育行政部门对中小学教师的管理职责。管理权限下放到乡镇的，应按规定收归县以上教育行政部门。县级以上教育行政部门要依法履行中小学教师的资格认定、职务评聘、招聘录用、培养培训、流动调配、考核监督、工资待遇等管理职能；未经县以上教育行政部门批准，任何部门、单位和个人不得以任何名义随意聘用、调动或辞退教师。

4. 按照《国务院办公厅关于完善农村义务教育管理体制的通知》（国办发〔2002〕28 号）要求，乡（镇）人民政府不设专门的教育管理机构，有关教育工作由乡（镇）长直接负责，乡（镇）应在核定的行政编制内确定一至二名干事管理具体教育事务，并接受县级教育行政部门指导。教育教学业务管理工作由乡（镇）中心学校负责。中心学校可设若干分校（教学网点）。

（二）加强中小学编制管理，规范学校机构和岗位设置

5. 根据《黑龙江省中小学机构编制管理实施办法的通知》（黑政办发〔2002〕69 号），各地教育行政部门在核定的编制总额内，按照班额生源等情

况具体分配各校人员编制，负责日常管理。中小学机构编制要实行集中统一管理，其他部门和社会组织不能进行任何形式的干预。中小学编制根据学校规模变化实行动态管理。

6. 中小学校应根据教学规律和教学要求安排班额。原则上普通中学每班学生45~50人，城市小学40~45人，农村小学酌减，具体标准由各市县根据实际情况确定。按照黑政办发〔2002〕69号文件的编制标准折算，普通高中每班可配备教师3.0人；普通初中每班可配备教师2.7人；城市小学和县镇小学每班可配备教师1.8人；农村小学每班可配备教职工数由各市县根据实际情况确定。

7. 科学、满负荷地确定中小学教师工作量。中小学教师工作量按周课时数核定标准为：高中教师（含职业中学）12~14节；初中教师14~16节；小学教师16~22节。上述教师标准周课时数是以语文、数学和外语为基准确定的，其他学科教师周授课时数由各地根据当地实际情况确定，但不应低于上述标准周课时数的上限。

8. 科学合理地确定中小学校教师、职员、教学辅助人员和工勤人员的结构比例，继续清理清退超编和编外人员、不具备教师资格人员、"在编不在岗"人员和代课人员。任何部门和单位不得以任何理由占用或变相占用中小学编制、借用中小学教职工；对符合"两清"中清退对象的自采民办教师要全部予以辞退，出现空编的，要及时补充师范毕业生。

（三）改革学校领导体制，规范校长管理制度

9. 改革中小学校长的选拔任用和管理制度，进一步理顺校长管理体制，全面试行中小学校长聘任制度。县级教育行政部门对本行政区学校校长聘任、培训、调整和奖惩等实行统一管理。高级中学和完全中学校长由县级以上教育行政部门提名、考察或参与考察，按干部管理权限任用和聘任；其他中小学校长由县级教育行政部门聘任并归口管理。

10. 引入竞争机制，积极推进校长竞争上岗，实行公开招聘、平等竞争、择优聘任、严格考核、合同管理。中小学校长竞争上岗和选拔任用工作，由县以上教育行政部门组织实施。

11. 进一步强化中小学校长负责制。在上级党组织和教育行政部门领导下，校长对外行使法人职权，对内全面负责学校的教育、教学和行政管理工作，并享有人事聘任权、相应的财务经费管理权、学校教育教学工作决策权、指挥权和管理权。

12. 校长实行任期制和交流制。每届校长任期原则上为3年至5年，同一学校连续任职原则上不超过两届。各级教育行政部门，要采取必要的行政措施制定校长交流计划，逐步建立校长，特别是优秀校长的流动机制。

13. 坚持和完善校长培训和持证上岗制度，加强对校长履行岗位职责及任期目标完成情况的考核，并将考核结果与任用、奖惩挂钩。充分发挥学校党组织的政治核心作用和保证监督作用，不断完善学校教职工代表大会的民主管理和民主监督制度，加强对校长工作的评议和监督。实行中小学校务公开制度、校长离任财务审计制度。

14. 规范并推进校长的收入分配制度改革，形成有效的激励机制。中小学校长可实行岗位津贴，其标准由市县（区）本着"按岗定薪、按绩定酬"的原则，根据本地情况确定。

15. 坚持政事分开的原则，逐步取消中小学及校长的行政级别，实现校长职务与机关行政级别脱钩。学校管理体制改革取得一定经验的市县（区），要积极进行校长职级制的试点。

（四）实行教职工聘用制和教师职务聘任制

16. 改革中小学现行的用人制度，建立单位自主用人与个人自主择业相结合的聘用制度。根据《黑龙江省事业单位人事管理办法》和《黑龙江省事业单位聘用合同制管理办法》，从 2004 年开始，按照"按需设岗、公开招聘、平等竞争、择优聘用、严格考核、合同管理"的原则，中小学将全面实行教职工聘用制和教师职务聘任制。

17. 根据中小学校的实际，在广泛征求教职工意见的基础上，按照学校内设机构、人员编制和教师结构比例，合理制定教职工聘用和教师职务聘任实施方案，经教职工代表大会讨论通过，报教育行政主管部门批准后公布实施。

18. 全面实施教师资格制度。各级教育行政部门要严格规范教师资格认定机构及其权限，严格掌握教师资格认定条件，严格按照法定程序、法定条件认定教师资格。学校聘任的专门从事教育教学工作的人员必须具备相应的教师资格。各级教育行政部门和学校要通过全面实施教师资格制度，将不具备教师资格的人员调整出教师队伍。

19. 依法实施教师职务制度，完善教师职务聘任制。中小学教师职务的岗位设置与结构比例，应按照国家和省的有关规定，由各级教育行政部门根据学校的层次、类型及所承担的任务予以确定。学校在上级教育主管部门核定的教师职务岗位数额内，根据学校的规模、编制和教师队伍情况，科学、合理地设置教师职务岗位。加强聘后管理和履职考核，逐步实现教师职务聘任和岗位聘任的统一。教师职务聘任、岗位设置等方案由学校报县级以上教育行政部门批准后组织实施。

20. 坚持以岗定人，公平竞争，双向选择，择优聘用的原则，学校与教职工在明确规定双方的权利、义务和责任的前提下，建立劳动合同关系。要严格按照《中华人民共和国教师法》和《教师资格条例》的要求聘任教师，根据教师职务岗位比例的有关规定和专业技术职务任职资格的有关要求，受聘人员可不受职务限制，可以高职低聘，也可以低职高聘，完成由身份管理向岗位管理的转移，逐步实现教师职务聘任和岗位聘用的统一。

21. 建立辞聘、辞职和解聘、辞退制度。经县级教育行政部门批准，中小学校可根据国家有关政策，按照法律程序和劳动合同的约定解聘或辞退不合格教职工；教职工有权辞聘或辞职。

22. 建立中小学教师人事争议调解制度，解决学校与受聘人因履行合同发生的争议，依法保证教职工和学校双方的合法权益。可成立由教职工代表、教育行政部门代表和学校管理人员代表三方组成的人事争议调解小组，依据有关规定行使调解职能。调解未果的，当事人可向当地人事劳动争议仲裁机构申请仲裁。

（五）进一步深化分配制度改革，完善与用人制度相适应的分配激励机制

23. 按照黑政发〔2003〕22号文件精神，要进一步落实教师工资由县级统发的体制，加大县级政府对教师工资的投入和管理力度，保证教师工资按标准按时足额发放，为进一步深化中小学人事制度改革提供有力保证。

24. 逐步建立与聘用制度相适应，能够体现教职工岗位职责、工作绩效和实际贡献的工资保障和激励机制。中小学校可以实行工资总额动态包干，在科学合理定编的基础上，实行增人不增工资总额，减人不减工资总额，节余工资部分由学校自主分配，超额工资部分由学校自负的工资分配管理办法。

25. 建立并逐步完善中小学教职工分配奖惩制度，实行向骨干教师倾斜的收入分配政策。学校应根据效率优先、兼顾公平的原则，制定与聘用制相适应的校内奖励分配办法，对在教育教学改革、教育科研等重要岗位有突出表现的教师，给予适当奖励，以充分体现按劳分配、优劳优酬和以岗定薪、岗变薪变的分配激励机制，充分调动广大教职工的积极性和创造性。

（六）建立和完善科学的教师考核与配套管理制度

26. 加强聘后管理，健全和完善教师考核制度。按照客观公正、民主公开和实行领导与群众相结合、平时与定期相结合、定性与定量相结合、自主与他评相接合、过程与终结相结合的原则，制定科学的考核指标体系，明确考核程序和办法，建立写实考核档案。要把写实考核结果和教职工聘用、评职、晋级、奖励挂钩，使考核真正成为聘用制度和岗位管理的重要环节。

27. 建立并完善教师继续教育终身学习制度，严格按照分级管理分级培训、建设学习化校园的有关规定进行培训。中小学校长和教师按要求必须接受任职培训、岗位能力培训和更新知识培训，培训结果作为任职和受聘上岗的必要依据之一。

28. 各级教育行政部门要加强对教师考核和配套管理工作的指导与监督，逐步建立教师督导制度和社会监督机制，引导、激励教师模范履行职业道德规范，树立正确的教育观念，教书育人，积极进取，不断提高实施素质教育的能力。

（七）改革师范毕业生分配制度，实行毕业生农村定期服务制和城乡教师定期交流制

29. 改革师范毕业生就业制度。各地可从实际出发，对师范院校毕业生逐步实行不包分配、择优上岗、双向选择的就业机制。目前，我省中小学教师更新补充的主要来源仍然是师范院校毕业生，因此，对有空编的学校，应按平等竞争原则优先聘用师范院校毕业生。

30. 实行毕业生到农村学校定期服务制度。各地要制定优惠政策，积极鼓励和支持高校毕业生到农村基层任教。对到农村学校就业的高校毕业生，实行定期服务制，服务期限一般不低于3年，服务期未满人员原则上不准调离农村学校；对到城镇学校工作的高校毕业生，也要建立轮流到农村任教制度，原则上先到农村学校受聘2年至3年，合同期满可回城镇学校优先聘用。

31. 实行城乡教师定期交流制度，解决城乡教师结构失衡，特别是边远和贫困地区教师短缺的矛盾。定期交流期限一般不低于1年。继续深入开展教育对口支援工作，充分发挥支援单位及支教人员的优势，扩大对口支教的覆盖面。

（八）妥善安置未聘下岗人员，优化教师资源配置，建立人才合理流动机制

32. 根据《国务院办公厅转发中央编办、教育部、财政部关于制定中小学教职工编制标准意见的通知》（国办发〔2001〕74号）中"中小学教职工分流可参照机关工作人员的分流政策执行"的意见，各地推行中小学人事制度改革过程中，对因超编而精减的中小学分流人员的安置，由省制定具体分流安排意见，各地可结合本地区实际情况，制定具体的实施意见。

33. 按照《黑龙江省事业单位人事管理办法》，对未聘下岗人员，学校不再保留其原工作岗位待遇，可在校内待聘或将其交由人才交流服务机构实施托管。待聘和托管期间的待遇按有关规定执行。学校要采取积极的态度通过多种途径妥善安置未聘人员，未聘人员安置未落实的学校，原则上不允许聘用临时工。

34. 对胜任教育教学工作，但因编制或学科结构等原因未能聘任的教师，可由教育行政部门负责，在校际之间和地区之间统筹调剂，或制定优惠政策鼓励其到农村、边远地区学校任教或支教。中学教师经考核合格可以到小学任教，但小学教师原则上不允许到中学任教。对不胜任教师岗位的落聘人员，可分流或转岗聘任，或采取待聘培训的办法，提高文化水平和业务知识。对待聘培训合格人员，学校如有空缺岗位，应优先聘任或安置。

35. 在保证优先聘用本校教职工且编制允许的条件下，学校可以面向社会公开招聘高校优秀毕业生或具有教师资格的人员到学校竞聘上岗，改善教师学缘结构。学校要拓宽教师来源和就业渠道，在满足自身人才需要的前提下，鼓励和支持校内富余人员向外流动，促进教师改变择业观念，进入人才市场自谋职业，实现教师双向选择、双向流动。

36. 各市（行署）、县（市）教育部门要创造条件，积极促进中小学教师合理流动。要与政府人事部门所属人才交流机构积极配合，引导和协调落聘人员转岗再就业，努力创设良性循环的教育人才流动机制，合理配置教师资源。

37. 通过社会保障机制，妥善安置中小学未聘下岗人员。学校对难以消化的富余人员，交由当地社会保障机构解决其就业或基本生活费问题。

三、深化中小学人事制度改革的组织领导

38. 各级地方党委和政府，要把深化中小学人事制度改革工作列入重要议事日程，成立由党政主要领导挂帅，组织、教育、人事、财政和劳动保障等有关部门参加的领导小组，立即开展此项工作，并抓好落实。各地要按照本地的实际，坚持因地制宜，分类指导，分步实施，稳步推进。要分阶段、有重点地推进，注意解决改革实施过程中遇到的难点问题，处理好改革与稳定的关系。

39. 各级教育行政部门，要搞好改革的督促检查和宏观管理工作，建立健全监督机制。把深化中小学人事制度改革工作与全面提高教育教学质量联系起来，注重调查研究，注意发挥学校校长、党组织和教职工代表大会的作用，充分发扬民主，调动广大教职工的积极性，统一思想，提高认识，积极稳妥，扎扎实实地做好落聘人员的安置工作。为保证改革的顺利进行，各县（市、区）中小学人事制度改革总体方案，要报上一级行政主管部门批准。要逐级建立检查和责任追究制度，明确目标责任，保证各项改革措施落实到位，顺利实施。

中共黑龙江省委组织部　黑龙江省人事厅黑龙江省教育厅关于印发黑龙江省中小学校长选拔聘任工作试行办法的通知

（黑人发〔2003〕110 号）

各市（地）委组织部、各市（行署）人事局、教育局，省直有关单位：

　　现将《黑龙江省中小学校长选拔聘任工作试行办法》印发给你们，请认真遵照执行。

中共黑龙江省委组织部

黑龙江省人事厅　黑龙江省教育厅

2003 年 10 月 22 日

附　件

黑龙江省中小学校长选拔聘任工作试行办法

第一章　总　则

　　第一条　为了进一步深化中小学人事制度改革，建立科学规范的中小学校长选拔聘任制度，形成充满生机与活力的用人机制，根据《黑龙江省人民政府关于贯彻落实〈国务院关于基础教育改革与发展的决定〉的实施意见》和《黑龙江省关于深化中小学人事制度改革若干意见》，制定本办法。

　　第二条　中小学校长是根据中小学校工作需要设置的，有明确职责、任职条件和任期的学校领导职务。

　　第三条　本办法所称中小学校长聘任制，是指通过签订聘任合同，确立教育行政部门和受聘者之间的聘任关系，明确双方的责任、权利和义务的一种人事管理制度。

第二章　聘任原则、行政管理和监督

第四条　中小学校长选拔聘任工作，按照"公开招聘、平等竞争、择优聘任、严格考核、合同管理"的原则进行。

第五条　坚持政事分开的原则，逐步取消中小学校长的行政级别，实行校长职级制。

第六条　中小学校长的选拔聘任，由教育行政部门负责并归口管理。

高级中学、完全中学校长由县级及以上教育行政部门提名、考察或参与考察，按干部管理权限任用和聘任。其他中小学校长由县级教育行政部门选拔任用并归口管理。县（市、区）级教育行政部门负责本行政区所属中小学校长的选拔聘任工作；市（行署）教育行政部门对本行政区所属中小学校长的选拔聘任工作进行指导，并负责其直属中小学校长的聘任工作；省级教育行政部门负责对全省中小学校长选拔聘任工作的指导、监督和管理。

第七条　各级教育行政部门要依法支持和指导校长正确履行职责，完善校长负责制，落实和保障学校依法办学权。

第八条　校长要接受教育行政部门和社区的指导和考核，接受政府教育督导部门对学校教育工作依法进行的监督、检查、评估、指导，接受教职工的民主监督。

第九条　校长要接受纪检、监察机关的监督。校长任期届满或离任时，上级教育行政部门应当提请审计机关对其进行经济责任审计。

第三章　校长的职责、权利和义务

第十条　中小学校实行校长负责制。校长是学校法定代表人，对外代表学校，对内主持学校工作。

校长依法履行职责，受法律保护。校长的主要职责是：正确贯彻执行党和国家的教育方针政策和法律、法规，实施素质教育；全面负责学校工作；承担法律规定的其他职责。

第十一条　中小学校长依法享有下列权利。

（一）组织制定、实施学校发展规划和学校具体规章制度建设。

（二）主持召开校务会议，对学校教育教学和管理工作中的重要问题进行决策。

（三）经县以上教育行政部门批准聘任、考核、奖惩教职工，推荐副校长，确定学校内设机构负责人人选。

（四）依照有关规定行使使用经费和管理校产等职权。

（五）参加培训。

（六）对上级教育行政部门的工作提出意见和建议。

（七）非因法律和政策规定的事由、非经法律和政策规定的程序，不被免职、辞退或者处分。

第十二条 中小学校长必须履行下列义务。

（一）遵守宪法、法律和法规，依照国家法律法规和教育方针、政策，履行校长职责。

（二）维护学校、教职工和学生的合法权益，关心、尊重教职工，组织和支持教职工参加学习、培训和进修，加强对教职工的思想政治工作，充分发扬民主，充分调动教职工的积极性和主动性。

（三）严格执行财务制度，管好校产和财务。

（四）努力学习，钻研业务，不断提高工作能力和管理水平，充分发挥教职工代表大会在民主管理和民主监督及共青团、少先队等群众组织在办学育人中的积极作用。

（五）接受法律监督、上级行政机关监督、专门监督机关监督和人民群众监督。

第四章　聘任的基本条件和要求

第十三条 中小学校长人选，必须具备以下基本条件。

（一）教师资格。

（二）较好的政治、业务素质和良好的品行。

（三）较强的组织管理能力，一般应在学校从事过中层管理工作。

（四）从事教育、教学工作 5 年以上。

（五）乡镇以下农村小学校长人选应具有中师及以上学历和小学二级及以上教师职务；乡镇中心小学、城区小学及以上中小学校长应具有大专及以上学历和小学高级或中学一级及以上教师职务；高级中学、完全中学校长应具有大学本科及以上学历和中学高级教师职务。

（六）身心健康，初任职年龄原则上小学不超过 45 周岁，中学不超过 50周岁。

第十四条 校长职务空缺或校长任期届满而需要重新确定校长人选时，原则上都要采取公开招聘、平等竞争、择优聘任的方式。

第五章 聘任程序、聘期内管理

第十五条 聘任中小学校长的基本程序是：

（一）公布空缺岗位：说明岗位职责、聘任条件等事项。

（二）公开报名：可以个人报名，组织提名，民主推荐。

（三）资格审查：对应聘人员的资格进行审查，确定参加公开招聘人选。

（四）演讲答辩：每个参加竞聘对象在拟任职学校教职工大会进行竞聘演讲，学校主管部门组织公开面试答辩。

（五）民主推荐：由主管部门组织拟任职单位全体教职工或中层干部、骨干教师，对参加竞聘上岗的对象进行民主推荐。

（六）组织考察：根据面试成绩和民主推荐结果，由主管部门按一定比例择优确定考察人选并组织考察。

（七）任职公示：根据考察情况和中小学校长的任命权限，由学校主管部门确定拟任职人选，并予以公示，公示期一般为7天。

（八）聘任：公示期满后无异议，或所反映的问题经核实不存在及不影响任用的，由主管部门按规定程序办理聘任手续。

第十六条 在竞聘校长职务过程中有下列情况之一的，不得聘任。

（一）伪造学历、学位、培训、奖励等证书。

（二）诽谤、诬告其他竞聘人选。

（三）拉拢、贿赂或威胁、恐吓招聘考核人员和教职工。

（四）有其他违法违纪行为。

第十七条 中小学校长实行任期制。每届任期原则上为3～5年。任届期满后，重新进行聘任。校长在同一学校任职时间一般不得超过两届。

第十八条 教育行政部门对校长的工作进行考核。考核分为年度考核与聘期考核。年度考核按学年进行，聘期考核在聘期届满前进行。考核坚持实事求是、客观公正、注重实绩的原则。根据考核结果，对校长做出优秀、称职、基本称职、不称职的评价。考核结果记入个人档案，作为续聘、奖惩的重要依据。

第十九条 中小学校长实行职级工资制，辅之以职务岗位津贴。中小学校长的职级工资根据国家和省有关规定确定，职务岗位津贴标准由各市（行署）、县（市、区）本着"按岗定薪、按绩定酬"的原则，根据本地实际情况确定。

第六章　聘任合同的履行、变更、终止和解除

第二十条　聘任合同采取书面形式，由当事人双方各执一份，经教育行政部门法定代表人签字、加盖印章以及受聘人签字后成立生效。

第二十一条　聘任合同必须包括下列基本内容。

（一）受聘岗位、工作目标及岗位基本要求。

（二）聘任合同期限。

（三）岗位工资报酬及社会保险和福利待遇。

（四）聘任合同终止的条件及违反聘任合同的责任。

（五）其他有关聘任的事项。

第二十二条　聘任合同依法订立后，任何一方不得擅自变更。由于法定原因或特殊情况确需变更的，经双方协商一致，按照法定程序可以变更合同或合同相关内容。

第二十三条　有下列情形之一的，聘任合同终止。

（一）聘任合同期满，或者合同约定终止的条件出现。

（二）受聘人员达到法定退休年龄。

（三）受聘人员死亡或者被人民法院宣告死亡。

（四）学校被依法撤销或合并。

第二十四条　有下列情形之一的，可以解除聘任合同。

（一）受聘人员被选调到国家机关工作或经组织同意正常调转。

（二）本人申请辞职。

第二十五条　受聘人员有下列情形之一的，教育行政部门可以解除聘任合同。

（一）经考核认定不合格。

（二）有较严重的失职行为或渎职。

（三）有利用职务之便，牟取或非法收受财物和其他不正当利益等违法违纪行为。

（四）被依法追究刑事责任。

第二十六条　教育行政部门解除校长聘任合同，除特殊情况外，必须提前30天以书面形式通知校长本人，并且在书面通知中说明解除合同的理由。

第二十七条　校长在聘期内申请辞职，须向教育行政部门提出书面报告。教育行政部门应当在收到申请书的 30 个工作日之内予以答复。未经批准，不

得擅自离职。

第二十八条 聘任合同当事人违反聘任合同时，应当依法承担责任：教育行政部门不履行或不适当履行相关法定义务的，除了可以依法提起行政诉讼，约束其履行法定义务外，应追究直接责任人员的责任；受聘校长玩忽职守的，除可以根据本办法予以解聘、不续聘外，还应该依法追究有关责任。

第七章　附　　则

第二十九条 本办法适用于全日制普通中小学校校长的聘任；幼儿园、职业中学、特殊教育学校校长的聘任可参照本办法执行。

第三十条 各市（行署）教育行政部门，可结合实际，根据本办法制定具体实施意见。

第三十一条 本办法由省委组织部、省教育厅、省人事厅负责解释。

第三十二条 本办法自公布之日起试行。

江苏省人事厅　江苏省财政厅
江苏省教育委员会关于农村中小学教师
浮动职务工资等有关问题的通知

（苏教人〔1997〕49 号）
（苏人薪〔1997〕10 号）
（苏财行〔1997〕86 号）

各市人事局、财政局、教委（教育局），省有关部、委、办、厅、局，各高等院校：

为落实省委、省政府"科教兴省"的战略决策，不断提高教师地位，改善教师待遇，调动广大教师的积极性，根据省人大《江苏省实施〈中华人民共和国教师法〉办法》和《省政府关于切实加强师资队伍建设的通知》（苏政发〔1996〕157 号）精神，现将农村中小学教师浮动职务工资和给教龄满 25 年的退休女教师增发退休补贴费的有关问题通知如下。

一、关于农村中小学教师浮动职务工资问题

1. 凡到县镇以下（不含县、市政府所在镇）农村中小学、成人中初等学校从事教育教学工作的中专以上（含中专，下同）毕业生，可直接享受定级工资，并上浮一档职务工资；调离农村学校教育教学岗位的，其浮动的职务工资不再享受。在农村任教累计满 25 年、且退休前连续在农村任教满 5 年并在农村学校离退休的教师，其上浮的职务工资可计入离退休费基数。

2. 连续在乡镇以下（不含乡镇政府所在地）学校任教满 8 年的中专以上毕业生，可再上浮一档职务工资；调离该岗位后，此浮动职务工资即行取消。

3. 《江苏省实施〈中华人民共和国教师法〉办法》实施前已在农村学校任教的中专以上毕业生或教龄满 25 年、评聘小学一级（含相当职务）及其以上教师职务的，也比照上述规定执行。

二、关于给教龄满 25 年的退休女教师增发退休补贴费问题

1. 全省各级各类中小学、中等专业学校、高等学校的女教师，凡符合国发〔78〕104 号文件退休条件，且 55 周岁时教龄满 25 周年，并在其相应的教育教学岗位上退休的，其退休费可补足到本人退休前原工资的 100%。

2. 1993 年 10 月 1 日事业单位工资制度改革至《江苏省实施〈中华人民共和国教师法〉办法》实施时已经退休的女教师，符合上述条件的也改按本文规定执行。

3. 其他未及事项，仍按原省人事局、省财政厅、省教委《关于对中小学教师增发退休补贴费若干问题的处理意见》（苏教人〔90〕22 号、苏财行〔90〕33 号）和《关于增发高校教师退休补贴费的通知》（苏教人〔93〕61 号、苏财行〔93〕185 号）有关规定执行。

三、教龄按"年减年"办法计算。今后教龄计算统一按此规定办理。

四、浮动职务工资和增加离退休费所需经费按隶属关系和现行经费开支渠道列支。

五、本通知从 1997 年 1 月 1 日起执行。

六、民办教师是否参照执行，由各市人民政府研究确定。

七、本通知由省教委负责解释。

江苏省人事厅　江苏省财政厅　江苏省教育委员会
1997 年 7 月 8 日

湖北省教育厅关于印发《湖北省"农村教师资助行动计划"实施方案》的通知

（鄂教人〔2004〕2号）

各市、州、县（林区）教育局，各高等学校：

为贯彻落实《国务院关于进一步加强农村教育工作的决定》（国发〔2003〕19号）和《省人民政府贯彻〈国务院关于进一步加强农村教育工作的决定〉的实施意见》（鄂政发〔2004〕26号）的精神，经研究决定，从今年起实施湖北省"农村教师资助行动计划"，每年选派一批普通高等学校应届本科毕业生（下称"毕业生"）到农村乡镇学校任教。现将《湖北省"农村教师资助行动计划"实施方案》（下称"行动计划"）印发给你们，并就贯彻实施的有关事宜通知如下。

一、**充分认识实施"行动计划"的重要意义**。实施"行动计划"，是弥补当前农村初高中教师严重短缺、提高农村教师整体素质的重要措施，是实现教育资源优化配置、体现社会公平公正的重要举措，是引导毕业生到基层建功立业、深入了解社会的直接途径。各地教育行政部门和各高等学校要充分认识实施"行动计划"的重要意义，高度重视这项工作。

二、**认真贯彻落实"行动计划"的各项措施**。各地教育行政部门要从本地教师队伍建设的实际出发，做好需求测算、考试考核、确定人选等工作，以吸引一批优秀的毕业生到本地任教；对到基层任教的毕业生，要热情关心和支持他们的工作、学习和生活，以鼓励和吸引他们在农村乡镇学校长期任教。各高等学校要认真抓好宣传动员、报名推荐等工作，教育和引导毕业生树立正确的择业观，动员和鼓励他们到基层和艰苦的地方去建功立业。

三、**切实加强对实施"行动计划"的组织领导**。各地教育行政部门、各高等学校要将这项工作列入重要的工作日程，主要领导要亲自抓。要成立工作专班，明确职能部门的责任，工作落实到人，以保证这项工作顺利进行。

各地、各高校实施"行动计划"过程中的有关情况和问题，请及时报告我厅。

附件：湖北省"农村教师资助行动计划"实施方案

湖北省教育厅
2004 年 6 月 14 日

附 件

湖北省"农村教师资助行动计划"实施方案

为贯彻落实《国务院关于进一步加强农村教育工作的决定》（国发〔2003〕19 号）和《省人民政府贯彻〈国务院关于进一步加强农村教育工作的决定〉的实施意见》（鄂政发〔2004〕26 号）的精神，省教育厅决定实施"农村教师资助行动计划"，每年从普通高等学校应届本科毕业生（下称"毕业生"）中，遴选一批毕业生到农村乡镇学校任教。实施方案如下。

一、指导思想

以党的十六大精神和"三个代表"重要思想为指导，坚持教育为人民服务的宗旨，以建设高素质农村教师队伍、促进毕业生就业为目标，通过政策引导、经济激励等措施，鼓励、引导和吸引毕业生到农村乡镇学校任教，充实农村教师队伍，改善农村教师结构，提高农村教育质量，缩小城乡教育差距，促进教育公平，努力办好让人民群众满意的教育。

二、实施步骤

本计划按照先行试点、分期实施的步骤进行。2004 年在部分国家级贫困县（市）、省级贫困县（市）进行试点。2005 在全省推开，重点资助贫困县（市）农村乡镇学校。

三、服务期限和范围

每批到农村任教的毕业生服务期为 3 年。服务期内全部安排在农村乡镇学校任教，不安排在县（市）城区内的学校。服务期内，根据当地农村乡镇学校的需求，可在乡镇学校之间交流。

四、人选条件

省内全日制普通高等学校应届毕业生均可报名，并应具备以下基本条件。

（一）思想政治素质好，热爱教育工作。

（二）全日制普通高等学校本科及以上学历，获学士及以上学位；品学兼优的贫困毕业生和来自贫困县（市）的毕业生优先考虑。

（三）志愿到农村乡镇学校任教，且服从组织安排。

（四）身体健康。

五、遴选程序

（一）确定需求。以县（市）为单位，向省教育厅申报乡镇学校所需教师的学科及数量。

（二）宣传动员。省教育厅组织高等学校和县（市）教育行政部门分别进行动员和布置，并在新闻媒体上向社会公布遴选的人数、学科、优惠政策等有关事宜。

（三）报名推荐。毕业生本人自愿报名，由所在高等学校审核、推荐后，报省高校毕业生就业指导中心。

（四）考试考核。考试主要采取面试的方法，必要时进行笔试。考试考核工作由县（市）教育行政部门为主实施，毕业生所在高校予以配合，省高校毕业生就业指导中心负责组织协调。

（五）确定人选。考试考核合格的，由县（市）教育行政部门确定人员名单，报省教育厅备案。

（六）签订协议。毕业生与县（市）教育行政部门签订协议。

（七）岗前培训。由省教育厅提供经费，组织毕业生进行岗前培训，培训后经考试合格的，颁发教师资格证书。

六、优惠政策

选派到农村乡镇学校任教的毕业生，在 3 年的服务期内享受以下优惠政策。

（一）由县（市）教育行政部门组织年度考核，考核合格的，省教育厅对每人每年奖励5000元，按年发放。对借有国家助学贷款的毕业生，此奖励款优先用于偿还贷款。

（二）根据《国务院办公厅关于印发机关、事业单位工资制度改革三个实施办法的通知》（国办发〔1993〕85 号）和《湖北省人事厅关于机关、事业单位工作人员工资制度改革若干具体问题的意见》（鄂人薪〔1994〕8 号）的精神，选派到农村乡镇学校任教的毕业生可提前定级，不实行试用期。其工资由县（市）按照国家规定的标准列入财政预算，按月足额发放。

（三）毕业生来自具有推荐免试研究生资格的高等学校、符合推荐免试资格的，可先取得研究生入学资格、办理注册手续，服务期满后再回校攻读硕士研究生。

（四）服务期满，经考核合格的，可选拔攻读教育硕士专业学位。

（五）根据自愿的原则，毕业生的户口档案关系可保留在原就读高等学校或省高校毕业生就业指导中心，也可直接转入县（市），免收户口档案托管服务费。

（六）对非师范专业的毕业生，免收教师资格申请认定费。

七、日常管理

（一）毕业生在服务期内，省教育厅对其进行跟踪管理，及时总结经验，推广典型。对成绩突出、表现优秀的，给予表彰。

（二）毕业生在农村乡镇学校任教期间，由县（市）教育行政部门统一管理，所任教的学校负责日常管理。县（市）教育行政部门每学年对毕业生考核一次，并将考核情况报省教育厅。

（三）服务期内，因政治思想、师德师风方面问题，或因健康状况不能适应教学工作等原因，不宜继续在农村乡镇学校任教的毕业生，经县（市）教育行政部门决定并报省教育厅备案后，不再列入本项目管理，由毕业生本人自主择业。

八、服务期满后的有关问题

毕业生服务期满后，总的原则是自主择业，同时积极鼓励和大力引导他们继续留在农村乡镇学校任教。

（一）自主择业。对服务期满后不愿继续在基层工作的毕业生，由其自主择业。本人找到工作、其户口档案关系已经转到县（市）的，办理改派手续；其户口档案关系没有转到县（市）的，办理派遣手续。

（二）留在基层。鼓励毕业生在服务期满后继续扎根基层，对愿意长期在农村乡镇学校任教的毕业生，县（市）同意接收的，按照规定办理派遣手续，其人事档案由县（市）教育行政部门统一管理。

四川省教育厅　四川省人事厅
四川省机构编制委员会办公室
四川省财政厅关于进一步
加强农村义务教育教师队伍
建设和管理的实施意见

（川教〔2006〕60号）

各市、州教育局、人事局、编办，财政局：

为深入贯彻党的十六届五中全会精神，努力造就一支与建设社会主义新农村和全面实施素质教育相适应的高素质的农村教师队伍，根据《国务院关于深化农村义务教育经费保障机制改革的通知》（国发〔2005〕43号）精神，结合我省实际，现就进一步加强农村义务教育教师队伍建设和管理提出以下实施意见。

一、进一步明确农村义务教育教师队伍的管理体制及其相关部门管理职责，依法履行好管理职能

全面贯彻《国务院关于进一步加强农村教育工作的决定》（国发〔2003〕19号）和《国务院办公厅关于完善农村义务教育管理体制的通知》（国办发〔2002〕28号）精神，理顺农村义务教育教师队伍管理体制。市、州教育行政部门要对农村义务教育教师队伍的建设和管理进行统筹规划，搞好组织协调，加强领导、指导和监督。

县级人民政府教育部门负责本行政辖区内农村义务教育教师队伍的综合管理和规划建设。依法履行对农村中小学教师的资格认定、招聘录用、职务评聘、培养培训、调配交流、档案管理和考核等管理职能；负责本辖区内农村中小学教师队伍建设和人事管理；负责中小学教职工编制的分解；负责在编制和增人计划内的教师招聘录用；负责农村中小学校长的选拔、聘任、培训、考核、交流；指导乡镇学校抓好农村教师的日常管理工作。

县级人民政府机构编制部门会同财政、教育部门，根据学校教育发展和学生数量及结构变化情况，按照上级核定的编制总额，适时调整全县中小学教职工编制。

县级人民政府人事部门，根据教育部门提供的教师需求计划，负责本行政辖区内农村义务教育教师补充计划的综合核定。

县级人民政府财政部门负责本行政辖区内农村中小学教职工（包括经县批准聘任、聘用的教师）工资的按时足额发放。

乡（镇）中心学校受县级教育部门的委托，对乡（镇）以下的村小（教学点）进行日常教学业务管理和行政管理。乡（镇）中心学校要明确一名副校长具体负责乡（镇）内村小（教学点）的日常管理。乡（镇）中心学校校长是本乡（镇）小学教师管理的第一责任人，分管副校长是本乡（镇）内村小（教学点）教师管理的直接责任人。乡（镇）中心学校负责人应经常深入各村小（教学点），了解农村教师的思想、工作、生活情况。乡（镇）中心校要定期组织村小（教学点）负责人的学习培训，增强政治责任心，提高管理水平。

二、严格编制管理，确保农村义务教育的师资需要

严格执行《四川省中小学教职工编制标准试行办法》（川府办发电〔2002〕46号），依法加强农村中小学教职工编制管理。各地要充分考虑农村中小学区域广、生源分散、教学点较多等特点，核定农村中小学教职工编制；要根据农村学校布局结构调整和学生人数及结构变化，适时调整农村中小学教职工编制；要根据社会经济的发展和全面实施素质教育、提高农村义务教育质量的需要，按照中央和省的统一要求，逐步解决农村中小学教职工编制标准及总量、结构不合理问题。

建立农村教师队伍补充机制，学校编制出现空缺应及时补充，确保农村中小学教学需要。每年的7月至8月，为中小学教师集中调整和补充时间，具体工作由县级教育行政部门负责组织实施。

县级财政部门根据编制部门核定的农村中小学教职工编制，核定编制内教师工资等经费。

任何部门和单位不得以任何理由占用或变相占用农村中小学教职工编制。各地必须坚决清理并归还被占用的教职工编制，对各类在编不在岗的人员要限

期与学校脱离关系。对长期在编不在岗的教师，要按规定办理辞职、辞退手续。坚决清理清退代课人员。

三、全面实施教师资格制度，严把农村中小学教师入口关

严格执行教师持证上岗制度，凡在农村中小学从事教育教学工作的人员必须依法取得相应的教师资格，对不具备教师资格的人员不得进入学校从事教育教学工作，已在学校工作的不具备教师资格的人员要及时调整出教师队伍。违背《中华人民共和国教师法》和《教师资格条例》相关规定的教师，一律撤销教师资格。

四、全面推行教职工聘用（任）制，建立农村教师队伍管理的激励机制和约束机制

农村中小学要按照资格准入、公开招聘、平等竞争、择优聘任、科学考核、合同管理的原则，全面推行教职工聘用（任）制度。在协商一致的基础上，由乡（镇）学校与受聘用（任）的教职工签订合同，明确双方的权利、义务和责任，尊重教师权利，落实和保障教师待遇。县级教育行政部门要指导农村中小学做好教职工定岗、定员和聘用（任）工作，切实做好富余人员的分流工作。坚决精减、压缩学校非教学人员。学校新聘教职工和解聘教职工一律由县教育行政部门审批同意。

五、进一步健全和完善农村中小学教师考核制度

农村中小学校要认真执行《四川省中小学教师考核工作的意见》《四川省中小学教师考核测评标准》《四川省中小学教师职业道德考核实施办法》和《四川省义务教育阶段学校实施素质教育八条规定》，进一步规范和完善教职工考核制度，严格执行师德一票否决制度，保证考核落到实处，通过考核促进管理，并将考核的结果与职务晋升、工资晋级、表彰奖励和教师聘任结合起来。教职工考核要做到平时考核与学年（年度）考核相结合，定量考核与定性考核相结合，群众考核与组织考核相结合，学校考核与社区参与考核相结合。县级教育行政部门要结合年度考核，组织力量定期对县内所有农村中小学的教师队伍建设情况和管理情况进行全面检查。

六、合理配置教师资源，建立中小学教师服务期制度和定期交流轮换制度

认真贯彻落实《教育部关于推进城镇教师支援农村教育工作的意见》（教人〔2006〕2号），建立大中城市城区中小学教师到农村任教服务期制度。凡大中城市城区和县城城区中小学2000年以后新聘任的教师，一般应到农村中小学任教2年。每年各地应安排一定比例的城区学校教师到农村中小学任教，城区中小学教师必须要有在农村中小学任教1年以上的经历才能晋升高一级专业技术职务。鼓励城区教师在编制、工资待遇不变的情况下到农村学校服务。建立"校对校"、"师对师"的城镇对口支援农村教育的制度，进一步促进城乡教育的均衡发展。

逐步建立农村中小学教师（校长）定期交流轮换制度。在同一学校任教（任职）满9年以上的中小学教师（校长），一般应在同层次学校间进行交流轮换，对年龄男满50岁、女满45岁的教师（校长）可不纳入交流轮换范围。交流轮换的区域范围原则控制在本乡镇内。安排交流轮换而不服从者，当年年度考核等次最高只能评定为"基本合格"，之后3年也不能评定为"优秀"等次，并不得参与各种评优及特级教师的评选活动。

各地要积极采取提高农村中小学教师专业技术职务结构比例、设置农村教师津贴、改善工作生活条件等切实有效措施，鼓励和吸引高校优秀毕业生和城镇优秀教师到农村中小学校任教。

七、加强农村教师职业道德建设

各地要将《公民道德建设实施纲要》《四川省教师职业道德行为准则》《四川省教师职业行为八不准》《四川省规范教育收费工作八条规定》《中华人民共和国未成年人保护法》及其他有关保护青少年学生的有关法规纳入经常性的学习教育活动中，要加强制度建设，建立健全师德建设责任制、学校教师侵犯学生人身权益案件报告制度、学校法制副校长制度等制度，要设立"师德师风举报电话"，严格执行教师职业道德一票否决制。新聘教师上岗前必须接受包括师德教育在内的岗前培训。对违反教师职业道德行为规范的教师，要视情节轻重做出相应处理，对触犯刑律的，要移交司法机关追究法律责任。各地特别要注意杜绝教师严重侵犯学生人身权的违法犯罪行为。对教师严重侵犯学生人身权的案件，学校必须及时移送司法机关查处，并向主管教育行政部门

报告，依法追究责任人、校长和主管教育行政部门负责人的责任。对推卸责任、延缓上报的要追究学校领导的行政责任，对包庇罪犯、隐瞒不报的要坚决依法追究有关领导及相关责任人的法律责任。

八、加强农村教师和校长的教育培训工作

县级教育行政部门归口管理和实施农村中小学教师和校长的培训工作。农村教师应成为终身学习的先行者和实践者，构建农村教师和校长终身教育体系，实施农村教师专业发展计划、骨干教师成长计划，开展以新理念、新课程、新技术、师德为重点的新一轮教师全员培训和继续教育。坚持农村中小学校长任职资格培训和定期提高培训制度。各地要结合实际，制定和落实每名教师5年必须接受不低于240学时的培训计划，按照"地方负责、分级管理"原则，依据国家有关规定，将中小学教师培训经费纳入预算，提供必要的经费保障。建立县城学校对口支援乡镇农村学校制度，县城学校选派教学水平高、经验丰富的教师到本县农村学校进行短期讲学、讲课。县教育行政部门每年要从乡镇农村学校选拔热爱基础教育工作、政治思想素质好、有培养前途和发展潜力的中青年骨干教师到县城学校学习，由县城学校选派学科带头人和骨干教师带教一年，为农村学校培养高质量的骨干教师和学科带头人。

四川省教育厅 四川省人事厅
四川省机构编制委员会办公室 四川省财政厅
2006 年 3 月 13 日

沈阳市教育局关于进一步推进
中小学干部教师交流工作的意见

（沈教发〔2005〕122 号）

各区、县（市）教育，有关直属单位：

为认真贯彻市委、市政府《关于深入实施科教兴市战略，推进教育快速发展的若干政策措施》（沈委发〔2005〕19 号文件）精神，推进义务教育均衡发展，保证接受义务教育阶段学生尽可能享受到相对平等的教育，进一步优化教师资源配置，结合前一时期我市中小学干部教师交流制度执行情况，特制定本《意见》。

一、指导思想

以党的十六大精神和邓小平理论、"三个代表"重要思想为指导，以《中华人民共和国义务教育法》《中华人民共和国教师法》《国务院关于基础教育改革和发展的决定》为依据，以深化中小学用人制度改革为动力，以构建和谐教育、促进义务教育均衡发展、全面提高教育教学质量为目标，以办人民满意的教育为宗旨，努力完善我市干部教师有序交流制度，不断优化干部教师队伍资源配置，提高干部教师队伍的整体素质。

二、基本原则

推进中小学干部教师交流工作，要遵循"政策引导、区县（市）统筹、因地制宜、城乡互动"的原则，将推进交流与核岗定员相结合、调整充实与培训提高相结合、立足当前与着眼长远相结合、全面推进与重点突破相结合，促进教师队伍由超编学校向缺编学校、由优质学校向改革学校、由城镇学校向农村学校流动。

三、实施办法

1. 交流的范围：区、县（市）教育行政部门所属的中小学校，其中，以区、县（市）教育行政部门所属的义务教育阶段学校为主。

2. 交流的对象：男50周岁、女45周岁以下，校长在同一所学校工作时间满6年，教师在同一所学校工作满6年，都要分批进行异校交流。其中，教师交流以市区骨干教师、小学高级教师、中学一级教师和高级教师为主。

3. 交流的性质：区域内同类学校之间干部教师的交流，要调转人事关系，形成真正意义上的"人动关系走"；区域内优质学校向改革学校交流的教师，要在交流学校任教3年以上；城市优质学校对口到农村九年一贯制学校进行交流的干部教师，时限为两个学期，交流期间人事关系保留在原单位不变。

4. 交流的比例：从2006年起到2008年，以区县（市）为单位计算，符合交流条件的校长实际交流50%以上，符合交流条件的教师实际交流30%以上。改革实验区交流幅度要大，每学年校长要交流25%以上，教师要交流15%以上。

四、交流模式

1. 指导性交流。区、县（市）教育行政部门发挥主导作用，根据实际制定交流计划，将交流指标落实到具体学校，实行计划指导下的分片几校联动交流或优质学校与相对薄弱学校对口交流等。

2. 校际间协作交流。区、县（市）内优质学校和相对薄弱学校，可自愿实行校际间对口交流，双方签订协议，明确双方交流的意向、人员、内容和有关项目，经本地教育行政部门批准后进行协作交流。

3. 个人主动性交流。凡符合交流条件的城乡在职干部教师，均可自愿提出到相对薄弱学校、农村学校交流的申请，经学校和上级教育行政部门审批后进行交流，并将人事关系转到所交流的学校。

4. 城市与农村对口交流。建立城区优质学校与农村九年一贯制学校对口交流的制度，实行城乡学校间相互交流，对口支援。城区学校派出教学经验丰富、事业心强的干部教师到农村学校任职任教，农村选派积极上进、有培养前途的年轻教师到城区学校学习先进的教育教学经验。

5. 各区、县（市）也可根据实际情况，确定其他干部教师交流形式并组织实施。

五、有关政策

1. 提高认识，加强领导

建立并不断完善干部教师交流制度，是实现我市基础教育干部教师资源合理配置、优化干部教师队伍结构的需要，是提高干部教师队伍整体素质、促进城乡教育协调发展的战略举措，是当前加强中小学干部教师队伍建设的一项重要的、紧迫的工作。各级领导必须予以高度的重视，切实加强对此项工作的领导。各区、县（市）要组建由有关部门参加的干部教师交流工作领导小组，认真研究和组织本地的干部教师有序交流工作。

2. 统筹兼顾，统一规划

各区、县（市）要研究制定"十一五"期间和本年度的干部教师交流方案，明确干部教师交流的指导思想、交流计划、交流学校和人员数量、交流项目等具体内容，实现本区域内干部教师队伍质量与水平基本均衡，为建立相对稳定、流动有序、资源共享、均衡发展的干部教师交流制度奠定基础。

3. 严格制度，规范管理

（1）中小学校级领导干部每届任期 3 年至 5 年，任满两届必须异校或异职交流，同一学校的党政正职一般不同时交流，但必须要有一名异校交流。

（2）实行交流目标责任制，加强对交流的干部教师管理工作。干部教师交流前，要与学校确定交流工作责任目标，交流期间由接纳交流干部教师的学校负责日常记实，交流期满时要对交流的干部教师进行必要的考核，对未实现交流目标的干部教师要适当延长交流时限。

（3）从 2007 年起，凡申报小学超高和中学高级职称的教师，必须要具备异校交流任教 1 年以上的经历（含正在交流期间）。

（4）从 2007 年起，评选特级教师以及市以上模范、市教育专家、市优秀校长和教师，必须具备在异校交流任职和工作的经历。其他层级的评优评先也要在同等条件下，把干部教师的交流经历和业绩作为优先考虑的依据。

（5）参加交流的教师干部待遇，由区、县（市）酌情决定。

4. 综合评估，定期考核

发挥评价的激励导向作用，省教育厅已将校长和教师交流比例，作为双高"普九"地区评估验收的重要指标。市有关部门也将把干部教师交流工作纳入督导评估系列，制定干部教师交流评价指标体系，市和区县（市）教育督导、人事部门，要共同对干部教师交流工作及交流使用的干部教师，通过过程评价、终结性评价的方式进行评估。交流期满时，按评价体系和个人述职相结合的方式，对交流使用的干部教师进行考核，对出色完成交流工作的单位和完成工作目标的干部教师给予相应奖励。

5. 加大投入，建立保障

实施中小学干部教师交流制度，是中小学干部人事制度的一项重大改革，各区、县（市）要主动赢得本地政府对此项工作的重视和支持，列出专项经费用于中小学干部教师交流工作。

沈阳市教育局

2005 年 11 月 14 日

四平市人民政府办公室关于印发
四平市中小学教师系列专业技术
职务"评聘合一"改革工作
实施办法的通知

（四政办发〔2004〕62 号）

各县（市）、区人民政府，辽河农垦管理区，各开发区，市政府各委办局、各直属机构：

由市人事局、市教育局制定的《四平市中小学教师系列专业技术职务"评聘合一"改革工作实施办法》已经市政府同意，现印发给你们，请遵照执行。

四平市人民政府办公室

2004 年 12 月 27 日

四平市中小学教师系列专业技术职务
"评聘合一"改革工作实施办法

（四平市人事局　四平市教育局
2004 年 12 月）

根据《四平市中小学教师系列专业技术职务"评聘合一"改革工作方案》（四政办发〔2004〕40 号）要求，为使"评聘合一"改革工作规范有序地进行，充分体现公正、公平、公开的原则，达到科学合理，便于操作的目的，结合我市实际，制定本办法。

一、宣传发动

（一）各聘任单位组织召开教职员工动员大会。学习《中华人民共和国教育法》《中华人民共和国教师法》及全国和吉林省人才工作会议精神，宣传面要达到100%。由聘任单位领导作书面动员报告。

（二）以学年组为单位组织教职员工讨论（无学年组建制的单位由单位统筹安排）。在认真学习讨论的基础上，统一思想，提高对"评聘合一"改革工作的认识，增强广大教职员工参与此项改革工作的主动性和积极性。

（三）通过学习讨论，学校要充分掌握教职员工的思想动态，认真收集他们的建议、意见、愿望和要求，并将有关情况报送教育主管部门。

二、组建聘委会

（一）各学校分别组建聘委会，组织领导竞聘工作。组建原则及办法：

1. 聘委会人数不得少于7人，一线教师在聘委会中所占的比例数不能低于聘委会成员总数的50%。聘委会主任由学校校长担任。除聘委会主任外，聘委会其他成员候选人采取教职工无记名投票方式推选后（聘委会成员候选人数不低于当选人数的30%），经学校教职工大会差额投票选举产生。

2. 聘委会组成人员应具备较高的政治素质、职业道德素质、作风正派、办事公道；具备相应的资历和业务水平，高、中级专业技术人员要占一定比例。

3. 聘委会成员与竞聘人员之间有夫妻关系、直系血亲关系、三代以内旁系血亲以及近姻亲关系的，必须回避。

4. 竞聘人员不得当选为聘委会成员。

（二）各级教育部门要组建聘委会，按管理权限负责系统直属单位、各学校副校级以上专业技术人员及各乡镇成教、法制专业人员的竞聘工作。

（三）各单位聘委会组建工作完成后，将名单报送教育、人事部门备案。

（四）聘委会的工作职责。

聘委会的主要职责是组织具备专业技术资格和条件的人员竞聘专业技术岗位及职务，具体是负责制定竞聘工作方案，审查竞聘人员条件，对竞聘人员进行评议、考核，确定拟聘人员及相应职务等工作。

三、制定竞聘工作方案

（一）在组建聘委会的基础上，各聘委会根据"改革工作方案"和"改革工作实施办法"，结合本单位实际制定切实可行的"竞聘工作方案"。

（二）方案内容包括：指导思想、竞聘范围对象、标准条件、方法程序、组织领导和具体要求等。

（三）高、中、初级专业技术人员职务分别组织竞聘。

（四）竞聘工作方案必须经过教职员工大会讨论通过后方可实施，并报教育、人事部门审查备案。

四、公布竞聘岗位

（一）在竞聘工作开始前，公布拟聘任的岗位及竞聘岗位的基本条件，公布时间为 3 天。在校内和教育局直属单位内部竞聘的，由本单位聘委会公布；跨校竞聘的由教育部门指定聘任单位，由聘任单位拟定具体岗位和竞聘条件。跨校竞聘及县（市）、区乡镇成教、法治专业技术人员和教育系统副校级以上专业技术人员的竞聘由教育局通过新闻媒体、会议等形式在教育系统内公布。

（二）按人事部门下达的竞聘岗位数组织竞聘。参与竞聘人员数必须多于竞聘岗位数。

五、个人申请竞聘

（一）竞聘人员向聘委会提出个人书面申请。跨校竞聘的要向相应教育部门提出个人书面申请。

（二）竞聘人员填写"竞聘岗位登记表"，标明所竞聘职务的级别、专业。

（三）每个竞聘人只能竞聘 1 个岗位。

（四）竞聘人在聘委会规定的时间内向聘委会提交与聘任条件相关的材料原件及复印件。

六、资格审查

（一）聘委会对提出申请的竞聘人逐人按条件进行资格审查。跨校竞聘由教育部门负责进行资格审查。

（二）聘委会根据资格审查结果拟定竞聘人选并予以公布。跨校竞聘资格审查结果由教育部门公布。

七、竞聘赋分办法

（一）竞聘实行百分制的赋分办法。

（二）在百分制中竞聘者基本素质（资历条件）占20%；各项竞聘结果（包括"一评三考"、先进荣誉、竞聘演讲及民主测评）占80%。

（三）跨校竞聘人员除"一评三考"按原单位评定结果赋分外，其余各项均按竞聘单位岗位要求标准赋分。

八、审定基本素质

基本素质包括教龄、学历、任职年限、行政职务等（截止时间为2004年8月31日），具体赋分标准由聘任单位聘委会研究决定（必须是百分制分数），乘以20%为该项得分。

九、评定各项竞聘结果

（一）"一评三考"（师德评价、专业素质考试、教学过程考核、教学实绩考核）赋分（占40%）。

取竞聘人员2003年至2004学年度"一评三考"得分（必须是百分制分数）乘以40%为该项得分。

（二）专业工作业绩赋分（占20%）。

1. 任现职以来在教育、教学、教研、管理等方面获得的，由各级党委、政府和教育行政部门表彰的方可加分。教师节表彰的优秀教师（教育工作者）和劳动模范为综合性荣誉，其他视为单项荣誉。教育部门命名的骨干教师按单项荣誉对待。赋分时既要审查荣誉证书，还要审查表彰审批表，必要时还可审查开展评比的文件（通知）与表彰决定。

2. 论文（论著）必须是专业技术人员本人独立完成的与本人申报专业相关的、公开发表在国家承认的学术性报刊上的论文（或国家承认的出版社出版的论著）方可加分。所有没经过国家和本省市教育行政部门明文批准的各种论文评选，即使出版了论文集（包括各大院校学刊的增刊）也不加分。

3. 业务成果必须是教育行政部门统一组织评比，并由教育行政部门发证的方可加分,必要时还可审查开展评比的文件(通知)及表奖决定。

4. 科研成果必须是承担规划立项的教育科研项目或其子课题,并有通过鉴定验收的相应书面成果的方可加分。

以上各方面的具体赋分标准由聘任单位聘委会研究决定(必须是百分制分数),乘以 20% 为该项得分,并予以公示。

(三)竞聘演讲(说课、讲公开课)赋分(占 10%)。

1. 聘委会组织竞聘演讲会议。

2. 参加演讲会议的人员为聘委会全体成员、竞聘人员、聘任单位全体职工。

3. 每个竞聘人的演讲时间为 10 分钟至 20 分钟(时间由聘委会研究决定)。

4. 每个竞聘人演讲满分为 100 分。

5. 竞聘人针对所竞聘的岗位和职务进行竞聘演讲。

6. 每个聘委会成员根据竞聘者的语言表达、逻辑思维、举止形象以及对所竞聘岗位的理解程度和适应能力、工作信心等情况当场以无记名方式赋分,去掉 1 个最高分和 1 个最低分后,取平均分再乘以 10% 为最后得分,具体操作办法由各聘委会研究决定。

7. 每个竞聘演讲人的演讲最后得分当场公布。

(四)民主测评赋分(占 10%)。

1. 对每个竞聘人的民主测评由各聘委会负责组织;每个竞聘人测评结果满分为 100 分。

2. 民主测评在学校全体教职员工中进行。

3. 采取背对背划票打分的测评办法。竞聘人员不得参与竞聘打分。

4. 测评内容主要是德、能、勤、绩、廉 5 个方面,测评档次分优秀、良好和一般 3 个档次。优秀档次得分区间为 81~100 分;良好档次得分区间为 61~80 分;一般档次得分区间为 41~60 分。

5. 对每个竞聘对象要分别计票和计算得分。得分计算方法为测评全部有效票得分相加之和除以有效票张数再乘以 10% 为最后得分,并予以公示。

十、核定总分数,确定拟聘人选

(一)由聘委会依据各项得分合计出每个竞聘人总得分数,按竞聘的岗位和职务,从高分到低分排出名次。

(二)聘委会按竞聘岗位数额从高分到低分确定拟聘人选。在总分相同的情况下,2003 年已取得专业技术资格的人员可优先聘任。

十一、对拟聘人员进行公示和资格确认

（一）聘委会对拟聘人员的岗位、职务、总分及各项得分情况进行张榜公示，公示时间为3天。

（二）公示期间，聘委会和改革工作领导小组办公室接受各种举报并认真调查核实。对不符合条件的人员取消聘任资格，对空下的岗位不再补聘。

（三）各聘任单位将拟定的聘任人员名单和《吉林省中小学教师职务聘任登记表》、2003年的专业技术职务资格证书、2004年符合相应级别专业技术资格评审条件人员的教师资格证、毕业证等材料上报，经教育主管部门审核后，报人事部门确认。

十二、签订合同，颁发聘书

（一）拟聘任人员由人事部门确认后，教育系统各学校校长和直属事业单位负责人依据《中华人民共和国教师法》等相关法律，与受聘人员签订统一印制的书面合同，并向受聘人员颁发聘书。县（市）、区乡镇成教、法治专业技术人员聘书由编制所在单位法定代表人颁发，并与其签订聘任合同。教育系统各学校校长和直属单位负责人的专业技术职务聘书由教育局局长颁发，并与其签订聘任合同。聘任期内聘书具有吉林省专业技术职务任职资格证书同等效用。

（二）签订的聘任合同必须明确双方权利、义务与责任。合同内容包括：工作岗位、职务、职责和任务；工资、保险福利待遇；聘用合同期限；变更、终止、解除合同的条件及双方违反合同应承担的责任，在合同期内受聘人员违约或因特殊情况发生，聘任单位有权终止与其签订的聘用合同，并取消其享受的待遇（期间退休人员除外），并收回聘书或公告作废；双方认为需要规定的其他事项。

（三）受聘人员自受聘之日起由人事部门核批岗位工资，财政部门负责兑现。2003年已取得专业技术资格的人员，在本次竞聘中未能竞聘上岗的，其资格仍然有效。2002年以前取得专业技术资格并兑现待遇的人员，仍按原规定执行。

（四）在聘期内变更、终止、解除合同须经教育部门审核同意，报人事局备案。

四平市人事局 四平市教育局关于做好中小学教师系列专业技术职务"评聘合一"改革工作的补充意见

（四教联发〔2005〕5 号）

各县（市）、区，辽河农垦管理区人事局、教育局：

为适应中小学人事制度改革不断深化的要求，进一步推进全市中小学教师系列专业技术职务"评聘合一"改革工作，根据第一轮"评聘合一"工作中出现的新问题、新情况，依据《四平市人民政府办公室关于印发四平市中小学教师专业技术职务"评聘合一"改革方案的通知》（四政办发〔2004〕40号）《四平市人民政府办公室关于印发四平市中小学教师系列专业技术职务"评聘合一"改革工作实施办法的通知》（四政办发〔2004〕62号）精神，结合"评聘合一"工作实际，特制定以下补充意见：

1. 关于副校级以上领导是否集中竞聘的问题

副校级以上领导竞聘专业技术职务岗位，由教育局统一组织，还是在本学校参加竞聘，由各县（市）、区教育局自行决定。

2. 关于教学、行政人员分系列竞聘的问题

教学人员和行政教辅人员可集中竞聘，也可分系列竞聘，但不管采取何种方式必须保证教学人员的竞聘岗位数额不低于竞聘岗位总数的70%。采取分系列竞聘必须在实施前明确（副校级以上人员在本校竞聘的，必须分系列实施竞聘）。

3. 关于小教超高岗位竞聘的问题

各县（市）、区可按照核定的小教超高岗位数额，依据市"评聘合一"改革的总体精神，结合本地实际，本着保证竞争、适当留有余地的原则，由县（市）、区教育部门会同人事部门确定聘任岗位数额；并由教育局制定具体的竞聘办法。

4. 关于向农村偏远学校适当倾斜的问题

针对农村偏远学校具备条件人数少的实际情况，竞聘人员等于竞聘岗位数的学校，本人表现突出，学校同意，并经全校职工评议通过，可按程序组织竞聘。

5. 关于借调人员竞聘的问题

借调人员必须回人事关系所在单位参加竞聘。

6. 关于民主测评重复的问题

考虑到"一评三考"中已有相应的评价，民主测评不再进行，其10%计分比例调整到"一评三考"的计分比例上，调整后"一评三考"的计分比例为50%。

7. 关于业绩加分问题

业绩考核要按照四政办发〔2004〕62号文件的规定，严格区分综合表彰和单项表彰。为了适应师德建设的需要，2002年以来，教师节表彰的师德标兵、师德先进个人视为综合性表彰。

8. 对在聘期内达到退休年龄工资如何计算的问题

在聘期内达到退休年龄的，以聘期内工资标准为基数，办理退休手续。

9. 关于破格参加竞聘的问题

凡符合吉林省中小学教师系列中、高级专业技术资格破格评审条件（吉人联字〔2004〕67号）的教师可破格参加竞聘。

10. 关于业绩考核的截止时间问题

业绩考核的截止时间为2005年9月30日。

以上意见由四平市中小学教师系列专业技术职务"评聘合一"改革工作领导小组办公室负责解释。

四平市人事局　四平市教育局

2005年8月9日

四平市教育局关于全面加强
教师队伍考核管理的意见

（四教发〔2003〕4号）

各县（市）区教育局：

为深入学习贯彻党的十六大精神，落实《中华人民共和国教师法》，进一步加强教师队伍建设，全面提高教师队伍管理水平，提高教师队伍的整体素质，进而全面提高教育教学质量，结合我市教师队伍管理的实际，特制定全面加强教师队伍考核管理意见如下。

一、指导思想

以"三个代表"重要思想为指针，以《中华人民共和国教师法》为依据，以提高我市教师队伍整体素质为目的，全面加强教师队伍建设。进一步规范教师队伍的管理，提高教师队伍考核管理水平，建立完善的考核制度，实行"一评三考"，统一标准，分级管理。加强师德建设，弘扬奉献精神；倡导崇尚学习风气，强调提高业务能力，注重突出工作实绩。把考核管理工作和教师聘任制结合起来，做到优胜劣汰；和激励机制结合起来，做到优质优酬，多劳多得；和评职评优有机地结合起来，做到优者上，庸者让；和教师评价制度结合起来，通过考核做到科学评价，通过评价提高考核质量。充分调动广大教师的积极性，师尽其责，人尽其才，最大限度地优化教师队伍，全面提高教师队伍的整体素质，全面提高教育教学质量。为适应我市教育改革与发展的需要，建设一支高质量的教师队伍。

二、考核范围

全市教育系统所属中小学校、幼儿园、职业学校、中师（中专）、特殊教育学校、教师进修院校、电大、师大分院的在编教职工（已办理退养手续的除外）。

三、考核办法

为全面客观科学公正地对每个教职工进行全方位的考核，从今年起，在全市教育系统推行"一评三考"的考核管理办法（即师德评价制度；专业素质考试；教学过程考核；教学实绩考核）。一学年考核一次，三学年为一个周期。

1. 实施师德评价反馈制度

以江泽民同志"三个代表"重要思想为指导，全面提高师德水平，制定师德评价体系，实施师德评价反馈制度。通过对先进典型的学习，提高认识；通过自评、互评找出问题和差距；通过反馈，限期整改和提高，并依据实施方案进行量化打分，排出名次，并记入考核管理手册（实施方案另发）。

2. 专业素质考核

专业素质考核以考试的方式进行。由市教育局统一组织，统一出题，统一考试，统一评卷，考试成绩以校为单位（小学以中心校为单位）按成绩排出名次，并按规定的分值比例记入考核管理手册（实施方案另发）。

3. 教学过程考核

教学过程考核在市、县教育局指导下由教师所在学校负责，要严格按照四平市教育局制定的教学过程考核方案及评分标准组织实施。考核成绩按规定的分值比例记入考核管理手册。

4. 教学实绩考核

教学实绩考核是教师考核最重要的一个环节。教师的师德水平，工作态度，业务能力，创新能力都要在工作实绩中体现出来。各级各类学校要在教育行政部门的指导下，按照四平市教育局制定的教学实绩考核方案，结合教师评价，依据教师在教育教学工作中所作的贡献，完成工作量的大小，质量的高低，科学地进行量化打分。做到科学、客观、公正、实事求是。考核成绩按规定的分值比例记入考核管理手册（实施方案另发）。

5. 行政人员和工人考核

行政人员和工人也要进行"一评三考"（即政治思想素质评价、专业素质考核、岗位责任考核和工作效绩考核）。由学校制定方案，原则上与专任教师的考核同步组织实施，考核结果计入考核管理手册。

兼课的行政人员原则上按专任教师进行考核。

6. 教师进修院校、电大的考核标准另行制定

四、考核计分

整体考核采取量化加分的办法，实施百分制。专业素质考试占30%；教学过程考核占15%；教学实绩考核占30%；师德评价占25%。单项考核均按百分制计算，再按上述规定的分值比例进行换算相加后得出考核总分值。县以上优秀教师按县、市及省以上分别加2分、3分、4分；骨干教师按校、县及市以上分别加1分、2分、3分计入总分值。只加最高分，不重复累加（本年度评为骨干教师和优秀教师方可加分）。

行政人员和工人的考核由学校按照市教育局"一评三考"的总体要求，结合实际制定考核方案并组织实施。考核成绩按百分制计算：政治思想素质评价为20%；专业素质考核为25%；岗位责任考核为25%；工作效绩考核为30%。各单项考核也按百分制计算：考核领导小组评价占25%、校长评价占20%、教工相互评价占45%、学生评价占10%。

五、时间安排

师德评价、专业素质考试、教学实绩考核一般在每年的暑假期间进行。教学过程考核，由学校制定日程安排，报教育主管部门批准后组织实施。

六、结果运用

《中华人民共和国教师法》第二十四条明确规定：教师考核结果是受聘任教、晋升工资、实施奖惩的依据。为激励先进，鞭策后进，对考核结果运用做如下规定。

1. 在学校综合考核连续三年评为前三名，事迹突出的，要向上级教育部门推荐，特别突出的要在全市教育系统专题宣传，并优先表彰。

2. 在考核中综合成绩、单项成绩均位于前1/3的在以下方面优先考虑。

（1）在评选优秀教师，确定骨干教师时优先推荐；

（2）在教师竞聘和竞争专业技术职务岗位时优先聘任。

（3）优先参加市里组织的学术考察和科研活动。

3. 在综合考核中成绩低于前1/3的不得推荐为各级优秀教师和县以上骨干教师人选。在师德评价中处于后1/3的原则上不得参加任何评选。

4. 考核成绩处于后几名按以下规定处理。

（1）综合考核位于后5名（百人以下学校后3名），在年度考核中视为基本合格，不发奖金，并进行诫勉谈话。

（2）对综合考核成绩60分以下又处于后两位的（小学以中心校为单位）不予聘任，并按吉政办发〔1999〕14号文件规定，按70%开支，原则上1年内不得调出（可调往外系统）。专业素质单项考试不及格（补考仍不及格）的不得聘任为专任教师。师德评价中分数偏低或有严重问题的不得聘任，实行一票否决。

（3）连续两年综合考核末位的不予聘任，按省市文件相关规定处理，按50%开支。连续3年综合考核末位的，限期3个月调离，逾期不调离的予以辞退。

七、考核管理

"一评三考"的各项数据都要记录在册。学校要建立考核档案，市、县两级教育局要建立电脑数据库，作为评优、晋职、聘任及竞争专业技术岗位的审核依据。

市教育局统一制定教师考核管理手册，市教育局人事科负责管理核发，并具体组织每学年度考核工作。师能考核的责任部门是市教育局基础教育科、市教师研修院；师德考核及综合考核结果监管及运用的责任部门是市教育局人事科。各县（市）区教育局均要实行对口管理。

教师的考核实行分层次管理。教师考核的成绩记载和日常管理以学校为主。县级骨干教师由县教育局人事科建档管理；市级骨干教师由市教育局人事科建档管理；学校要将考核成绩按要求及时上报市、县教育局。市、县教育局人事科依据骨干教师考核管理有关规定，结合上述考核成绩，进行年度审核，综合考核成绩或单项考核未能进入前1/3的取消其相应的骨干教师资格。骨干教师的除名及评选发证，由市、县教育局人事科组织实施。

八、组织领导

教师考核管理工作在市教育局领导下统一进行。为加强领导，切实搞好全市教师考核工作，成立四平市教师考核管理工作领导小组。（成员名单编者略）

领导小组下设办公室。（成员名单编者略）

各学校要成立教师考核管理工作领导小组，并要吸收教师代表参加，原则上大型学校教师代表 5 名，中型学校为 3 名，小型学校为 1～2 名。并将领导小组成员名单上报教育主管部门审核备案。

九、民办学校可结合实际，参照执行

十、本方案由四平市教育局负责解释

四平市教育局
2003 年 8 月 4 日

哈尔滨市教育委员会关于印发
《哈尔滨市中小学实行学校对口支援、
师范毕业生、城镇在职教师到农村任教
定期轮换制度的实施办法》的通知

(哈教发〔2000〕100 号)

各区、县（市），市直各有关部门：

经市委、市政府同意，现将《哈尔滨市中小学实行学校对口支援，师范毕业生、城镇在职教师到农村任教定期轮换制度的实施办法》印发给你们。请按《办法》要求，切实加强领导，精心组织实施，加快我市农村教育事业的发展，提高农村整体办学水平和教育质量。

哈尔滨市教育委员会
2000 年 7 月 18 日

哈尔滨市中小学实行学校对口支援，
师范毕业生、城镇在职教师到农村
任教定期轮换制度的实施办法

为加强我市城乡薄弱学校的建设，全面推进素质教育的实施，落实《中共哈尔滨市委、哈尔滨市人民政府关于加快教育改革和发展若干问题的决定》确定的中小学实行学校对口支援，师范毕业生、城镇在职教师到农村任教定期轮换制度，特制定本办法。

一、工作原则

我市城区要与县（市）建立对口支援的关系；城镇中小学要与农村困难学校建立对口支援的关系；城镇在职教师要分期分批到农村学校和薄弱学校轮换任教；城镇生源的师范毕业生（含非师范类毕业生，不包括分配到特殊教育、幼儿园及非教学单位的毕业生），有计划地到农村、郊区学校轮换任教。

在职教师、师范毕业生到农村（郊区）定期任教的轮换工作，要坚持"派其所需，注重实效"的原则。今年城区除保证小学三年级开设英语课所需师资外，中师毕业生必须到农村（郊区）任教；在保证城区初中正常开课、高中扩大规模所需师资外，本专科毕业生一律到农村（郊区）任教；十二县（市）的城镇应届毕业生必须一律到农村任教。

学校对口支援工作的重点是农村初中及以下学校，要本着强校支援弱校，城乡学校结对，城市超编教师向农村缺编学校流动的原则，采取包点支教、结对支援、送教下乡等多种形式，充分发挥城镇名优学校的带头、示范、辐射作用，市教育行政部门负责组织建立区、县（市）和市属城市示范学校与农村困难学校的对口支援关系；区教育行政部门按对口支援关系和任务负责安排区属学校对口支援的结对工作。

各级教育行政部门，要有计划地组织城镇学校、教职工和学生为农村困难学校、贫困学生捐款捐物，改善其办学条件、降低辍学率。

二、工作目标

按照市委、市政府"一年一变样，三年大变样"的工作要求，应达到的目标如下。

1. 农村困难学校、城镇薄弱学校教师队伍得到充实，骨干教师队伍基本形成，教育教学水平明显提高。

2. 农村困难学校办学条件得到改善，教学设备得到添置，学校图书有所增加，贫困学生得到救助。

3. 农村困难学校、城镇薄弱学校规章制度逐步健全，常规管理得到落实，学校管理进一步制度化、规范化、科学化。

4. 轮换的教师、毕业生得到锻炼和提高。

三、工作步骤和方法

（一）调查研究、摸清底数

在对学校进行普遍调查的基础上，结合市教委"增优补差"工作，由区、县（市）教委认定本地的城镇薄弱学校及农村困难学校；在对教师进行调查的基础上，掌握每所学校教师的数量、学科结构、年龄结构及学科带头人、骨干教师人数；摸清农村（郊区）学校的住宿条件及各校对毕业生和轮换教师的住宿安排情况。

（二）制订对口支援和教师轮换计划

1. 确定轮换比例和轮换年限

每年轮换比例视当年教育事业发展和教师队伍需求确定，轮换时间不少于1年。在职教师轮换比例每年 1/10 左右。

分配到薄弱学校的毕业生，可不参加轮换。

在职教师的轮换对象应以骨干教师、名优教师为重点。男满 45 岁、女满40 岁及女教师妊娠期和哺乳期原则上可不参加轮换。

2. 确定对口学校和轮换人数

市区教委要制订城镇学校对口支援农村困难学校 3 年计划，对农村困难学校在人力、物力、财力上给予支持。今年对口支援的要落实到具体学校，建立相互对口关系。

师范毕业生和在职教师的轮换人数要根据事业发展、农村学校、薄弱学校教师的构成，由区、县（市）统筹规划。按照轮换比例，确定每年到农村学校、城镇薄弱学校的人数，基本满足这些学校对教师的需求。

（三）签订协议、明确责任

1. 签订对口支援《责任书》

明确对口关系的学校双方要确立教育教学全方位的相互责任，签订《责任书》，明确双方各自的任务、目标、责任、措施、期限等内容。

2. 签订轮换协议

城镇生源的毕业生，当年分配到农村或郊区任教的要与区教委签订轮换协议。明确任教的任务、目标和期限。轮换协议一式三份，装本人档案一份，教委与本人各一份。

3. 签订轮换计划

当年分配到城区学校（不含城区薄弱学校）任教的毕业生，本人要制定在规定期限（3~5 年）内的轮换计划，交区教委备案。区教委根据事业的需要对毕业生制定的计划进行统筹安排，并将轮换具体时间提前半学期通知本人及所在学校。

4. 填写《教师任教轮换登记表》

到农村和薄弱学校任教的教师要填写《教师任教轮换登记表》，并装入本人档案。

（四）毕业生、轮换教师的派遣

每年 8 月 20 日之前，各区教委召开由毕业生、轮换教师及双方学校领导参加的迎送会。轮换的教师及毕业生，于 8 月 25 日前到岗工作。

（五）加强管理、定期考核

市教委每年对全市对口支援和轮换工作进行检查和评估，评估结果作为该单位及领导工作业绩的重要内容。

轮换的教师（含师范毕业生）在轮换期间由任教学校负责管理和考核，根据本人德能勤绩等表现提出考核意见，做出优秀、称职、基本称职、不称职的评定。

派出学校及市、区教委要对派出的教师（含师范毕业生）定期、不定期跟踪问效，发现典型及时宣传，出现问题及时纠正。

轮换教师（含师范毕业生）要发扬艰苦奋斗，无私奉献的精神，严格要求自己，扎扎实实做好工作。轮换结束时，本人应向派出单位提交思想汇报和工作总结。对于轮换期间不能履行教师职责，考核不合格的，按落聘教师对待。

（六）宣传典型，表彰先进

各级教育行政部门要及时宣传在对口支援、任教轮换工作中涌现出的优秀人物和先进事迹；对做出突出成绩的单位和个人进行表彰奖励。

四、相关政策

城镇在职教师轮换任教期间，人事、工资关系不变。在农村工作期间，向上浮动一级工资。完成任务后，原学校要妥善安排好他们的工作。

到农村任教的师范毕业生，见习期内执行定级工资，同时工资向上浮动一级，轮换期满经考核合格，由市、区教委按协议抽回，重新安排工作。

从 2001 年起，评聘中、高级教师职称时，对有在农村任教经历的教师优先晋升职称；从 2003 年起，评聘中、高级教师职称，逐步做到原则上必须有在农村及薄弱学校任教的经历。

为了保证轮换制度的长期实施，轮换教师以及毕业生在轮换期间的一切费用不由被支援学校负担。对派出轮换教师（含毕业生）的工资和交通费（原则上每月探亲一次）由派出单位负责，派出单位因实行对口支援新增加的经费由同级财政给予保证。

各区政府应结合实际制定鼓励教师扎根农村教育事业的优惠政策。

五、组织领导

成立哈尔滨市中小学对口支援及教师到农村任教定期轮换制度工作领导小组。（成员名单编者略）

领导小组办公室设在市教委，具体负责指导协调工作。各区也要成立相应的工作机构。

十二县（市）政府根据县（市）实际情况，按本实施办法，研究制定本地实施办法。

中共杨浦区教育局委员会　杨浦区教育局
批转区教育工会关于做好杨浦区教育
系统劳动人事争议调解
工作的实施意见

（杨教委〔2006〕49号）

教育系统各单位：

区教育工会《关于做好杨浦区教育系统劳动人事争议调解工作的实施意见》经试点单位实践，局党政会议同意，现批转下发。请各单位相应成立劳动人事争议调解小组，并在调解过程中规范操作，发挥学校工会组织应有的作用，为构建"和谐校园"提供坚强的保证。

2006 年 9 月 21 日

杨浦区教育工会关于做好杨浦区教育系统
劳动人事争议调解工作的实施意见

为积极贯彻十六届四中全会确定的构建和谐社会的要求，全面落实胡锦涛总书记提出的"把人民调解、司法调解、行政调解结合起来的"指示精神，区教育系统将全面推进劳动人事争议调解工作，进一步推进教育综合改革的进程，维护学校良好的教育教学秩序，为实现优质教育集聚区的目标提供坚强的保证，特制定教育系统劳动人事争议调解工作实施意见。

一、意义与形式

（一）要从抓维护、促稳定的高度充分认识在新形势下调解学校内部劳动人事争议工作的重要性和紧迫性。要切实加强领导，明确分工，把此项工作列入重要议事日程，从创新工作机制、强化学校管理、维护教职工的合法权益等各方面进行认真研究，切实做好此项工作。

（二）劳动人事争议调解小组是及时调解单位发生劳动人事争议、保障合法权益、维护正常工作秩序的调解机构。这种调解是单位民主管理的一种形式，是以人民调解与行政调解相结合来调解劳动人事争议的一种探索。

二、组织与职责

（一）组织：区教育工会成立二级劳动人事争议调解小组，即区教育局劳动人事争议调解小组和所属基层单位劳动人事调解小组。局劳动人事争议调解小组由教育局6个部门的负责人组成。由区教育工会主席任组长，局人事科科长任副组长，计财科、法制办、信访办、纪检监察室负责人任组员。局调解小组办公室设在区教育工会。

基层单位劳动人事调解小组由党组织负责人、工会主席、人事干部和经民主推荐产生的2名教职工代表等5人组成，工会主席任组长。

（二）职责：区教育局劳动人事争议调解小组的职责主要有四项：（1）对所属基层单位劳动人事争议调解小组进行业务培训和指导；（2）开展调查研究，了解基层各单位劳动人事争议调解情况，及时总结分析问题；（3）组织交流调解经验，促进劳动人事争议调解工作的健康发展；（4）必要时处理调解基层单位突发的群体性以及基层单位多次调解未成的劳动人事争议。

基层单位劳动人事争议调解小组的职责有三项：（1）依法调解本单位发生的劳动人事争议；（2）检查督促争议双方当事人履行调解协议；（3）对教职工进行劳动人事法规的宣传和教育，做好劳动人事争议的预防工作。

三、程序与要求

（一）劳动人事争议调解的工作分为受理、调查、调解三个程序。根据工作程序，建立必要的工作制度，并做好登记、档案管理等工作。调解小组接到当事人申请调解或单位发生劳动人事争议后，应仔细征询当事人意见，在查明事实，分清是非的基础上，严格依照有关劳动人事法律、法规和单位规范性规章文本和聘用合同制文本公正公平地进行调解，并将调解结果存档备案。

（二）调解劳动人事争议是一项政策性强、难度大的工作，在整个调解过程中，要以"以人为本"为理念，以事实为依据、法律为准绳，做到"法"

与"情"相结合，以沟通、协商缓解等特有的调解方式及时柔性处理劳动人事争议，化解矛盾。

（三）调解中应遵守调解纪律，维护调解秩序，调解方式上强调柔性操作，避免矛盾激化行为的发生。

"实施意见"由区教育工会负责解释。

今后上级有关部门若有新规定，按新规定执行。

2006 年 9 月

苏州市教育委员会关于印发《苏州市中小学校实行全员聘用合同制的实施办法（试行）》的通知

（苏教人〔2000〕9号）

各市教委，各区教育局（文教局、教育文体局、社会事业局），各直属单位：

为进一步深化我市中小学校内部管理体制改革，经研究，拟于今年暑期起在苏州市中小学校实行教职工全员聘用管理。现将已商得苏州市人事局同意的《苏州市中小学校实行全员聘用合同制的实施办法（试行）》印发给你们，请认真组织实施。各地区、各单位在组织实施中遇到什么情况，请及时反馈给我委。

2004 年 4 月 17 日

苏州市中小学校实行全员聘用合同制的实施办法

（试 行）

为贯彻落实《中共中央国务院关于深化教育改革全面推进素质教育的决定》，进一步深化我市中小学校内部管理体制改革，完善学校用人制度，建立健全激励、竞争机制，变身份管理为岗位管理，保障学校和教职工的合法权益，增强教职工教书育人的自觉性，达到提高教职工素质和学校办学效益，建设一支符合素质教育要求的高素质的教师队伍的目的，根据江苏省人事厅《关于印发〈江苏省事业单位实行聘用制办法（试行）〉的通知》和中共苏州市委组织部、苏州市人事局《苏州市事业单位推行全员聘用制的实施意见》的要求，现就我市中小学校实行全员聘用合同制工作提出如下实施办法。

一、实行全员聘用合同制的范围、对象为全市各级教育主管部门主管的中等师范学校、教师进修学校、中学、职业学校、小学、幼儿园、特殊教育学校和教育事业单位（以下简称聘用单位）和与之建立聘用关系的教职工（含现有全部在编在职教职工和新进入的教职工）。

二、全员聘用合同的签订，必须坚持聘用单位与教职工双方"平等自愿，协商一致"原则。通过签订全员聘用合同，建立聘用单位和受聘人员的聘用关系，明确合同双方的责任、权利和义务。

三、聘用单位聘用教职工，应按照科学定员、平等公开、竞争择优、合理流动的原则。岗位的设置应考虑聘用单位各部门的工作需要和编制的情况。凡签订聘用合同者，即为该单位聘用合同制职工，并在此基础上签订单位内部岗位聘任合同。

四、聘用单位由法人代表或法人代表委托代理人与教职工以聘用合同书的形式签订聘用合同。

1. 经上级任命的校级行政领导干部，其任命书视为签订了聘用合同。

2. 由上级任命或选举产生的单位中国共产党组织书记和工会主席，其任命书和选举结果批准文件视为签订了聘用合同。

3. 由校长聘任的副校长和学校中层干部均应与法人代表签订聘用合同。

4. 其他教职工与法人代表或法人代表委托人签订聘用合同。

5. 本条第1、2款的人员，任职期满后不再担任原职务，而继续在本单位工作的，仍应按本实施办法签订聘用合同。

五、聘用合同书统一使用《江苏省事业单位聘用合同书》，由当地人事部门统一印制。聘用合同的期限应根据双方的意愿，由聘用单位和受聘人协商确定，聘用合同的期限分为：有固定期限、无固定期限。有固定期限的一般3～5年；受聘人员在同一用人单位连续工作满10年以上或者距退休年龄不满10年，且当事人双方同意订立或者续延聘用合同的，如受聘人员提出订立无固定期限聘用合同，聘用单位应当与其签订，但聘期不得超过受聘人法定退休年龄。按国家规定或由双方约定必须为单位服务一定期限的教职工，签订聘用合同的期限不得短于规定的服务期限。劳动合同制工人签订聘用合同制的期限不应短于原合同的期限。订立的聘用合同一式三份。当事人双方各执一份，一份存入档案。

六、聘用合同签订后，不因聘用单位法人代表或法人代表委托人的变更而终止或解除。

七、聘用单位与下列人员可缓签聘用合同。

1. 个人行为能力受限制的教职工；

2. 因某种原因，在册不在岗的教职工；

3. 其他特殊原因，暂不能胜任有关教育教学工作的教职工。除第一款所列对象外，缓签聘用合同的时间一般为半年至1年。

八、不愿与聘用单位签订聘用合同的教职工，又不属于缓签范围的，可限期3个月，由本人提出申请并联系接收单位，经聘用单位同意并报主管部门批准办理调离或辞职手续。逾期未能调离，或单位和主管部门不批准调离或辞职，仍拒绝签订聘用合同的，可报主管部门批准作辞退或自动离职处理。其中，在服务期内的大中专毕业生和从外地或外系统调入，与聘用单位签了服务期协议的教职工，本人要求流动还应缴纳相应的违约金。

九、在签订全员聘用合同的基础上，聘用单位与教职工应通过双向选择、竞争上岗的方式确定岗位，在双方协商一致的前提下签订单位内部岗位聘任合同并作为全员聘用合同的附件。签订岗位聘任合同可以在单位内部打破原有的干部和工人岗位界限。岗位聘任合同的实施、管理办法由各单位自行制定。岗位聘任合同原则上一年签订一次，教师和其他专业技术人员岗位聘任合同应和专业技术职务聘任有机结合。

十、实行全员聘用合同制后，教职工的工时制度、法定假制度、女职工保护待遇、因公伤残和死亡待遇、非因公伤残或患病及退离休等福利待遇，均按国家、省、市有关规定执行。

十一、聘用合同依法签订后，合同双方必须履行合同规定的义务，不得擅自变更合同。因特殊情况致使原合同无法完全履行，确需变更时，双方应协商一致，并按原签订程序变更或解除合同。

十二、聘用合同期满或者签约双方约定的聘用终止条件出现时，聘用合同即自行终止。如双方对即将期满的合同履行无异议的，原则上应在聘用合同期满前1个月续订聘用合同。

十三、受聘人被开除、辞退或本人自动离职后，聘用合同即自行解除。

十四、受聘人有下列情况之一，聘用单位可以解除聘用合同：

1. 在试用期内，经发现不符合聘用条件。

2. 符合国家人事部《全民所有制单位辞退专业技术人员和管理人员的暂行规定》之辞退条件的。即，凡有下列情况之一的，可予以辞退：未经学校和上级教育主管部门同意，随意到其他单位工作，超过15天，且经教育不归者；或连续旷职15天或1年内累计旷职30天者；或连续两年年度考核被确定为不合格等次，又不服从组织安排或重新安排后年度考核仍不合格者；或不履行教师义务、不遵守教师职业道德规范，经教育仍无转变，又不宜给予开除处分者。

3. 不完成教育教学任务，给教育教学工作造成严重损失的。

4. 体罚或变相体罚学生，经教育不改的。

5. 品行不良，侮辱学生，影响恶劣的。

6. 被依法追究了刑事责任的。

7. 聘用单位经有关部门批准撤销或合同订立时所依据客观情况发生重大变化，致使原合同无法履行，经当事人协商不能对合同变更达成协议的。

十五、有下列情况之一，聘用单位可以解除聘用合同，但应提前30天以书面形式通知受聘人：

1. 受聘人患病或非因公负伤，医疗期满后不能从事原工作，又不愿从事聘用单位为其安排适当工作的；

2. 受聘人不能胜任工作，经过培训或者调整工作岗位仍不能胜任工作的；

3. 受聘人不能履行聘用合同的。

十六、受聘人有下列情况之一，聘用单位不得解除聘用合同。

1. 聘用合同期限未满，又不符合本办法第十四条和第十五条规定的；

2. 受聘人因公负伤并被确认丧失或者部分丧失劳动能力的；

3. 受聘人患病或因公负伤在规定的医疗期内的；

4. 受聘女教职工在孕期、产期、哺乳期内的；

5. 其他符合国家有关规定条件的。

十七、有下列情况之一，受聘人可以与聘用单位解除聘用合同。

1. 在试用期内的；

2. 聘用单位违反国家政策法规或聘用合同规定，不按规定支付工作报酬，侵害受聘人合法权益；

3. 受聘人应征入伍的；

4. 经聘用单位同意，受聘人自费升学、出国留学、出国定居、调动、辞职的。

十八、受聘人要求解除聘用合同，除特殊情况外，一般应在学期结束前30天以内以书面形式通知聘用单位。

十九、聘用合同履行期间，受聘人要求解除聘用合同，除符合本意见第十七条第2、3款所列条件者以外，应执行以下规定。

1. 在国家规定的服务期内的受聘大中专毕业生，按有关文件规定支付毕业生培养费；

2. 由市、县（市）、区教育行政部门或聘用单位出资进修培训（含公费派遣出国、出境进修培训）在规定（或约定）的服务期内的，受聘人应按规定（或约定）偿还进修培训费。

3. 由外地、外系统调入本市教育系统的教职工，凡与聘用单位签订了服务期协议而未满服务期的，受聘人应按协议有关规定执行。

二十、全员聘用合同制实施以前在聘用单位工作的原有在编固定教职工，已签订聘用合同但因实行双向选择、竞争上岗未被聘用上岗的，为单位内部待岗人员。聘用单位应通过岗位培训、换岗、试聘等方式妥善安置，岗位培训、换岗、试聘的期限、待遇由聘用单位自定。在条件允许的情况下，也可以按隶属关系分别由市和县（市）、区教育行政部门在本系统或本县（市）、区范围内统一调剂，或由市、县（市）、区教育行政部门主办的教育人才交流中心代为推荐，安排到其他单位工作。

二十一、单位内部待岗时间一般为 1 年，最长不超过两年。在单位内部待岗的教职工不再保留原岗位待遇，其工资福利待遇由市或各县（市）、区教育行政部门和聘用单位制定，原则上不享受 30% 活工资和职务岗位津贴。在单位内部待聘期间，聘用单位应提供 1～2 次上岗机会（含试聘、换岗安排），待岗人员本人也可以自找单位或自谋职业。待岗期满仍未被聘用上岗、未被签订单位内部岗位聘用合同者，聘用单位可以按聘用合同期满，终止聘用合同关系。

二十二、对距法定退休年龄 5 年以内，且连续工龄 10 年以上因体弱多病等原因难以坚持正常工作的教职工，由本人提出申请，单位同意，经上级教育行政部门批准，可实行在聘用单位内部提前退岗休养，待达到法定退休年龄再正式办理退休手续。提前退岗休养期间的待遇，可以参照退休人员的有关规定执行。退岗休养期间如遇国家的工资调整，按在职人员对待。

二十三、全员聘用合同签订后（含续订和变更聘用合同），根据聘用单位的隶属关系须经报市或县（市）、区教育行政部门审核、鉴证。

二十四、经上级教育行政部门鉴证的合同双方均应认真履行合同规定的义务，任何一方违反合同规定都要承担违约责任，违约方应付一定的违约金，造成对方经济损失的还应按实际损失承担赔偿责任。违约金的数额由合同双方自行约定。合同未约定的，按：违约金＝受聘期间月平均基本工资×20%×违约月数计算。

二十五、聘用单位应成立由教工、行政、工会代表组成的人事争议调解小组，按国家、省、市有关法规政策行使人事争议调解职能。聘用单位与受聘人因履行全员聘用合同发生争议，当事人应在人事争议发生之日起 15 天内以书面形式向单位调解小组提出调解请求。如能够协商解决，并形成调解协议，双方均应按协议履行；如协商调解不成，当事人应在争议发生之日起 60 日内向所属的上级教育行政部门或当地人事部门争议仲裁委员会申请仲裁。

二十六、聘用单位应根据本实施办法和单位实际情况，制定贯彻实施方案，并经教代会或教职工大会讨论通过，报上级教育行政部门批准后组织实施。

二十七、中小学校实行全员聘用合同制工作，是深化学校内部管理体制改革的重要组成部分，也关系到教职工的切身利益，各县（市）、区教育行政部门必须加强领导，精心制定聘用合同的实施方案，组织骨干队伍培训，同时大力加强舆论宣传和有关政策的宣传工作，发动广大教职工认真学习讨论，使每个教职工都能明确实行全员聘用合同制的目的、意义及其必要性，引导教职工热爱教育事业，开拓进取，无私奉献，努力提高自身素质和实施素质教育的能力。

各县（市）、区教育行政部门可根据本实施办法，制定实施方案。

二十八、本实施办法由苏州市教育委员会负责解释。

附件：1.《江苏省事业单位聘用合同书》样本
     2.《岗位聘任合同书》样本

苏州市教育委员会
2000 年 4 月 17 日

附件（编者略）

佛山市顺德区教育局 佛山市顺德区人事局关于印发《顺德区教职员工考核方案》的通知

（顺教字〔2006〕31 号）

各镇（街道）教育组、组纪办、中小学、区属教育事业单位：

为进一步完善我区教职员工考核制度，提高考核工作的质量，根据国家、省有关考核工作的通知精神和要求，结合我区教育事业单位的实际情况，对原1999年下发的《顺德市教师考核方案》重新修订。现将修订后的《顺德区教职员工考核方案》印发给你们，请结合本单位实际，认真贯彻执行。

佛山市顺德区教育局 佛山市顺德区人事局
2006 年 5 月 14 日

顺德区教职员工考核方案

（2006 年修订）

为了正确评价我区教职员工的德才表现、教学效果和工作实绩，促进教职员工队伍整体素质的提高，为教职员工晋升、合同聘用、奖惩、培训和待遇分配等提供重要依据，现根据国家、省有关机关、事业单位工作人员年度考核的通知精神，结合我区教育事业单位的实际情况，对教职员工考核工作制定本方案。

一、考核原则

教职员工考核要坚持客观公正、民主公开、注重实绩的原则。

二、考核范围

我区教育事业单位在编在册的教职员工。

三、考核内容

教职员工的考核内容包括德、能、勤、绩、廉 5 个方面，重点是考核教学效果和工作实绩。

德，主要考核政治思想和师德品质表现；

能，主要考核业务知识、教育教学的水平和管理能力；

勤，主要考核勤奋敬业精神、工作态度和出勤率；

绩，主要考核完成教育教学的数量、质量和效果（包括教学目标评估、班主任和少先队工作评估、教研与成果、常规工作、差生转化工作等）；

廉，主要考核廉正自律情况，不利用职务上的便利侵吞、盗窃、骗取、套取学校财物，不强索他人财物、收受贿赂、进行假公济私及违法取利的活动。

四、考核标准

1. 考核要以教职员工岗位职责和所承担的教育教学任务为基本依据，具体标准由各单位根据实际情况制定。

2. 教职员工学年考核结果分为优秀、合格、基本合格、不合格四个等次。被考核评定为优秀等次的人数，一般控制在本单位参加考核教职员工人数的 13％以内；获市以上党政机关综合性表彰奖励的单位，可按本单位参加考核教职员工人数的 15％评定优秀等次；受上级机关通报批评的单位评定优秀等次的比例不能超过 10％。

3. 建立优秀比例计划申报制度，填报《顺德区教职员工学年考核优秀名额计划表》。区属学校报区教育局考核领导小组审核同意后实施。镇（街）属学校报镇（街）教育组考核领导小组审核汇总后，报区教育局考核领导小组审核同意后实施。

4. 四个等次的基本标准。

（1）优秀：能正确贯彻执行党和国家的路线、方针、政策，模范遵守国家的各项法律、法令和规章制度，业务精通，工作勤奋，教育教学效果好，有创新精神，成绩显著。

（2）合格：能正确贯彻党和国家的教育方针和政策，遵守国家的各项法律、法令和规章制度，热爱教育工作，业务熟悉，工作负责，较好地完成各项教育教学任务，无责任事故。

（3）基本合格：政治表现与业务素质一般，勉强适应工作要求，工作积极性、主动性不够，没有全面完成教育教学任务，在工作中造成一定失误。

（4）不合格：政治、业务素质较低，不胜任教育教学工作，责任心不强，组织纪律性差，在工作中造成严重失误或责任事故。

五、考核办法

1. 区属学校校长的考核，由区教育局负责；各镇（街）学校校长的考核，由镇（街）教育组负责；各学校教职员工（校长除外）的考核，由学校负责。按人事管理权限实行一级考核一级。

2. 教职员工的考核分为平时考核、学期考核和学年考核三种。平时考核可以随时进行。学期考核每半年一次，在每年1月和7月份进行。学年考核每年进行一次，在每年7月份结合学期考核同步进行。平时考核及学期考核的办法，由学校制定。学年考核以平时考核和学期考核为基础。

3. 下列人员的考核按以下办法进行：

（1）因公（挂职锻炼、支教或参加其他专项工作的）离开现职岗位的，参加原单位的学年考核。其中时间超过半年以上，由其服务或学习单位提供详细书面表现情况。

（2）单位派出学习、培训的教职员工，由原单位进行考核，并根据学习、培训期间的表现确定等次。非单位派出，但经单位同意外出学习的教职员工，时间超过本学年半年以上的，不参加学年考核。

（3）正式调动工作单位的，参加新工作单位的学年考核，其中在新单位工作不满半年的，由调出单位提供详细书面表现情况。

（4）见习期、试用期教职员工转正后才进行考核评定等次，未转正教职员工学年考核只写评语，不定等次。

（5）一学年内请病假（工伤除外）累计超过6个月，或请事假累计超过3个月，或请病事假累计超过5个月的，或待岗、待聘超过6个月的，不参加学年考核。

（6）一学年内旷工连续超过5天或累计超过10天，但未达到解聘期限的，本学年的考核，评定为不合格。

（7）体罚学生，造成不良后果的，本学年的考核，评定为不合格。

（8）故意索取学生及其家长钱物，造成恶劣影响的，本学年的考核，评定为不合格。

（9）退休教职员工，以审批执行时间为准，上半学年批准退休的不参加本学年考核。

（10）违反计划生育的教职员工，不能参加考核。

（11）受党纪或行政处分的教职员工确定考核等次的有关问题，提出如下意见。

①受党内（或行政）警告处分的本学年，参加学年考核，不得确定为优秀等次。

②受党内严重警告（或行政记过）处分的本学年，参加学年考核，因与职务行为有关的错误而受处分的，确定为不合格；因其他错误而受处分的，只写评语，不定等次。

③受撤销党内职务处分的本学年，参加学年考核，确定为不合格；第二学年按其新任职务参加学年考核，按规定条件确定等次。

④受留党察看一年（或行政记大过、行政降级）处分的本学年，参加学年考核，确定为不合格；第二学年参加学年考核，只写评语，不定等次。

⑤受留党察看二年（或开除党籍、行政撤职）处分的本学年，参加学年考核，确定为不合格；第二和第三学年参加学年考核，只写评语，不定等次。

⑥涉嫌违纪被立案检查的，可以参加学年考核，但在其受检查期间不确定等次。结案后，不给予处分的，按规定补定等次；给予处分的，视其所受处分种类，分别按上述规定办理。

⑦受党纪处分同时又受行政处分的，按受党纪处分的有关规定办理。

六、学年考核程序

1. 被考核教职员工，根据考核内容，自我总结，填写《顺德区教职员工学年考核鉴定表》。

2. 被考核教职员工在所在科、级组总结一学年来教育教学工作，自报考核等次，群众评议，科、级组长根据被考核教职员工平时教育教学工作情况和群众评议意见，写出考核评语，由处室主任提出考核等次意见。

3. 单位考核小组对处室主任提出的考核等次进行审核。

4. 校长或其授权的负责人确定考核等次。对于学年考核拟评为优秀等次的教职员工，应在本校内进行公示，公示时间为 5 个工作日，经公示后无异议的，确定考核等次。

5. 区属学校将学年考核结果报区教育局审核确认，镇（街）属学校的学年考核结果由镇（街）教育组审核汇总报区教育局审核确认。

6. 经区教育局审核确认后，学校考核小组将考核结果以书面形式通知被考核教职员工。如被考核教职员工对考核结果有异议，应在接到考核结果通知之日起 10 天内，向学校考核小组申请复核。学校考核小组在认真开展调查研究，广泛听取各方意见的基础上，10 天内提出复核意见，经校长批准后以书面形式通知本人。其中，若复核结果仍被确定为不合格等次的教职员工对复核意见不服的，可以向区教育局提出申诉。

7. 学年考核工作结束后，将《顺德区教职员工学年考核鉴定表》存入本人档案。对于被确定为基本合格、不合格的教职员工，单位要填写好《顺德区教职员工学年考核基本合格、不合格情况登记表》，并将其存入本人档案。

七、考核结果的使用

（一）**教职员工在学年考核中被确定为合格以上等次的，按以下办法处理。**

1. 教职员工学年考核被确定为合格以上等次的，具有晋升职务的资格。

2. 教职员工在聘任合同期内，学年考核连续两年被确定为合格以上等次的，按有关规定晋升一个工资档次。

3. 按有关规定发给本学年考核奖金。

（二）**教职员工在学年考核中被确定为基本合格等次的，按以下办法处理。**

1. 必须参加由政府人事部门组织的离岗学习培训班。

2. 教职员工被确定为基本合格等次的，所在单位要安排人员进行帮带，并可调整其工作岗位。

3. 教职员工被确定为基本合格等次的，不影响调整工资（即：在国家做出明确规定之前，可视同合格等次按有关规定给予晋升职务工资档次）。

4. 对连续两学年考核确定为基本合格等次的教职员工，应调整其工作岗位。其中：属领导职务的，应改任为非领导职务。

5. 不发给本学年考核奖金。

（三）**教职员工在学年考核中被确定为不合格等次的，按以下办法处理。**

1. 必须参加由政府人事部门组织的离岗学习培训班。

2. 当学年考核被确定为不合格等次的，予以降职或调换工作岗位。

3. 连续两学年考核被确定为不合格等次的，按《顺德区教育事业单位聘用合同制实施办法（试行）》规定，解除聘用合同。

4. 不发给本学年考核奖金。

八、考核机构

（一）列入考核范围的学校，均要设立学校的考核小组，由校长、主管人事政工的校领导和骨干教职员工代表组成，一般 3~7 人为宜。

（二）区教育局设立考核领导小组，办事机构设在秘书科，负责处理考核工作的日常事务。各镇（街）教育组也相应设立考核领导小组，负责本镇（街）单位教职员工考核工作。

（三）区、镇（街）、校考核（领导）小组职责。

1. 制定考核实施办法。

2. 设立教职员工个人考核档案（档案内容包括：教育教学计划、总结，听评课记录，所教学科的竞赛、考试成绩记录，奖惩记录，教育教学论文，考查、考核总结及学年考核鉴定表等）。

3. 组织、指导、监督、本系统（本单位）的学年考核工作。

4. 审核本单位主管领导对教职员工提出的考核意见。

5. 受理教职员工对考核结果不服的复核申诉。

6. 发放考核结果的书面通知书。

九、建立学校学年考核工作审核备案制度

审核备案的方法是：学年考核基本结束时，各学校要对考核工作进行认真总结并将《顺德区教职员工学年考核结果审核备案呈报表》、《顺德区教职员工学年考核审定等次名册表》、《顺德区教职员工学年考核结果呈报表》（各一式两份），报镇（街）教育组审核汇总后，再报区教育局审核确认；区属学校报区教育局审核确认。最后，由区教育局将全区教职员工考核情况汇总报区人事局审核备案。

十、加强领导和组织工作

建立教职员工考核制度，是实施《顺德区教育事业单位聘用合同制实施办法（试行）》的配套工作，也是加强我区教职员工队伍科学管理的重要措施。各镇（街）教育组、学校加强领导，认真做好宣传工作，精心组织，积

极实施，做到力求客观、全面、科学，实事求是，准确地对教职员工工作做出评价。

十一、各镇（街）、学校参照本方案，结合各自的实际，具体制定教职员工考核的实施细则。各镇（街）学校报镇（街）教育组审定；区属学校报区教育局审定。

十二、本方案从 2005 学年起实施。

十三、本方案由区教育局负责解释。非公办教育事业单位的教职员工考核工作，可参照本方案执行。

附件（编者略）

昭通市教育局　昭通市人事局
昭通市 2006 年中、小学、
幼儿园招聘教师办法

（昭市教联〔2006〕6 号）

各县（区）教育局、人事和劳动社会保障局、市直中小学、幼儿园：
　　为了做好 2006 年我市教育事业单位补充人员的招考工作，特制定本办法。

一、招考原则

　　1. 坚持"公开、公平、竞争、择优"的原则。
　　2. 坚持尊重知识、尊重人才、学以致用、专业对口的原则。严把教师入口关，选拔优秀人才充实到教师队伍。
　　3. 坚持在昭通市事业单位招考领导小组的领导下，由市教育局具体组织实施，并接受社会和有关部门监督，保证招考过程与结果的客观、公正。
　　4. 坚持统一组织，统一运作、统一录用、分级负责的原则。各县（区）教育局、人事和劳动社会保障局要履行好相应职责，负责组织本县（区）教育事业单位的补员招聘工作，市直学校补员考试工作由市教育局直接负责。
　　5. 坚持回避的原则。考生与监考教师、面试考官有直系亲属关系的要回避。

二、招考条件、对象和范围

　　1. 具有中华人民共和国国籍，享有中国公民的政治权利。
　　2. 拥护中国共产党的领导，坚持四项基本原则，遵纪守法，为人师表，品行端正，热爱教育事业，服从安排。
　　3. 具备岗位所需的文化水平和专业知识，具有相应教师岗位的教师资格，身体健康，年龄在 35 周岁（1971 年 6 月 15 日以后出生）的非事业单位人员、非党政群机关工作人员；"一年制民代班"学员年龄放宽至 45 周岁（1961 年 6 月 15 日以后出生）。

按照《中华人民共和国教师法》规定：

报考幼儿园教师必须具备国民教育系列幼师及其以上相应学历；

报考小学教师必须具备国民教育系列中师及其以上相应学历；

报考初中、初级职业中学教师必须具备国民教育系列大学专科及其以上相应学历；

报考高级中学、职业高级中学教师必须具备国民教育系列大学本科及其以上相应学历。

（具体岗位要求，由用人单位提出。）

4. 非师范院校毕业生或师范院校非师范专业毕业生报考教师岗位，应具备报考的相应学历要求，并通过教师资格认定，获得教师资格。符合以上报考条件的非教师岗位在职人员，报名时必须出具单位同意报考的证明。

5. 在下达的招聘计划数以内，全市高中教师岗位可面向全国招考。其他教师岗位，各县（区）可拿出不低于 40% 的岗位面向全国招考。

6. 党政群机关、事业单位辞职、辞退人员 5 年内不得参加教师补员考试。

三、补员计划和发布招考公告

1. 各县（区）学校教师补员计划必须经县（区）人民政府同意、市直学校教师补员计划必须经市教育局同意后，统一报市人事局审批。

2. 在市事业单位招考领导小组的领导下，由市教育局、市人事局组织发布招考公告、办理录（聘）用等工作。

3. 面试办法由市、县（区）教育局制定并发布面试公告。

四、组织和分工

1. 为了确保这次招考工作顺利进行，使招考程序严密、规范、有序，市、县（区）教育局要成立本次考试、考务工作领导组。

2. 市教育局负责笔试考试命题、制卷、评卷、公布笔试成绩和进入面试人员等工作。县（区）教育局负责本县（区）面试方案的制作、命题和组织面试、公布和上报面试成绩等工作。考试命题在市、县（区）纪委、监察、公安等部门的监督下实行全封闭运作。

3. 市教育局组织好笔试考点、考场设置，县（区）教育局组织好面试考点、考场的设置，维护好考点、考场秩序与纪律，做好报名和资格审查等考试考务工作。

4. 各县（区）教育局、人事和劳动社会保障局要在当地党委、政府的领导下做好增人计划的上报。

5. 2006 年昭通市中、小学、幼儿园教师招考工作的各个重要环节均在各级纪检、监察、保密部门的监察下进行，并自觉接受人大、政协和社会各界的监督。

五、报名时间和地点

1. 报名时间：6 月 15 日～16 日。

2. 报名地点：报考县（区）学校教师岗位的由当地教育局负责组织报名，报考市直学校教师岗位的由市教育局负责组织报名。

3. 报考人员根据所学专业以县（区）为单位（市直学校以校为单位）按学科报考，每个考生只能选择报一次名，不允许多报、重报，若出现多报、重报，一经查实，即取消考试资格。报名时须持毕业证、教师资格证、身份证、户口簿、三张免冠证件照。

4. 报考笔试费 120 元/人。进入面试的人员面试费 120 元/人。

六、考试科目、复习资料及聘用审批

1. 笔试考试的内容为所报考学科"专业基础知识"，笔试满分 100 分。考生按报考该学科的拟录用数以笔试成绩从高分到低分按 1：2 的比例进入面试，高中、中小学英语、初中历史、地理、生物不受开考比例限制的岗位，若报考人数只有一人，笔试成绩达到 60 分以上进入面试。面试以讲课或说课的方式进行，具体程序由县（区）教育局、人事和劳动社会保障局制作，并报市教育局审批后，由县（区）教育局、人事和劳动社会保障局公告执行，面试满分 100 分。考生最后成绩计算公式为：专业基础知识×60％＋面试成绩×40％。对进入面试且符合加分政策条件的考生，在最后成绩计算后给予加分。"一年制民代班"学员，每一年教龄加 2 分（满 12 个月为一年）。除汉族外的少数民族加 5 分（面试结束后由考生出据户口簿和身份证原件验证后加分）。到 73 个国家扶贫开发工作重点县和边境县的乡村从事志愿服务工作，并获得云南青年志愿服务金奖、银奖、铜奖奖章的可分别加 4 分、3 分、2 分。参加全运会获得个人项目第 1 ~ 3 名，可加 50 分，第 4 ~ 6 名，可加 30 分、20 分、10 分；参加省运动会获得个人项目第一、二名，可加 40 分，第 3 ~ 5 名，可加 20 分、15 分、10 分，此加分仅限报考体育类岗位。

2. 报考小学语数、幼儿园教师专业考试范围是：小学 1 ~ 6 年级、初中 1 ~ 3 年级语文、数学现行教材。

3. 报考初、高级中学教师岗位和小学英语、体育、美术、音乐、计算机专业教师岗位分学科专业考试，考试范围是：初中 1 ~ 3 年级、高中 1 ~ 3 年级现行教材。

4. 考试结束后，根据考生总成绩从高到低顺序，按所需学科人数 1：1 的比例进行政审、体检。考生政审、体检工作由各县（区）教育局按有关规定组织进行，对政审、考察、体检不合格者或在招考过程中有徇私舞弊行为的人员，一律取消聘用资格，并按竞争同一学科进入面试人员的得分顺序依次递补。如果递补人员均不合格，即取消该岗位。

5. 总成绩出现相同，由各县（区）组织加考面试。

6. 全市考试、政审、体检工作结束后，由县（区）教育局、人事局在当地纪检监察部门的监督下，根据考前向社会公布的岗位，分学科组织考生按总成绩从高到低依次选择岗位。岗位选定后，各县（区）拟聘人员名册及相关材料由县（区）教育局、人事局报送市人事局按有关规定审批，市直学校拟聘人员名册及相关材料由市教育局报送市人事局按有关规定审批。

七、考试时间及考点设置

1. 考试时间：笔试时间为 2006 年 7 月 9 日 9：00 ~ 11：00；面试工作在 8 月份完成，具体时间以各县（区）公布为准。

2. 笔试考点设置在昭阳区，每个考场原则不超过 30 人，实行单人单座，各考场必须有两人监考。面试考点设在各县（区）。报考市直学校的由市教育局安排。

3. 笔试考务工作具体由市招办负责组织。面试考务工作具体由各县（区）教育局负责组织。

八、其他事项

1. 各县（区）教育局在申报补员计划时，原则上不得超过缺编数的 30%，要处理好岗位需要补员与严格控制的关系，做到有计划、按需要、逐步补充。各岗位开考比例原则上为 1：2；中小学英语、初中历史、地理、生物专业岗位和本科生报考的高中教师岗位不受开考比例限制，但笔试和面试成绩分数均应达到 60 分以上才能录聘。

2. 凡已录（聘）用的考生，自通知之日起，一个月内无故不到学校报到者，将取消录（聘）用资格，并在两年内不准报考教师岗位。

3. 各地考点门口需设有"××××年××××考试×××考区×××考点"等明显标识，制定严格的《考场规则》和《考场纪律》公布在醒目位置，并在开考前向考生宣读。

4. 考点要干净整洁，并设置警戒线，考试期间安排公安人员值勤，确保考场秩序和考试安全。为组织好考试，每个考点应设置主考、副主考和监考人员，考试前应对监考人员进行培训，明确工作任务要求。

5. 试卷在运送、交接和保管中必须在纪检、监察、公安、保密人员监督的情况下进行，并按要求进入保密状态，实行看守人员和持有钥匙人员分离的办法。

6. 考试报名费实行"以收养考、以支定收"的原则，各县区教育局要在报名后按考生人数及时向市教育局上缴报名费 90 元/人，以保障命题、考试组织、制卷、评卷等工作顺利进行。

九、本办法由市教育局负责解释。其中涉及人事计划下达及录用手续办理解释权在市人事局

昭通市教育局　昭通市人事局

2006 年 6 月 6 日

中共延安市委办公室　延安市人民政府办公室关于印发《延安市中小学推行"四制"改革实施意见》的通知

（延市办发〔2001〕6号）

各县、区委、县、区人民政府，市委及市级国家机关各部门，各人民团体：

经市委、市政府研究同意，现将《延安市中小学推行"四制"改革实施意见》印发给你们，请认真贯彻执行。

在全市中小学推行"四制"改革是一项政策性很强的教育管理体制改革；是贯彻落实《中国教育改革和发展纲要》，全面实施素质教育，全面提高教育教学质量和办学效益的具体措施；是打破中小学"铁饭碗"，形成人员能进能出，职务能升能降，待遇能高能低，有利于优秀人才脱颖而出，充满生机活力的用人机制，实现中小学人事管理规范化、科学化的具体行动。

各县区委、县区人民政府一定要高度重视此项工作，认真研究部署，成立"四制"改革领导小组，分管领导担任组长，主要领导要亲自过问把关。要利用各种新闻媒体进行广泛宣传，营造良好的"四制"改革社会舆论氛围。各级组织、人事、编制、教育、财政部门要认真搞好中小学校的核编、定岗、定员工作，本着先中学、后小学，先城区、后乡镇、再农村的教职工聘任原则，优化劳动组合，疏通分流渠道，充分挖掘潜力，合理利用教育人才资源。要用足用好工资政策，合理分配30%的岗位津贴，体现多劳多得，优劳优酬的劳动分配原则，充分调动广大教职工的积极性，要建立健全教职工代表大会制度，实行校务分开，强化民主监督，保证"四制"改革顺利进行。

中共延安市委办公室
延安市人民政府办公室
2001年3月9日

延安市中小学推行"四制"
改革实施意见

为了深化学校内部管理体制和人事制度改革，扩大办学自主权，强化学校管理，全面提高教育教学质量和办学效益，建立和完善适应市场经济要求的学校管理模式和运行机制，在全市普通中小学、职业中学全面推行校长聘任制、教职工全员聘用制、岗位目标责任制和校内结构工资制。

一、校长聘任制

根据中共中央组织部、原国家教委《关于加强全国中小学校长队伍建设的意见》（教人〔1992〕76 号）以及中共陕西省委组织部、陕西省教委制定的《陕西省中小学校长管理暂行办法》（陕教人发〔1998〕36 号）和原地委、行署《关于贯彻〈中国教育改革和发展纲要〉的实施意见》（延地发〔1994〕48 号）文件精神，在全市中小学校实行校长聘任制。

（一）应聘条件

1. 忠诚党的教育事业，坚持党的基本路线，拥护十一届三中全会以来的中路线、方针、政策，有较高的马列主义理论水平，善于把党的教育方针贯彻到办学工作中去。

2. 具有改革、开拓精神，讲求实际，作风正派，关于团结同志，能够和教职工一起不断改进学校内部管理，创造性地开展工作。

3. 具有丰富的教学工作经验，具有 3 年以上教龄，通晓学校行政和教学管理，能胜任一门或几门学科的教学，对教师业务能力和教学工作能做出较为客观的评价，有较强的组织协调和决策能力。

4. 身体健康，具有《中华人民共和国教师法》第十一条所规定的相应学历。

（二）聘任程序

1. 凡符合应聘条件的教育界及曾在教育界工作过的社会各界人士，均可持身份证、学历证书及本人工作简历，在招聘办公室报名。

2. 招聘领导小组对应聘人员进行资格初审，确定校长应聘候选人。

3. 校长应聘候选人员应在所聘学校进行治校方案演讲。由评委以及所在学校教职工共同评议，领导小组以评议结果为依据，确定校长受聘人。

4. 被聘任的校长，按陕教人员〔1998〕36号文件规定的干部管理权限办理有关手续。

（三）校长的权力、职责及任期目标

1. 校长的权力

（1）校长对学校的行政工作全面领导，根据精干、高效的原则建立机构，确定处室领导职数，实行校长领导下的副校长和各处室主任目标管理责任制。

（2）校长可会同教育行政部门对领导班子成员进行年度考核，对未能履行职责，或工作中有重大失误者有权予以解聘。

（3）在国家核定的编制数额内，全权优化组合教职工队伍。

（4）校长对办学经费有筹措和支配权。在国家正常经费之外，可根据有关政策多渠道多形式筹措资金，用于改善办学条件和提高教师福利。

（5）按照按劳取酬、奖优罚劣的分配原则，校长有权根据陕工改办发〔1995〕006号文件精神确定学校教职工工资分配办法并予以实施。

2. 校长的职责

（1）认真贯彻执行党的教育方针以及上级政府、教育行政部门的指示，全面完成教育教学任务。负责制定和实施学校发展规划的学年、学期工作计划。接受教代会的监督，定期进行汇报和述职报告。

（2）执照《中小学生守则》要求，引导教职工端正教育思想，坚持正确的教育原则和方法，加强对学生的世界观、人生观和共产主义道德品德的教育。充分发挥班主任、共青团、少先队的组织作用。定期召开学生家长会。

（3）集中精力抓好教学工作，保证教学计划和教学大纲的实施。深入教学第一线，全面掌握教师教学和学生学习情况，从实际出发，提出教学改革要求和教研项目。认真贯彻《学校体育卫生工作条例》，全面提高学生素质。

（4）更新教育观念，全面贯彻教育方针，全面提高教育质量，为延安经济建设和社会发展培养合格人才。

（5）认真贯彻执行党的知识分子政策，加强思想政治工作，努力做到知人善任，任人唯贤，充分发挥业务专长。根据《中小学教师职业道德规范》要求，注意提高教职工的政治、文化和业务素质，关心教职工生活，保护和增进他们的健康。

（6）坚持勤工俭学的方针，努力改善办学条件。教育引导后勤人员树立为教学、为师生服务的思想，管理好学校设施，办好师生食堂、美化校园环境。

3. 校长任期目标

校长的任期一般为 3 年，其任期目标由教育主管部门根据学校的实际进行确定。实行校长负责制后，教育行政部门均要与校长签订任期目标责任书。

（四）落聘校长管理办法

对落聘校长实行"老人老办法，新人新办法"，即对实行聘任制前组织任命的校长，落聘后继续保留原行政级别及相应工资待遇，可继续从事教育教学工作，也可由组织人事部门另行安排；对实行聘任制后聘任的校长，落聘后不再保留聘任期间的职别和待遇。

二、教职工全员聘用制

为了建立因事设岗，因岗用人，优化组合，吐纳自主的教师队伍管理体制，在全市中小学校实行教职工全员聘用制。

（一）聘用原则

教职工聘用的原则：因事设岗，定编定员；梯形结构，比例合理；既看学历，更重实绩；择优选能，任人唯贤。

1. 公正、公开、平等、竞争的原则。聘用前，公布岗位设置、人员编制、岗位职责，做到人人清楚。聘用工作公开进行，使应聘者平等竞争。

2. 双向选择的原则。校长有选聘教职工的权利，教职工有应聘与拒聘的自由。

3. 对外聘用坚持高素质的原则。对外聘用时，必须依据《中华人民共和国教师法》第十一条和《教师资格条例》的有关规定，不得随意降低学历标准。

（二）聘用方式

实行分级聘用：

校长根据学校工作需要，聘任副校长，任职条件和人选由校长提议，征得主管部门同意，试聘半年后视其工作业绩办理有关手续。

中层干部由校长提名并经校长办公会审定，报主管部门备案；年级组长由主管副校长提名，提交校长办公会审定。

教师由年级组长（或教导主任）提名，主管副校长审核同意，提交校长办公会审定。

员工由处室主任提名，主管副校长审核同意，提交校长办公会审定。

（三）聘用程序

1. 学年末，教职工写出个人工作述职报告，并填写应聘意向表。

2. 以年级组、处室为单位，应聘人员作述职报告，开展民主评议，作为聘用的依据。

3. 校长办公会依据处室或年级组意见，做出聘用决定。

4. 校长签发聘书。

（四）聘用期限

教职工的聘用期限一般为 1～3 年。

（五）有下列情况之一者，不予聘用或终止聘用

1. 违反国家政策法规，受开除留用处分者；

2. 工作严重失职，造成重大损失，或屡出一般事故而很少改进者；

3. 拒绝接受组织分配，屡犯校规校纪者；

4. 在一年内，病、事假累计达 6 个月者；

5. 不能完成定额工作量者；

6. 无理取闹，严重干扰学校工作者；

7. 连续旷工 7 天或全年累计旷工 14 天者；

8. 违犯《中华人民共和国教师法》规定，师德败坏，工作敷衍，体罚、侮辱学生者；

9. 年度考核不合格者。

（六）落聘人员管理办法

1. 用：根据学校工作需要，本人申请，学校同意，安排临时性工作，工资待遇由学校决定。

2. 学：根据学校工作需要，经学校和主管部门同意，外出进修学习，进修期间按陕工改办〔1995〕006 号文件给本人 70％ 的基本工资，学杂费、教材费自理。进修期满，按待聘人员对待。

3. 保：对十一届三中全会以来曾五次评为学校先进或获得市级以上先进个人称号，困病不能坚持正常工作者，离职休息或另作安排。

4. 待：离岗待聘。待聘人员半年内发给 70％ 的基本工资，从第七个月起，由学校将 70％ 的基本工资按一定的比例计发。

5. 调：调离本学校。

落聘人员要严格遵守学校规章制度，服从学校管理。工资、晋级、晋职等待遇严格按有关规定执行。

（七）拒聘人员处理办法

1. 从拒聘之日起，停发工资，不再享受学校一切福利待遇。

2. 收回办公用具和住房。

（八）有关问题规定

1. 教职工不得从事第二职业，不允许停薪留职。

2. 新分配的教师，一年内按试聘人员对待。

3. 受聘人员在任职期内，不能履行职责，或严重违法乱纪，校长有权解聘。

4. 受聘人员在任职期内，原则上不予调动。确有特殊原因的，须于学期结束前写出书面申请；经校长同意并报教育主管部门研究审定。

5. 未聘用的或拒聘人员不再计算教龄，不得参加职称评定。

6. 实行教职工聘用制的学校，校长要定期向教代会报告教职工聘用工作情况，接受群众监督。

三、岗位目标责任制

岗位目标要根据各县区和学校的具体情况而定，在聘后管理方面，主要通过按照聘约和岗位职责要求进行履职考核，将考核结果作为教师聘任、职务评聘、工资晋升、校内津贴发放、评选先进等方面的主要依据。目标责任书由各学校制定。在操作过程中，把握好以下几个基本原则。

（一）因事设岗，依岗定责。学校不依据工作需要，分类设置工作岗位，根据工作特点、性质和责任，确立岗位相应职务、职称的工作职责，人手一份，依责办事。

（二）岗位目标责任根据学校的实际情况，可签订 1~3 年的目标责任，突出学科特点和可操作性，不搞一刀切。

（三）严格考核，奖罚兑现。学校根据工作性质和不同对象分类制定《教学目标及考核细则》、《教辅后勤人员分工任务及考核细则》，全面推行量化考核办法，真正实现奖优罚劣，奖罚分明，鼓励先进，鞭策后进。

（四）考评领导小组要吸收学校纪检、工会等人员参加，以保证考评的公正性和严肃性。

四、校内结构工资制

根据陕工改办发〔1995〕006 号文件精神，结合我市实际情况，在全市中小学校实行校内结构工资制。

（一）实施范围

学校实行校内结构工资制的实施范围限于被聘的全体教职工，离退休人员按国家政策执行。落聘待岗者只发给 70% 的基本工资，30% 的津贴收归学校。重新上岗者从上岗之下月起按在岗落实待遇，其待岗期间津贴不予补发。

（二）工资构成

学校工资分为职务（技术）等级工资和津贴两部分。职务（技术）等级工资为工资中固定的部分，主要体现工作能力、责任、贡献、劳动的繁重复杂程度，占工资总量的 70%，该部分按国家政策全额发给教职工本人；津贴主要体现各类人员的岗位工作特点、劳动的数量和质量，占工资总量的 30%，是活动的部分，由学校统一实行再分配。

（三）实施办法和标准

1. 领导职务津贴

学校校长、副校长、中层干部实行相当职务的领导职务津贴。兼任教学工作的，按照实际的工作量同时领取教学课时津贴。计算办法如下。

$$校长津贴 = \frac{学校各类人员津贴总额}{学校总人数} \times （80\% \sim 100\%）$$

$$副校长津贴 = \frac{学校各类人员津贴总额}{学校总人数} \times （60\% \sim 80\%）$$

$$学校中层正职津贴 = \frac{学校各类人员津贴总额}{学校总人数} \times （50\% \sim 60\%）$$

$$学校中层副职津贴 = \frac{学校各类人员津贴总额}{学校总人数} \times （40\% \sim 50\%）$$

2. 教师课时津贴

课时津贴是教学工作津贴，以教师实际授课时数和教学质量为主要依据计发。根据国家教育行政部门规定的教学计划，计算课时总量，根据当地和学校考核具体情况，规定标准周课时，对不同学科的课程确定适当的折合系数。

（1）教师的课时数

关于中小学课时标准的计算，一般情况下，教师实际周授课时数按下列标准执行：城市（含县、镇）小学 18～22（一般为 18）课时，初中 14～16（一般为 14）课时，高中 10～12（一般为 12）课时，乡村小学 18～24（一般为 20）课时，初中 14～18（一般为 16）课时，高中 10～16（一般为 14）课时。

中小学语文、数学、物理、化学、英语每上一节课折算为 1.2 课时，职业中学的课时折算办法由学校根据实际情况自定。其余课程均按实际授课节数计算。对于教师担任教研、年级组长以及兼职的工作量，各校要根据实际情况，适当折算为课时。

（2）中小学课时津贴参考标准表

单位：元/课时

职务等级＼学校类别	高中	初中	小学	备注
高级	2.3～4.5	1.8～3.5	1.1～2.3	
一级	1.7～3.6	1.4～2.8	0.9～1.8	
二级	1.4～2.8	1.1～2.2	0.8～1.4	
三级	1.2～2.2	1.0～1.7	0.8～1.2	

3. 职员岗位目标管理津贴

适用于学校行政人员，津贴标准根据学校行政人员的岗位责任、工作实绩确定。

$$校长津贴 = \frac{学校职员津贴总额}{学校职员总人数} \times (0\% \sim 80\%)$$

$$副校长津贴 = \frac{学校职员津贴总额}{学校职员总人数} \times (0\% \sim 75\%)$$

$$学校中层干部津贴 = \frac{学校职员津贴总额}{学校职员总人数} \times (0\% \sim 70\%)$$

$$五级职员津贴 = \frac{学校职员津贴总额}{学校总人数} \times (80\% \sim 120\%)$$

$$六级职员津贴 = \frac{学校职员津贴总额}{学校职员总人数} \times (70\% \sim 110\%)$$

4. 工人岗位津贴

执行中小学技术工人岗位津贴。津贴标准根据技术等级、岗位差别、工作量和工作表现确定。此项的执行参照五级和六级职员的计算办法。

5. 说明

津贴是工资构成中活的部分。学校可根据具体情况不与固定部分同步执行。要以考核结果为依据，与工作人员的岗位、实际工作数量和质量紧密挂钩，拉开应有差距，真正体现按劳分配原则，多劳多得，少劳少得，不劳不得，绝不能平均发放。校内结构工资执行后，国家规定的中小学教龄津贴、特级教师津贴、班主任津贴、特殊教育津贴继续实行，并按现行标准和办法按月发放。现行超课时酬金和原校内奖金与课时津贴合并，不再单独发放。

五、组织领导

学校"四制"改革涉及面宽，工作能度大，各级政府及有关部门必须加强领导，大力支持，帮助解决改革中出现的各种问题，为"四制"改革的顺利实施提供有力的组织保证。

1. 各级人民政府要成立"四制"改革领导小组，领导小组上设办公室，办公室设在教育行政部门，负责拟定操作办法。

2. 教育行政部门必须切实转变职能，为学校服务，在人力、物力、财力方面要优先保证实行"四制"改革的学校。

3. 实行"四制"后，学校制定和实行的有关新的规章制度和政策措施，凡符合党的教育方针和改革精神的，政府有关部门都应给予积极支持。教育行政部门每年都要对校长的任期目标进行年度考核，帮助学校在改革实践中不断完善管理办法。

4. 延安中学的校长聘任制在市政府领导下进行。市上其他 4 所重点中学的校长聘任制，在市委、市政府的领导下，由所在县区委、县区政府和市教委共同负责进行。

后　记

　　为不断推进深化中小学人事制度改革，教育部2002年以来四次召开了全国中小学人事制度改革工作会议，总结、交流了各地中小学人事制度改革的情况和经验，研讨了新形势下推进改革需要解决的深层次、长期性、根本性问题，进一步提高了对改革重要性、紧迫性的认识，坚定了以深化人事制度改革促进教师队伍建设的信心，明确了下一步的重点工作。为了促进深入学习、贯彻执行党和国家关于加强中小学教师队伍建设的方针政策，方便各地更好地了解、学习、借鉴兄弟省（区、市）和地市改革的经验和做法，不断把中小学人事制度改革引向深入，我们组织编辑了这本《全国中小学人事制度改革工作指导》。

　　本书收录了近年来教育部有关领导关于加强教师队伍建设、积极稳妥地推进中小学人事制度改革的重要讲话，进入新世纪以来国家有关重要文件，2003年以来部分省（区、市）和地市在全国中小学人事制度改革工作会（座谈会）上的发言材料或交流材料以及制定的地方性文件，以供各地在实施中小学人事制度改革时学习、参考。编辑过程中，我们对部分省市的经验材料和文件做了技术处理，在此一并说明。

　　在本书出版之际，谨向所有供稿和参与编辑的地方和部门表示由衷的感谢。

教育部人事司

2006 年 11 月

责任编辑　杨晓琳
版式设计　尹明妤
责任校对　徐　虹
责任印制　曲凤玲

图书在版编目（CIP）数据

全国中小学人事制度改革工作指导/中华人民共和国
教育部人事司编. —北京：教育科学出版社，2007.1
ISBN 978 - 7 - 5041 - 3672 - 5

Ⅰ. 全… Ⅱ. 中… Ⅲ. 中小学—人事制度—体制改革—
中国 Ⅳ. G637.2

中国版本图书馆 CIP 数据核字（2006）第 161285 号

出版发行	教育科学出版社		
社　　址	北京·朝阳区安慧北里安园甲 9 号	市场部电话	010 - 64989009
邮　　编	100101	编辑部电话	010 - 64989593
传　　真	010 - 64891796	网　　址	http://www.esph.com.cn
经　　销	各地新华书店		
印　　刷	保定市中画美凯印刷有限公司		
开　　本	787 毫米×1092 毫米　1/16		
印　　张	21.5	版　　次	2007 年 1 月第 1 版
字　　数	390 千	印　　次	2007 年 1 月第 1 次印刷
定　　价	35.00 元	印　　数	1 - 3 000 册

如有印装质量问题，请到所购图书销售部门联系调换。